内蒙古财经大学实训与案例教材系列丛书

丛书主编 金 桩 徐全忠

社会工作专业常用教学案例教程

主 编 李淑芳

参 编 王 薇 方向龙 郭 玮

中国财经出版传媒集团

经济科学出版社
Economic Science Press

图书在版编目（CIP）数据

社会工作专业常用教学案例教程/李淑芳主编. —北京：
经济科学出版社，2018.12
ISBN 978 - 7 - 5218 - 0063 - 0

Ⅰ.①社…　Ⅱ.①李…　Ⅲ.①社会工作－案例－中国－
教材　Ⅳ.①D632

中国版本图书馆 CIP 数据核字（2018）第 283403 号

责任编辑：于海汛　李迎悦
责任校对：杨　海
责任印制：李　鹏　范　艳

社会工作专业常用教学案例教程

主　编　李淑芳
参　编　王　薇　方向龙　郭　玮
经济科学出版社出版、发行　新华书店经销
社址：北京市海淀区阜成路甲 28 号　邮编：100142
总编部电话：010 - 88191217　发行部电话：010 - 88191522
网址：www. esp. com. cn
电子邮件：esp@ esp. com. cn
天猫网店：经济科学出版社旗舰店
网址：http：//jjkxcbs. tmall. com
北京密兴印刷有限公司印装
787×1092　16 开　16.5 印张　360000 字
2020 年 11 月第 1 版　2020 年 11 月第 1 次印刷
ISBN 978 - 7 - 5218 - 0063 - 0　定价：48.00 元
（图书出现印装问题，本社负责调换。电话：010 - 88191510）
（版权所有　侵权必究　打击盗版　举报热线：010 - 88191661
QQ：2242791300　营销中心电话：010 - 88191537
电子邮箱：dbts@esp. com. cn）

前　言

社会工作是一门实践性很强的专业，专业课程在开设的过程中非常注重训练学生解决实际问题的能力。但是受到各种条件的限制，很多地区社会工作专业实践教学无法真正接触实务工作，只能以案例教学的方式开展。多年以来我们看到的社会工作案例书籍很多是为指导机构服务使用的，专门为教学设计的案例教材非常少，所以我们四位长期从事社会工作专业教学的一线教师，在自己多年教学及实践的基础上，共同编写了这本教材，目的就是想弥补当前案例教学教材的不足，为广大社会工作专业师生提供更大的帮助。

本教材有如下几个特点：第一，将四个相互最具有关联性领域的社会工作案例汇集在一本书中，这样更便于读者使用。第二，本教材只有系统的案例阐述，没有各领域的基础理论知识，直接针对学习社会工作实务方法的读者，实用性更强。第三，全书四个领域的案例均以通用过程模式展开，规范系统，目的是帮助教师讲授清楚社会工作的实务操作过程。第四，全书的案例均为各位编者通过收集本领域中热点问题资料独立编撰而成，内容具有原创性。

本教材分为四个模块，由李淑芳老师主编并统稿，王薇、郭玮、方向龙三位老师共同参与写作：方向龙负责儿童、青少年社会工作方面案例的编写；王薇负责妇女社会工作方面案例的编写；李淑芳负责老年社会工作方面案例的编写；郭玮负责家庭社会工作方面案例的编写。本教材适用于各类高校社会工作专业的学生使用，同时也可供社会服务机构参考。

本教材的编写参考了国内外许多专家学者的研究成果，在此对这些专家学者深表谢意，同时在本教材的参考文献中将所有参阅过的文献逐一列出。由于编著者水平有限，书中必有不足之处，敬请各位读者指正！

李淑芳

2018 年 4 月

目 录
CONTENTS

第一章　儿童、青少年社会工作

　　青少年时期是人类发育的第二高峰期，也是个人成长和发育的关键转折期。在这一时期，青少年的生理和心理成长速度达到峰值，特别是青少年心理的变化：他们会通过与生活环境中各要素之间的互动不断完善自我认知，从而使性格趋于稳定，情绪、情感以及智力得到进一步发展和完善；但是，由于青少年的心理认知速度跟不上社会发展的速度也产生很多问题，例如，要求独立但能力尚不足以支撑的心理矛盾、快速成长产生生理和心理方面的诸多不适应、成长过程中缺乏自主性而易受到朋辈群体的影响、经验缺失对发展方向和方式选择造成的困惑、对自身身份和地位的迷惑以及对琢磨不定的情绪、行为产生的焦虑。这些问题或轻或重地影响着青少年的健康成长并对他们人生的发展方向产生深远的影响。

　　青少年社会工作是社会工作的重要实务领域，是以青少年为服务对象，在社会工作专业价值观的指导下，根据青少年的身心特点、动机需求、兴趣爱好，由社会工作者充分运用专业的理论、方法和技巧，帮助青少年解决问题、克服困难，恢复功能和获得全面发展的一种服务活动和服务过程。

　　本章选取了青少年群体中六个较有代表性的案例，其中两个案例运用个案工作方法干预，以调整自我认知和家庭环境的方式解决青少年学习压力和情感陪护缺失的问题。其他四个案例运用小组工作方法介入，以塑造场域形成小组动力、提升自我效能、改善自我认知的方式，缓解和解决亲子关系紧张（单亲家庭沟通障碍）、自我管控（情绪、时间）能力不足和校园欺凌（主要针对校园欺凌受害者创伤后遗症体现出的自闭或沟通障碍问题）的问题。所选案例涉及的问题体现出自我认知、家庭环境、朋辈群体和学校这四个青少年社会化的关键环节对青少年人格塑造和价值观形成的重要影响。因此本章通过对六个案例的整体呈现和各案例研究过程中小组工作方法、个案工作方法介入路径的梳理，希望能为解决青少年发展过程中的同质性问题提供一些思路，为青少年的健康成长提供帮助。

第一节　不要让爱把孩子变成孤独的"星星"

一、背景简介

　　伴随我国社会高速发展，我国的家庭结构也随之发生改变。其中有一类家庭，家庭成员完整，经济收入稳定，生活质量较高，但是家庭的沟通环境和家庭关系并不理想。具体而言，这一类家庭的父母将大量的时间和精力投入到工作上，他们认为对孩子而言，创造优越的物质条件更为重要，所以在家庭生活中有意无意的忽略了与孩子的沟通和互动。然而他们的子女正处于青春期，由于成长经验不足，加之青春期儿童独特的生理和心理特征，往往使他们不能理解父母的行为，逐渐体现出冷漠、孤独等性格特质。在整个家庭系统中，父母和儿童陷入错误认知强化的局面，使得父母和孩子的关系僵化，甚至出现对抗的情况，严重影响家庭功能的发挥，阻碍儿童的健康成长。

二、案例

（一）家庭基本情况

核心家庭，长期居住在一起的家庭成员共三人：父亲、母亲和案主。父母均在某国营企业任职，收入较高，但工作地点离市区较远。

（二）案主情况

案主豆豆，性别男，12岁，现就读于小学五年级。根据对家长和学校师生的初步走访，社会工作者得知生活中豆豆非常聪明，喜欢思考，喜欢各种运动，其中对竞技类运动尤为感兴趣。但是课堂上豆豆却表现出很强的惰性，经常走神发呆、睡觉，不能很专注地听老师讲课，回答不出老师提出的问题。课后也不能按时完成家庭作业，学习成绩不理想。

（三）家庭关系情况

资料显示，由于案主父亲、母亲工作繁忙且工作地点离家较远，所以父母总是早出晚归。因此大多数时间案主都是和家里的小时工一起度过的。在案主四年级的时候，他的认知和行为发生了一些改变，但是由于父母工作繁忙，与案主相处的时间有限，他们并没有察觉到这个问题，直到案主升至五年级，学校老师开始频繁地请家长，父母才有所察觉。面对案主的改变，父母之间对孩子的教育问题产生了严重的分歧，因此经常争吵，而争吵最后往往会归因于案主，变成对案主的批评指责。面对父母的责备，案主开始还会解释，但经历多次无效沟通后，案主开始排斥父母并认为"父母只会站在自己的立场上考虑问题"。在这种情况下，案主的家庭关系陷入了恶性循环。案主也逐渐变得沉默寡言，不愿意参加户外活动，总是把自己关在房间里，玩手机，玩电脑。

三、分析预估

（一）资料收集

前期资料收集主要是对学校老师、家长进行访谈，通过访谈简单了解案主基本的学习和生活状态。前期资料收集结束后，社会工作者对其进行整理和分析，并做出初步的评估结果。

社会工作者初步认为，服务对象面临两个方面的问题：社会支持网络薄弱、依赖行为亟待解决。作为间接资料得出的结论，尽管社会工作者可以作为参考，但是在确定服务内容和制定服务计划之前，社会工作者需要采用深度访谈和参与式观察的方式进一步了解案主及案主的生活环境，并以此为契机，完成专业关系的建立工作。

在结束对案主学习环境和家庭生活的参与式观察后，社会工作者进一步验证了从案主老师和家长处获得的前期资料，并对案主目前遇到的处境进行综合分析。社会工作者在确认预估结果的同时，新增了一项案主需要解决的问题：沟通渠道有待改善。

（二）问题描述

社会工作者在对掌握的信息进行梳理和分析后认为服务对象存在以下三个方面的需求。

1. 社会支持系统薄弱

家长能够给予案主的陪伴和理解较少。在学校时案主也没有什么朋友能够提供给他分享和互动的机会。所以绝大多数情况下他只能一个人去思考和面对他所遇到的事情。案主说："我总是很坚强，只是有时候会觉得无依无靠，会很害怕。"

2. 依赖行为有待改善

由于社会支持系统薄弱，案主逐渐将注意力放在了网络游戏上。游戏不仅弥补了他处理业余时间方式上的单一，也让案主从竞技类游戏的相互合作与支持中体验到了更多的成就感和乐趣。因此案主对网络游戏产生了很强的依赖性，虽然尚未达到成瘾的程度，但已影响案主的生活和学习，需要工作者引导和改善。

3. 沟通渠道有待改善

在跟案主的初次面谈时，社会工作者了解到，案主的父母亲并没有给案主提供一个正常的沟通渠道，在出现问题时责怪和埋怨是他们解决问题的唯一方式，问题解决后就又回到了以往的生活模式。所以案主放弃了最开始认为还有用的解释，而选择沉默和接受。但其实案主非常需要一个能和父母亲沟通的渠道，他可以尝试理解父母的忙碌，但是他也希望通过有效沟通让他的父母知道他在想什么。

■ 四、理论依据

（一）社会支持理论

"社会支持理论是 20 世纪 70 年代在美国首先发展起来的。社会支持理论认为，应当重视个人的社会网络以及获得支持的程度，协助个人发展或维持社会支持网络，以提升其应对生活压力事件的资源。而资源又可区分为个人资源与社会资源，前者包括个人的自我功能和应对能力等，后者指个人的关系网络广度与网络中的人能够发挥支持功能的程度。"①

在青少年社会化的诸多重要环节中包括家庭和学校。作为两个独立的支持系统，家庭和学校能为其系统中的成员提供相应的资源和心理支持。就青少年本身而言，家庭对青少年的价值观形成、行为习惯养成起到决定性作用，同时家庭也可以通过互动、分享和支持帮助青少年解决成长中遇到的困难和问题；学校作为一个社会环境，是青少年学习能力、人际交往能力提升和团队合作意识培养的重要环境。但是通过社会工作者的调查发现，本案的案主在这两个系统中都未能获得相应的支持，从而迫使案主将获得心理支持的来源转移到网络游戏上。

系统功能缺失，社会支持不足是案主产生问题的原因，同时也是社会工作者解决案主问题的主要切入点。社会工作者在个案介入的过程中，通过恢复案主家庭和学校两个支持系统的系统功能，使案主能够在家庭和学校中获得资源和心理支持，从而改善案主的网络依赖问题。

（二）人际需要理论

"舒茨认为，每一个个体在人际互动过程中，都有三种基本的需要，即包容需要、支配需要和情感需要。包容需要指个体想要与人接触、交往、隶属于小组的需要。支配需要指个体控制别人或被别人控制的需要。情感需要指个体爱别人或被别人爱的需要。"② 依据舒茨的人际需要理论，社会工作者认为人际互动包括与家庭成员的互动和朋辈群体的互动。在人际互动过程中，这三种需求是否得到满足也直接决定了个人的行为。在社会工作者的前期资料收集过程中，工作者发现，本案的案主对其家庭成员、朋辈群体都有舒茨所讲的三种需求，但是由于长期的抑制，这些需求在案主的学习和生活中并未得到满足。网络游戏是一个虚拟环境，游戏平台可以满足案主沟通交流的诉求，角色扮演可以满足案主的支配需要，游戏中的团体合作可以满足案主情感的需要。因此，案主很容易将人际互动的重心转移至虚拟网络环境，从而对网络环境产生依赖。

"舒茨根据三种需要的相对强度和表达的主动或被动性，界定了六种基本人际关系取向，即主动包容型与被动包容型、主动支配型与被动支配型、主动情感型与被动情感型。其中，相同类型者在一起大都能较好的相容，尤其是相同需要的主动者和被动者常常能够互补，但同属主动支配者在一起就不易相容。"③ 根据对案主父母的访谈和参与式观察，社会工作者发现，案主父母的争吵本质上并非恶意中伤，而是双方的人际关系取向不能很好地相容。案主的父母均为企业管理者，他们工作在不同的岗位，但是岗位角色相似。按照舒茨提出的人际关系取向去划分，二者同属于支配型但也同属主动支配者，因此当他们脱离工作角色回到家庭角色去面对同一个问题时，主动支配者的角色就会同时起作用，使二者在沟通时不能相容，对双方的沟通产生了严重的影响。

---

① 王玉香：《青少年社会工作》，山东人民出版社 2012 年版，第 86 页。
② 刘梦：《小组工作》，高等教育出版社 2013 年版，第 52 页。
③ 刘梦：《小组工作》，高等教育出版社 2013 年版，第 53 页。

人际需要理论可以帮助我们理解案主的问题，也能为社会工作者的个案介入提供思路——通过恢复和改善家庭系统内部的成员关系来降低网络游戏对案主的吸引力。

（三）交流分析理论

"交流分析理论用于检查个体相互作用，目的是了解在我们的交往过程中，双方的关系是相辅的、互补的还是矛盾的、冲突的，以此帮助人们了解自己与别人互动的本质，对人际交往获得深刻的领悟力，从而促使当事人改变生活态度，建立更成熟、更有自尊的人际关系。交流分析理论的核心理论包括三点，其一自我状态；其二沟通形态；其三人生的四种基本态度。"[1] 从目前社会工作者收集到的资料来看，案主的家庭沟通存在严重的问题。一方面，案主父母之间的沟通在自我状态的表现上以儿童状态和父母状态为主，当双方互相沟通时父母均表现为儿童状态，当父母一起跟案主沟通时表现为父母状态；另一方面，无论父母处于什么样的自我状态，在家庭沟通过程中都以交叉型沟通形态为主，既不能很好地接收对方发出的信息，也不能就对方发出的信息给予相应的回应，因此他们的沟通总是以父母彼此争吵，案主放弃沟通为结果。在这样的局面下，社会工作者想要恢复家庭功能，首要的任务就是塑造良好的沟通环境，使案主的父母能够理性地看待问题，重构家庭成员之间的沟通形态。

（四）场域理论

"社会结构与个体实践的关系并不是在真空中或者漫无边际的抽象中发生作用的，而是通过场域，社会的物质结构与精神结构同行动者相互联系起来，构成一个动态的过程。"[2] "因此，对场域的理解必须坚持一种关系主义的方法论。研究的对象可能是场域中的某一件事物或者某一个行动者，但是我们在研究的时候必须将所关涉的一切事物都纳入研究之中，并且不能够保持一种静态的观点。这样对场域的理解和把握既是关系论的，又是整体论的、结构论的，并且还是过程论的。"[3] "从场域理论的观点来看小组工作的过程，可以得出如下结论：小组一旦形成就会产生一个物理学所讲的场。当组员进入小组时，就进入了一个由自身与不同的力量和变量组成的心理场中。个人的行为会受到这些力量和变量组成的心理场的影响。"[4]

受到场域理论启发，社会工作者认为，个人的行为能够在特定的场域中得到改善，若把家庭看作是一个场域，则社会工作者可以通过对场域中变量的设定重构家庭关系，通过塑造良好家庭氛围的方式，改变家庭成员的行为。在本案中，案主的家庭关系僵化，家庭的系统功能缺失，系统内部动力不足，导致案主将本应该投射在家庭的期望投

① 刘梦：《小组工作》，高等教育出版社 2013 年版，第 59 页。
② 布迪厄、华康德：《实践与反思——反思社会学导引》，李猛、李康译，中央编译出版社 1998 年版，第 144 页。
③ 侯均生：《西方社会学理论教程》，南开大学出版社 2010 年版，第 414 页。
④ 刘梦：《小组工作》，高等教育出版社 2013 年版，第 55 页。

向虚拟网络，因此社会工作者通过构建场域的方式，让家庭成员重新回归家庭环境，通过特定情境的设定及模拟逐渐恢复家庭的系统功能，从而激发家庭的内部动力，推动家庭成员的沟通互动，进一步达到工作者和案主的预期目标。

五、服务计划

（一）服务目标

改善家庭关系，帮助案主更好地适应家庭和学校生活。

（二）服务策略

（1）发展兴趣爱好。通过发展案主的兴趣爱好，将其注意力从网络游戏上转移，避免案主对网络游戏持续依赖发展为网瘾。

（2）培养时间规划的理念，学习时间规划的方法。案主父母工作繁忙，不能抽出很多时间陪伴案主的现状，短时间内无法改变。过多的时间留给一个没有时间规划观念的儿童自己支配是比较危险的，因此需要通过学习规划时间，让案主能够充分和高效地利用空闲时间。与第一环节相结合，先让案主的生活充实、规律起来。

（3）协调人际关系。改变案主对学校的错误认知，鼓励和支持案主参与集体活动，促进案主与同学更频繁和深层次地交流合作。积极协调父母有限的时间，建构沟通渠道，改善沟通的方式，从而缓解家庭关系紧张的局面，消除家庭成员面对问题的负面情绪。拓展和巩固案主的社会支持系统。

六、服务计划实施过程

（一）建立专业关系

建立专业关系之所以被放在实施过程的第一步，是因为它能够体现出专业关系在一个服务过程中的重要意义和作用。他不仅关系到专业服务的质量，更有可能决定一个专业服务是不是能够顺利开展。

在这个案例中，社会工作者通过面谈的方式与服务对象和服务对象生活中的各要素建立了初步的专业关系，总体评估效果良好。后续服务过程中的专业关系巩固和维护主要以参与式观察和面谈的方式进行。

社会工作者向案主的父母征询意见并索要了他们的日常工作安排。一方面，在征得案主父母同意后，社会工作者按照他们的时间规划和要求进行了两天的体验。体验结束后沟通体验结果，用认同和同理心的基本方法与他们沟通目前他们的处境和困难，并以此获得他们的接纳与信任、对共同目标的共识以及他们对下一步服务工作的支持。另一方面，社会工作者主要通过发展共同喜好的方式与案主建立和巩固专业关系。在跟案主聊天的过程中，工作者发现案主一直在玩一款游戏，并且在接下来的几次面谈中案主也都如此。基于对以上观察结果的分析，工作者决定以该游戏为切入点同案主建立信任关系。由于工作者并不熟悉这款游戏，工作者便邀请案主以师傅的角色带着他玩。通过玩游戏，工作者和案主保持着良好的沟通，并建立了良好的专业关系，为后期的专业计划实施奠定了可靠的关系基础。

（二）发展兴趣爱好

前期资料显示，案主豆豆是一个非常聪明、喜欢思考、喜欢各种运动的孩子。但是在后期面谈的过程中，社会工作者发现，案主虽然非常喜欢运动，但是他基本上什么运动都不会。分析原因如下：第一，缺少父母的陪伴。案主的课余时间基本都在看电视，很少有户外的运动，因此案主对于运动的了解和热情仅仅停留在电视机上，并没有亲身体验过。第二，案主父母的教育方式不恰当。前期资料显示案主家庭的教育方式为权威型。家长在遇到问题时不能进行良好的沟通，甚至直接将问题的产生归因于案主，加之案主缺少父母的关爱和照顾，所以案主尽管表现的独立而坚强，但是性格比较胆小懦弱，不敢尝试那些他喜欢的竞技类运动。第三，支持系统功能缺失。前期资料显示无论是案主的家庭还是就读的学校，都未能给案主提供足够的心理支持。因此，下一个介入阶段，工作者需要发展案主的兴趣爱好，使案主能真正参与其中并从中感受到快乐。

工作者针对案主广泛的爱好与案主展开讨论，在寻求共同兴趣爱好的同时，让案主做出选择和排序：

工作者：豆豆，原来你有这么多感兴趣的事儿呀，真好。兴趣可是我们学习最好的老师。那你能告诉叔叔，你最想做的事情是什么？

案主：嗯，让我想想。

工作者：不着急，你考虑考虑。

案主：应该是乒乓球吧，每次看乒乓球比赛的时候，感觉手都会自己动，可神奇了。

工作者：我也会，我也会，其实这个现象叫镜像神经元反射。

案主：那是啥？

工作者：就是你刚才说的你手会不自觉地跟着动的那个感受，是个专业名词，现在给你解释还太复杂，等以后有机会学习这个学科的话，你就明白了。对了豆豆，你这么想打乒乓球，叔叔带你去打好吗？

案主：可是我不会呀（失落地低下了头）。

工作者：（摸摸头）不要紧，叔叔也是个菜鸟级别的选手，也没学过，就是瞎玩，咱俩去试试呗，没准儿你学一学比叔叔厉害。

案主：真的吗？你骗人呢吧？

工作者：这样，我跟你爸爸妈妈联系一下，联系好了，我跟你约时间怎么样？

案主：我是不是得买个拍子什么的？

工作者：不用，不用，叔叔有，咱俩先玩玩看。

案主：好吧（若有所思的样子）。

工作者：看你若有所思的。你在担心什么吗？

案主：我要是学不会，你会不会觉得我说那么多都是在吹牛？

工作者：不会，怎么可能呢，相信我。

在征得案主父母同意的情况下，工作者在面谈结束第二周联系了案主，并约定周六下午14：00~16：00在呼和浩特乒羽训练中心打球。

打乒乓球时，案主很快就掌握了乒乓球的基本技术要领，印证了社会工作者对案主学习能力的判断。同时在工作者和案主的沟通互动过程中有一些关键表述被工作者收录了下来：

（1）其实还挺简单的。

（2）还是自己上手带劲。

（3）叔叔你累吗？需要歇会儿喝点儿水吗？

（4）我捡，我捡……

（5）我练练是不是还能打得更好。

在打球的过程中，案主表现都很出色，他可以很轻松地学会各种基本动作，也非常乐于帮助工作者捡球。尽管他打球打得正兴起，但仍会停下来关心工作者的体能，询问是否需要休息。此次活动的意外收获是：休息之余，案主也去看别人打球，想打好球的愿望促使他主动跟别人聊了起来。结束所有的活动安排后，工作者再次跟案主聊天以评估活动效果。

工作者：豆豆，今天开心吗？

案主：嗯，真开心，那个哥哥打球打得真好，他还说可以教教我呢。我们约了明天，你来吗？

工作者：好哇，不过能不能允许我不打，只看你们打。

案主：为什么？

工作者：你叔叔者老胳膊老腿的，你懂得……

案主：哈哈哈，叔叔，你该锻炼身体了。

在第二天的观察中，工作者发现案主在没有工作者干预的情况下，能够与球友顺利地展开互动交流，并可以有效维护新建立起来的人际关系。

经过三周的活动，案主已经能够自主和球友约球。通过工作者对案主日常生活的观察和分析，工作者得出如下结论：第一，案主看电视、玩游戏的时间明显减少。可以看到兴趣爱好发展在案主行为改善上起到了一定作用。第二，案主因为打球而延迟写作业的时间，作业不能按时完成的现象比较严重，学校班主任也因为该情况再一次请了家长。由于班主任没有提前与社会工作者取得联系，工作者未能及时与案主的家长沟通，因此遭到父亲的质疑。

针对质疑，工作者向案主父亲做了解释，说明社工介入服务是一个长期的过程，在此过程中可能会出现一些情况，但是目前的社工介入总体上成效良好，希望得到家长的支持和理解。案主父亲则表示保留意见，但如果再因为作业完不成而被请家长，就要制止案主打球。

（三）学会规划时间

工作者并没有将其父亲目前的态度告诉案主，以防止双方争执造成矛盾进一步加深，但是针对案主出现的问题，工作者再一次跟案主面谈。

工作者：豆豆，今天打球打得怎么样？

案主：不错不错，都说我进步神速。要不咱们较量一下？

工作者：走，试试……

……

工作者：不行了不行了，打不动了。今天就到这儿吧？

案主：好吧，叔叔你真是该锻炼了，你看我打球能打仨小时。

工作者：我哪能跟你比呀。

案主：那倒也是，哈哈哈。

工作者：来，我跟你聊点儿正事儿。最近打球进步真的非常快，看见你自信快乐地投入到乒乓球上，我真的很开心。也算是师傅把你领进门了吧。

案主：半个，半个。

工作者：跟你讲个故事呗。叔叔以前挺胖的，然后叔叔想减肥了，叔叔决定一个礼拜瘦个几斤，然后叔叔就节食。

案主：你还有那时候呢？真的假的？

工作者：当然是真的，然后一个礼拜下来，叔叔没瘦，低血糖差点儿没昏过去。

案主：那我看你现在也不胖呀？这还要减肥？

工作者：以前胖，现在是减下来的。

案主：那你不怕低血糖了？

工作者：后来我换了个方法，我有计划地控制饮食，然后提高运动量。我现在会的这些运动基本上都是那个时期学会的。我跟你说这个故事呢，是想跟你说，我们做任何事情都需要有规划，不能随着性子来。

案主：我是不是又做错什么了？

工作者：不不不，你没有做错什么，只是在做事情的方法上出了一点点小问题。前两天学校又请家长了吧？

案主：对呀，因为作业没写完。

工作者：为什么没写完作业呢？因为打球吗？

案主：嗯。

工作者：那么问题来了，你是个好孩子，不能总因为写不完作业请家长吧。

案主：那怎么办？先写作业，等写完作业就不能打球了。

工作者：要不这样，咱们放学先打一小时球，然后回家写作业行吗？能执行下来的话叔叔有奖励。

案主：你先说说啥奖励？

工作者：我把第一次借你打球的拍子送给你，它对我来说可很有意义的。

案主：一个半小时行吗？

工作者：呃……好吧，就这么定了，明天开始吧。

案主：好吧。

作出约定后，工作者在接下来的一周对案主进行了电话随机调查，调查结果显示，开始两天案主仍有拖延的现象，但是呈逐渐好转的趋势。随后工作者联系了案主的任课教师，并了解到，案主接下来的一周，并没有出现没完成作业的情况。但是老师也反映，作业虽然都完成了，但是质量一般，还有待提升。

一周后，工作者如约将乒乓球拍赠与案主，并肯定了他的努力和成绩，要求他继续保持并提升作业的质量。

（四）了解彼此的需要和期望

在案主的家庭生活中，基本没有沟通或者没有有效的沟通。原因有以下几个：第一，家长工作太忙，没有时间陪护孩子，造成家长和孩子之间缺少沟通。第二，由于家长和孩子之间的沟通方式不当，让孩子不能处于对等的沟通角色中，造成孩子主观上放弃与家长的沟通。然而，沟通对于一个家庭来说是至关重要的。沟通不仅能够增进家庭成员之间的感情交流，还可以化解家庭成员之间的矛盾，让家庭成员知道对彼此的期望。目前案主的家庭急需一个沟通的渠道和平台。工作者计划在案主打球的时间段，去案主的家里做一个家访。在经过多次跟案主的父母商议后，最终确定在周五 18：00～20：00，他们承诺会尽早结束工作下班回家。

周五晚上，工作者来到案主家，案主的母亲按约定的时间在家，案主的父亲大约 18：20 回到家里，面谈正式开始。首先工作者为案主的父母介绍了迄今为止，在本次服务过程中，工作者所开展的一系列工作，并就案主近期的表现向案主的父母做了简单的介绍。期间，工作者为案主的父母播放了工作者收录的案主打乒乓球的视频以及工作者与案主班主任的电话录音（电话录音在班主任知情同意的前提下进行）。

工作者：能问您二位几个问题吗？

父亲：问吧。

母亲：点头示意。

工作者：您二位有多久没有陪孩子过生日了？

父亲：五六年了吧，记不清了。

工作者：那他的生日怎么过呢？

父亲：一般会给他钱，让他买点儿自己喜欢的东西。头两年下班稍早的话还买个蛋糕，但是等我们回来了，他就睡着了，也就算了，慢慢地就不买了。

工作者：您怎么确定他睡了呢？

父亲：他锁着门呢。

工作者：哦，那过年呢？怎么过呢？

父亲，过年就把他送回我爸妈那儿了，你也知道，逢年过节什么的，应酬太多，与其让他在家挨饿，还不如送回我爸妈那儿让他们老两口高兴高兴呢。

工作者：您的意思是把您的儿子送回老家让您的父母高兴一下吧？他们也很想念他们的孙子吧？

父亲：是呀，平时老问豆豆长豆豆短的，让他们来这儿住，他们还不乐意。

工作者：为什么呢？

父亲：家里还有点儿地，老两口种了一辈子地，离不开那地方。

工作者：那豆豆去那儿高兴吗？

父亲：高兴吧，有啥不高兴的呢？

工作者：您的意思是您也不确定您儿子是不是高兴是吧？

父亲：哎……记得第一次送他回去的时候，咋也不肯待着，非要跟我回来，哭得很厉害。为这个事儿，我和你嫂子也没少闹。结果第二年再送就不哭了，以后也就习惯了，没想过你问的问题。

工作者：您觉得您的儿子懂事儿吗？

父亲：你看看他那学习，我这两个礼拜就得被请去一次，你说他懂事儿吗，我这一天天的在外边跑，早出晚归的，你说但凡有点儿良心的，他能不好好学习吗？愁死我了。你看看我俩老的，你说他要是不成器，可怎么办？趁着还能折腾动，多挣点儿是点儿吧，好歹他以后也能用上。

工作者：您二位为这个家奔波确实辛苦了，当爸爸妈妈的真是不容易。嫂子，您怎么不说话呢？

母亲：豆豆以前不是这样的

工作者：您发现什么变化了吗？

母亲：不爱说话了，以前不明白的都会问我"妈妈，你说这是为什么呀"，"妈妈你怎么什么都知道呀"。对生活充满了好奇，哪儿都想去看看、摸摸。学习成绩也很好，从来都不让我们费心。可现在……

工作者：跟您说说我认识的豆豆吧。开始接触豆豆的时候跟您描述的一样，不爱说话，喜欢一个人琢磨事儿。但是接触的时间长一点会发现，豆豆学习、理解能力很强，有一些胆小羞涩，但是沟通没有问题，很会聊天，而且他很会为别人考虑，很会照顾人。

母亲/父亲：那在家为什么是这副样子。

工作者：您是不太相信我说的这个人是豆豆吗？但是嫂子刚才说了，曾经豆豆可不是这个样子的。您不觉得曾经的豆豆跟我说的这个人很像吗？

父亲/母亲：……（陷入沉思）

工作者：所以您二位跟豆豆之间是不是有什么误解呢？您了解您的孩子吗？

父亲/母亲：……

工作者：所以，您介意我们找个合适的机会，跟您的儿子了解一下彼此的想法吗？

父亲：什么时候？

工作者：您不着急，我还需要先跟豆豆聊聊。

工作者结束了本次的家访。并联系案主与其面谈，具体内容如下（节选）

工作者：球技又突飞猛进，大有挺近省队进入国家队的劲头呀。

案主：您可别瞎说了。就我这技术，练练还行。怎么今天来找我了，节奏不对呀，有事儿找我吧？

工作者：聪明人就是聪明人。

案主：哈哈哈。

工作者：我想和你聊聊你的爸爸妈妈，你介意吗？

案主：没事儿，你想知道什么？问吧。

工作者：你怨恨你的爸爸妈妈吗？

案主：不怨恨，他们挣钱不都是给我花了吗，也是为了我好。

工作者：你不好好学习跟他们有关系吗？

案主：没多大关系吧。

工作者：那你的意思是想说有点儿关系吗？

案主：说不清，反正自从他们开始不着家了，我就不知道是该学习还是该干别的事了。反正也没人管，学习成绩好坏慢慢地也就不在意了。

工作者：那如果我告诉你，他们很在意你的学习成绩呢？

案主：不可能，连家长会都不去，还在意什么呀。

工作者：那要是让你爸爸妈妈待家里陪你，你觉得好吗？

案主：哈哈哈，那我们家还怎么生活。他们还是去上班去吧，偶尔陪陪我。我就知足了。

工作者：你的意思是，其实你想要你爸爸妈妈陪你是吗？

案主：谁不需要陪伴，我又不是神仙。不过，咱俩就别在这儿做梦啦，他俩太忙了，随他们去吧。哈哈。我去买瓶水，你要吗？

工作者：不要啦。

通过与案主及其家人的面谈，工作者基本找到了双方的需要和期望。工作者再一次与案主的父母取得了联系，跟他们确认下一次家庭聚会的时间。在案主的父母强烈要求下，工作者应邀参加他们的家庭聚会。

此次的家庭聚会工作者为案主的父母提出了几条建议：

（1）由父亲亲自通知案主。

（2）父亲为案主准备一份小礼物。

（3）父母一起着手做饭，可以不合口味，但是必须亲自做。

家庭聚会如期进行，工作者既作为宾客，又作为引导者和观察者，全程参与了此次活动，总体评价良好。期间，工作者引导家庭成员从回忆开始，表达对对方的期望和诉求，并且得到对方的认同和理解。作为总结，在全体家庭成员面前工作者总结了这段时间案主的积极变化，对案主的努力表示认可。另外，阐述了前期对案主父母工作生活的体验结果，对案主父母辛勤工作和面临的巨大工作压力表示理解。整个过程中，没有出现过激的情绪表达，整体气氛良好，达到了此次活动设计的预期效果。

（五）拿起手机，回归家庭

工作者认为，案主问题的根源在家庭内部，所以，要解决案主的问题依然要将案主回归到家庭环境中。在上一个介入环节中，工作者为案主家庭的回归营造了一个好的开端，但现实状况是案主的父母在短时间内仍然没有办法将大量的时间回归到家庭上，因此，回归家庭是一个比较难以达到和实现的目标。但是，工作者认为，既然从量的角度没有办法实现家庭成员的回归，那么就从回归质量入手，提升家庭成员对家庭的归属感，提升家庭生活的幸福感。同时，尝试拓展一些快捷、高效的沟通方式，弥补家庭回归数量上的不足。具体方法如下：

第一，通过家庭会议的形式，最大限度找出父母回家后的几个时间节点，针对每个时间节点，家庭成员达成共识，尽可能在该时间节点开展以家庭为单位进行的活动。通过这种方式，塑造每个家庭成员对家庭活动的参与观念，提升家庭成员的情感归属。

第二，培养家庭成员的习惯行为。考虑到案主父母早出晚归，跟案主的作息时间出入比较大，家庭成员之间没有足够的时间进行充分的沟通，社会工作者认为应充分利用出门前和睡觉前短暂的时间交集解决该问题。但由于这两个时间段比较短，且人在这两个时间段处于情绪不稳定的状态，所以需要形成一些习惯行为，最大程度的缩短家庭成员沟通的时间成本。使家庭成员不仅不会因为沟通挤占时间而焦虑，反而能从沟通中获得情感传递的良好心理体验。例如：拥抱、亲吻。

逐渐形成固定的情感表达方式，例如：儿子，妈妈上班去了，你在家好好照顾自己（亲吻儿子的额头或拥抱儿子）。这样的情感表达，非常简短，使案主能获得良好的情感体验。同理，案主需要接受这样的情感表达，但更重要的是，案主要以同样的方式反馈父亲或者母亲的情感表达，例如：拥抱母亲/父亲，告诉他们上班辛苦了，要按时吃饭。这样家庭成员的沟通时间成本少到可以忽略不计，但是他们获得的情感体验和沟通却呈现出正向强化的趋势。

第三，家庭作为一个场域，家庭关系是其作用的核心，因此社会工作者认为：回归家庭并不是非要回到家庭这个场域中，而是回归到家庭关系中即可。因此对于案主的家庭而言，可以多拓展一些回归的渠道，将家庭成员回归到正常的家庭关系中。如微信语音、视频等方式。案主父母回家的时间成本是巨大的，那么现实中就不能够强求他们在这方面进行投入，强迫投入只能造成他们更大的压力从而产生更多不利于家庭关系的负面情绪。所以对于案主一家人来说，他们可以利用一天中碎片化的休息时间，给彼此发一些简短的语音。尽管可能都不会在第一时间作出回复，但是这些信息却起到了情感沟通的作用。

综上所述，本环节的主要内容是用短消息将碎片化的时间串联起来，从数量上弥补案主与父母之间沟通和支持不足的情况。

（六）在集体中消除孤独的感受

针对案主的问题，工作者认为仅仅恢复家庭沟通是不够的，正如前面所讲的，案主父母工作繁忙的现状在短时间内是没有办法改变的，第五个环节也只能在一定程度上解决案主家庭沟通的问题。但是从目前的评估结果上看，案主的社会支持系统还是相对薄弱的，因此需要从集体的环境中拓展和充实案主的社会支持系统。

该环节所说的集体，指的是两个部分。第一部分指的是由兴趣爱好而形成的朋辈群体。第二部分指的是班集体。

针对第一个部分，在第一次介入服务中，工作者发现：案主在没有工作者介入的前提下，对自己感兴趣的事情仍具备主动沟通和互动的能力，因此，工作者认为，伴随着案主其他兴趣爱好的发展和实践，这一集体的数量和质量能够得到很好地发展，从而为案主人际沟通能力的提升和社会支持网络的构建、完善提供良好的支撑。

第二个部分，由于之前案主在班级中基本处于边缘人的位置，所以班集体的成员多数也给他贴上了"不好相处""差生"等标签，因此班集体的作用发挥有赖于去标签的实施。

第一，要改变案主对班集体的错误认知"因为我学习不好，所以他们对我有偏见，不接纳我"。让案主知道，班集体的同学不是因为他学习不好而远离他，而是在同学的眼里案主总是独处，因为不好相处才被同学疏远。

第二，纠正案主的错误认知后，鼓励案主积极参加集体活动，打破固有"不好相处"的标签。

第三，认知替代。在案主与班集体其他成员的相处与沟通过程中，努力完善和发展对自己的认知，用正确的认知替代错误的认知，从而树立客观、良好的自我评价。通过班级活动，对案主的习得经验进行正向强化，巩固案主新的自我认知，避免行为的反复。

第四，提升案主对班集体的归属感，并在集体中改善案主的社会支持系统，提升案主的人际交往能力。

（七）评估、跟进与回访

在经历六个阶段的介入服务后，工作者对此次的介入服务进行了效果评估，主要采取的方法是：访谈和参与式观察。具体结果涉及以下几个方面：

通过对班级同学、班主任的访谈了解到，班集体中对案主的标签基本去除，但仍有个别同学表现出冷漠的态度，这主要因为之前案主和他们有过不愉快的经历。结案后，案主能够积极主动地参加集体活动，已基本适应班集体生活，能够遵守班集体的管理并从班集体中获得支持。

通过家庭关系的评估，在五个环节中所采用的方法目前还在沿用，家庭成员之间的关系相较于以前有明显的改善，家庭成员之间的对话方式也有所改变，以理解和鼓励为主。但陪伴和关怀尚有不足，家庭关系中的矛盾仍然有待进一步缓和。

通过对案主的访谈了解到，目前感觉良好，只是伴随着学业负担的加重，在时间规划上还存在一些困难。

总体而言，本次的介入服务基本上完成了服务计划所要达成的预期目标。

第二节　您让我喘不过气了
——学习压力个案分析

一、背景简介

"你的愿望是什么？"

"我的愿望是能一觉睡到自然醒。"

这是来自一个群体的梦想，他们正值青春期，他们正面临着升学的关键时期。然而，初中的课程与小学的课程设置有着明显的变化，面对这些变化，他们一度陷入困难而难以适应。据调查，在诸多的不适应中，初中生普遍认为最不适应的方面依次是学习科目增多（49.77%）、学习内容变难（46.68%）、同学竞争增大（40.84%）、老师的教学方式（18.47%）、父母管得更严（18.43%）、学校环境（10.45%）。他们不断地压缩课外活动的时间，不断地压缩投入在兴趣爱好上的时间，甚至不断地压缩休息时间来为主修课程让路。而家长方面在面对孩子的升学问题时，也似惊弓之鸟、失了方寸，子女的学业一跃成为家长最关心的问题。调查发现：对于子女的教育，家长最关心的前三项依次为："孩子的学习"（55.01%），"升学压力"（33.01%），"自身缺乏教育孩子的知识和方法"（32.74%）。比较发现，小学阶段排位第六的"升学压力"的困扰跃升至第二位，提升了四位。孩子、家长在这个时期都如临大敌，原本他们应该是盟友，一同面对困难，但是事与愿违，从家长对子女学习状态的满意度来看，19.97%的家长选择"不满意"，49.62%的家长选择"一般"，仅30.41%的家长对子女的学习表示满意。孩子则认为父母过多地干预自己的学习和生活，更关注学习的结果，而不理解他们的压力，不认同他们付出的努力，二者之间的矛盾也日益加剧。[①]

二、案例

（一）家庭基本情况

案主目前的家庭成员共四人，其中包括父亲、母亲、姐姐和案主小黄本人。父亲在

---

① 张立静：《家长过度重视学习给孩子压力很大》，载《中国教育报》2016年3月17日第9版。

一家企业工作，属技术操作工种。母亲无业在家，间歇性的打工。姐姐与案主的年龄相差较多，已经结婚，现与其丈夫在外地居住。

（二）案主情况

小黄是一个14岁的男孩，现就读于初中二年级。小黄憨厚老实，行为处事稳重得体。性格较为内敛，不爱说话，自尊心很强，但是略有一些自卑。

（三）家庭关系情况

目前，常居住在一起的家庭成员有三人：父亲、母亲和案主本人。案主的父亲在家庭关系中扮演严父的角色，对于案主的管教比较严格，父子二人在学业的问题上分歧很大。案主的父亲和母亲关系较为和睦，但是二者关系中仍以案主的父亲较为强势。相较于案主的父亲，案主和其母亲关系较为密切，但是根据案主母亲的描述，案主在上初中以后，跟她的交流也比较少。总体上家庭关系较为紧张，沟通水平较低。

（四）学校、班级情况

学校为该地区普通中学，寄宿制，每周日晚八点返校，周五下午五点三十分离校回家。学校管理较为严格。小黄所在班级是该学校尖子班，班级人员具有流动性，始终保证该班级内学生为全年级前四十名。小黄的学习成绩排名在第十名至第十七名之间浮动。没有明显的偏科现象。各科老师综合评价良好。班主任为他制定的目标是考上重点高中。

（五）其他重要事件

案主小黄生活比较简单，没有不良嗜好和行为。但曾有两次离家出走的经历。起因都是考试成绩不如自己预期，心理负担较重，加之父亲的斥责，一时想不开而离家出走。

三、分析预估

（一）资料收集

资料收集阶段，主要采用参与式观察和开放式访谈两种方式。资料收集主要涉及的调查对象包括案主小黄本人、案主的家庭成员和案主所在的班级。

针对前期收集到的资料分析，社会工作者初步认为，案主小黄主要面临以下几个方面的问题：家庭关系紧张和个人压力过大，二者既是两个单独存在的问题，前者和后者之间又存在着一定的因果关系。

（二）问题分析

通过前期资料的收集和整理分析，社会工作者认为服务对象存在以下两个方面的问题或需求。

1. 家庭关系紧张

根据对前期收集到的资料的分析和梳理，工作者认为，目前案主的家庭关系较为紧张，主要集中在父子之间。而这种紧张关系形成的原因有两个方面：

第一，父亲在家庭关系中扮演的角色较为严苛，父亲对案主学业的高期望和案主对从家庭关系中获得支持和理解的期望并不能够产生互动效果，从而造成双方彼此都存在不同程度的误解。案主身处寄宿制学校环境，平常案主的父亲很难介入到案主的学习生活中，因而只能将他对案主学习的关注点集中在考试成绩和班级排名上。在这种情况下，当案主的学习成绩出现浮动，尤其是出现下滑时，案主的父亲就会伴随产生非常明显的情绪变化，从而使案主产生"你只关注成绩"的错误认知，在经历若干次强化后，案主便不再解释成绩浮动的原因，从而使双方的沟通陷入僵局，导致父子间的有效沟通中断。

第二，案主不能够有效的接收和解释父母传递给他的积极信息。多数情况下，父母还是主动想要理解和支持案主的，他们会在周末吃饭时尝试用不同的方式了解案主目前的心理状态，尝试分担案主的压力，但是由于以往沟通失败的经历已造成案主观念的变化，案主在主观意愿上拒绝接收和理解父母传递给他的信息，造成沟通中断。案主家庭关系紧张的状态并非某个家庭成员的过失导致的，就目前资料呈现的情况来看，案主家庭沟通上依然有自发、主动的意愿，只是在信息传递的方式和信息传递的影响因素上需要进一步改善。

2. 个人压力大

案主对于压力的感知极为敏感。评估结果显示这些压力来自两方面：内部压力和外部压力。

首先，学习内部的压力来源有两点：第一，繁重的课业负担；第二，案主本质上是一个自尊心很强的孩子，对自己的要求比较高。

其次，外部环境的压力来源有两点：第一，在日常生活中父亲对学习成绩的关注，以及传递给案主的期望和要求，会让案主感受到压力。第二，学校的班级管理方式。为了激励学习，案主所在的班级管理方式为流动性管理——每次考试结束后，班里考试成绩排名年级40名以后的同学会被调出班级，而其他班级考入年级前40名的学生会调整进该班级。这种班级管理模式不仅让案主产生强烈的危机意识，同时也让案主在努力留在班级里的过程中感受到巨大的压力。

四、理论依据

（一）认知建构理论

"皮亚杰的认知建构学说认为，学习过程实质上是个体在与环境的相互作用中，其认知结构不断建构的过程。在这个过程中，通过同化与顺应两种机能，使得原有图式（认知结构的组成单元）不断更新。对于"同化"和"顺应"，皮亚杰的解释是："当个体面临刺激情景或问题情景时，就会将新事物与原有图式核对，并企图将遇到的新经验，纳入其原有图式内，这就是同化。如果原有图式不能吸收、同化新经验，就会造成认知结构的失衡，为了保持平衡，个体就必须改变或扩大原有图式，产生新图式，以适应新环境，这就是顺应。"① 学习强调学习者自身的主观能动性，当学习者自身掌握学习的方法并有学习的主观愿望时，学习就会成为一种自发行为，学习者也能从学习过程中获得乐趣。但如同案主一样，学习者承担了来自生活环境的各种压力。当学习者面对压力而又无法将其与学习本身相统一时，不得不以顺应的方式将其纳入到对学习的认知结构中。因此对学习的认知就超越了学习本身，学习也变成了完成长辈梦想、改变自身命运、改变旁人眼光等期望的途径和工具。人们因此把对学习的关注点从学习者在学习过程中的成长，转变为对学习结果的盲目追求。学习不仅不能带给学习者快乐的体验，反之成为了学习者压力的根源。根据该理论，社会工作者认为案主及其父亲对于学习本身的认知都是"顺应"的结果，因此，社会工作者在介入过程中要将认知的构建由"顺应"变成"同化"。通过对刺激或问题情景的设定与模拟，使案主及其父亲在认知构建的过程中产生新的认知。一方面，改变父亲对于学习结果的片面追求，使其能够全面地看待学习过程中各环节对案主成长的作用。另一方面，改变案主对"顺应"结果的固有认知，使其正确看待学习行为和成长的关系。通过构建双方对学习行为的共识，促使双方在成长目标上达成一致，从而产生相互支持的动机影响双方的行为。

（二）沟通行动理论——哈贝马斯

"沟通行动的目的是行动者为了协调相互之间的行动而进行的行动，这种协调又是行动者相互之间以语言为中介，通过相互沟通而达到的；也可以说，沟通行动是人们相互之间的一种运用语言进行沟通的行动，是使用语言的行动，即言语行动（行为）。"② "沟通行动除了要求行动参与者有沟通资质，还需要理想的言语情景，沟通的理想语言情景条件是：（1）对话各方有平等对称的地位和权利。（2）任何与问题相关的论据都应该受到重视。（3）每个沟通参与者都具有同等的权力实施表达性言语行动，表达自己的愿望、好恶和情感。（4）每个人都有同等的权力实施调节性的言语行动。（5）不给讨论设定时间界限。（6）沟通行动的参与者对言语的有效性要求采取假设的态度。（7）沟通结构必须排除一切强制。"③ 由此可见，"平等"是沟通理想语言情境条件的核心。一般来讲，我国的家庭教养方式有四种，分别是民主型、专制型、放纵型和溺爱型。案主的父母较为严厉，对案主有很高的期望但却不了解案主自身的想法和需求，属于典型的专制型家庭教养方式。在这样的背景下，家庭成员之间的沟通从根本上就不具备"平

---

① 陆士桢：《儿童青少年社会工作》，高等教育出版社 2008 年版，第 51 页。
② 侯均生：《西方社会学理论教程》，南开大学出版社 2010 年版，第 359 页。
③ 汪行福：《通向话语民主之路：与哈贝马斯对话》，四川人民出版社 2002 年版，第 87～88 页。

等"的前提，也就没有办法符合沟通理想语言情境条件。案主与其父亲的沟通绝大多数都属于无效沟通，主要原因有两个，其一双方不仅在话语权上处于不对等的局面，在沟通内容和目标上也都存在差异；其二案主及其父亲在沟通技巧上有所欠缺，不能够利用准确的语言和情绪表达自己的想法。对于"平等"的沟通地位，社会工作者认为，在本案中不对等的沟通地位不是由于家庭关系和家庭角色导致的，而是由案主和父亲对彼此的错误认知导致的。案主认为父亲不理解自己，父亲认为案主不努力，彼此间就学习行为不能达成一致，造成双方的误解，以至于不能为对方提供平等的对话机会。因此社会工作者在介入过程中，应以参与式观察和共情的方式，增加彼此的了解以修正之前的错误认知，从而构建符合理想语言情景条件的沟通环境，打破双方沟通僵化的局面。

（三）结构家庭治疗

"结构式家庭治疗发端于 20 世纪 60 年代，是由萨尔瓦多·米纽钦（Salvador Minuchin）创建的。结构家庭模式并不直接解决个人的行为问题，而是致力于改变案主家庭的交往方式，因为该模式认为，个人的问题只是表象，家庭的问题才是导致案主个人问题的真正原因，因此主张通过多元化、多层次的家庭介入，解决家庭的问题，最终解决案主个人的问题。家庭结构治疗模式的重点在于主动、直接地挑战家庭的互动模式，迫使成员不只是注意被认定为患者的症状，更要在家庭结构（支配家庭互动模式的内隐规则）的背景中观察其行为。它的目标是帮助家庭改变其刻板交互模式，重新定义其关系，从而帮助成员更好地应对他们生活中的应激。"[1] 结构式家庭治疗模式的论述为社会工作者提供了分析个人问题产生原因和如何解决个人问题的思路。结合本案，社会工作者认为案主目前面临的最大问题是压力。压力作为一种心理体验作用于案主，对案主的心理和行为产生影响，从而形成外在的表象。在家庭生活中，家长觉察到这些表象并使其成为关注的重心，然而在解释和处理这些外在表象时，家长不恰当的表达反而加重了案主的压力体验，造成了家长和案主之间的关系恶化。从结构式家庭治疗的角度来说，案主的外在表现并非案主本人对学习压力的表达，而是案主无法解决家庭问题的行为表现。因此，尽管案主有较高的自我要求，会对学习本身产生压力，但是导致案主问题的主要原因并不是学习压力本身而是案主的家庭关系和互动模式。

"一般来讲，结构式家庭治疗的治疗程序包括三个步骤：连接与进入、评估和诊断、介入和改变。"[2] 社会工作者对个案介入的路径设计也是基于这三个步骤进行的。社会工作者在资料收集和预估阶段完成前，与案主及其家庭成员建立良好的专业关系，通过调查分析对案主及其家庭的问题做出准确的判断。在具体的介入过程中，通过家庭成员对学习和家庭关系的认知替代，沟通方式和沟通技巧的改善重构家庭的互动模式，帮助案主的家庭改变刻板交互模式，重新定义其关系，恢复家庭的系统功能。

---

[1]　文军：《社会工作模式：理论与应用》，高等教育出版社 2010 年版，第 132 页。

[2]　文军：《社会工作模式：理论与应用》，高等教育出版社 2010 年版，第 135 ~ 136 页。

五、服务计划

（一）服务目标

改善家庭关系，缓解案主压力。

（二）服务策略

案主的主要问题在于家庭关系紧张和自我压力较大两个部分，根据前期资料的分析社会工作者认为：家庭关系是导致案主自我压力较大的诱因之一。因此，对案主的服务需从两个层面来进行。

（1）改善家庭关系。通过对沟通方式的改善和沟通内容的优化，改善家庭关系恢复家庭系统功能。

（2）从案主的角度恢复其与家庭成员的沟通，改变以往案主对待父母的态度，疏通或建立案主释放压力的有效途径。

六、服务计划实施过程

（一）服务实施初期阶段

本阶段目标：参与案主的学习生活环节，通过参与式介入来建立专业关系并争取成为案主沟通中的结构性要素。

服务的介入策略及过程：

在本阶段，工作者的主要介入环境有两个，一个是案主的学习环境，另一个是案主的生活环境。由于案主就读的学校属于寄宿制学校，有明确的返校和离校的时间，因此案主的学习环境和生活环境有较为清晰的区分，社会工作者也能更准确识别和判断案主在不同环境下的问题。

首先是学习环境的介入。学习环境的介入是较为简单的，因为学校相对来说是一个较为开放的环境，因此工作者参与式观察的渠道较为丰富，自由度较高。但在介入前，工作者还需提前征得案主、学校及班主任和同学的同意。工作者对案主学习环境的介入为期一周，采用的方法主要是参与式观察，主要观察的学习环节涉及课堂表现、课余时间表现、宿舍表现。通过以上的观察，对观察的结果形成文字表述和图片记录。

其次是生活环境的介入。本服务方案实施中所指的生活环境主要指的是家庭生活。家庭相对于学校是一个较为封闭和隐私的环境，因此在工作者介入前，需要征得每一位家庭成员的同意，以免深化家庭成员之间的矛盾、收集到虚假材料（若某家庭成员不同意工作者介入，那么他的自我保护机制就会产生作用，从而主观上捏造一些虚假的信息和行为表现）影响工作者的判断。由于本案例属于案主自主寻求帮助，所以工作者对于生活环境的介入，家庭成员是同意和支持的。工作者主要介入观察的是家庭成员的沟通方式和家庭气氛。在参与式观察的过程中，工作者要积极地融入家庭关系中，但是也要很好地处理工作中出现的双重关系，避免成为一方的代言人。参与观察结束后，要及时对观察到的内容形成书面的总结，对于部分具有代表性的对话可以形成音频材料（社会工作在实务过程中会涉及录音等信息采集技术，这些技术可以更好地服务于工作者，但是这类技术的使用应该在接案时明确告知案主，在征得同意并签署相关协议后方可在适当时候使用。）以供参考。

在服务实施初期，工作者一方面要更加深入收集材料，对接案前收集到的间接材料进行验证，保证接下来各环节的服务计划和内容安排建立在真实可靠的资料分析结果之上。另一方面，在服务实施初期，工作者应该运用总结、澄清、共情和自我暴露等多种沟通手段与案主积极沟通，这样不仅仅体现出工作者的专业性，同时也反映出工作者良好的态度，从而帮助工作者与案主建立良好的专业关系。

（二）服务实施中期阶段

本阶段目标：重塑家庭成员的认知。

服务的介入策略及过程：

表面上看，案主和案主的父亲对彼此都有成见，在沟通上也体现为对抗。这种对抗在双方的语言表达里体现得很明显。父亲说："这个孩子吧，以前真的很乖巧，很懂事，人见人夸。告诉他什么，他都能按照我的期望做得很好，但是上了初中以后就变得很叛逆，不仅不好好听话，还不好好学习，马上要面临升学考试了，对学习还是不在乎，再看看别人家的孩子，我真是不知道该咋说他，只要跟他说学习，我们俩的对话肯定不欢而散。以前说他，他还争辩，现在说他，他就是不吭声，我都不知道他在想啥，每天就这么下去，我是真头疼呀。"小黄说："他每天念叨，我实在是很烦，不想搭理他。他说的最多的话就是我不努力。我努不努力他看见了吗？没有呀，那他凭什么说我不努力。在他那儿除了他儿子不行就是别人家的孩子多优秀，今天这个孩子考600多分，明天那个孩子考600多分，我实在是懒得说啥了。我周末都不想回家，有回家生气那点儿时间，我真的还不如在学校清净点儿做几套卷子呢。"针对以上这种情况，工作者结合前期参与式观察的结果，认为案主及其父亲在对彼此的认知上存在很大的分歧，因此本阶段工作者的主要任务是重塑家庭成员的认知。

本阶段的工作主要分为两个部分：第一部分针对案主的父亲展开；第二部分针对案主本人展开。

第一部分

案主父亲存在几个比较明显的认知错误：

（1）学习成绩就能说明一切。

（2）学习成绩浮动（尤其是成绩下滑）是由于小黄不努力学习导致的；

（3）小黄不懂事，根本不明白升学对于他们这样家庭的孩子的重要性。

（4）小黄应该跟以前一样听话、懂事。

针对以上这些错误认知，工作者开始具体的介入。

工作者根据在学校收集到的数据，为案主的学习成绩（包括综合成绩、单科成绩）的排名绘制了排名变化的折线图，根据该图能够清晰、直观的表明小黄成绩的浮动过程。然后调取相关材料，准备第一次与案主父亲的会谈。

第一次会谈的主要内容是让案主的父亲对案主的学校生活有一个基本的感性认识。主要使用的材料是在服务实施初期阶段，工作者在对案主的学校生活进行参与式观察后形成的文字表述和图片记录结果。利用头脑风暴的形式，用以上结果冲击案主父亲对孩子已有的不努力的认知。期间，当工作者描述小黄学习生活的一些场景时，小黄父亲显得比较激动。例如："小黄在学校吃午饭的时间只有十分钟，基本上是跑到食堂，用不到 5 分钟的时间吃完饭，赶在宿舍门关闭之前跑回去，因为别人去吃饭的时候，他还在做题。""晚上等宿舍熄灯以后，小黄还要打着手电接着看书，有时候宿管查得严，不让用手电，他就借着路灯的灯光看一会儿书。"在语言描述后，工作者利用投影播放了一些小黄在学校的照片。其中包括中午教室里一个人做题的小黄、奔跑的小黄等。播放结束后，案主的父亲并没有说什么，但是从面部表情来看，他内心是很复杂的。该阶段，工作者不做过多的干预和引导。在会谈结束时，工作者邀请案主父亲以旁观者的身份了解案主在学校的一天是怎样度过的。

第二次活动主要是协同案主父亲对案主学校生活的观察。因为事前并未告知案主，所以本次活动开始前，工作者和案主的班主任告知案主父亲，必须在工作者和班主任允许的情况下才可以采取行动，如果同意才开始本次活动。在与案主父亲达成一致后，本次活动在第一次会谈结束后一周开展。本次活动将第一次会谈中的描述生动地展现在了案主父亲的眼前，从表情和语言的回馈上，工作者能够明显感受到案主父亲主观认识上体会到的震撼。本次活动对第一次会谈时案主父亲形成的新认知进行了强化，取得了很好的效果。

第三次会谈，主要采用的数据和材料是工作者根据在学校收集到的数据，针对案主的学习成绩（包括综合成绩、单科成绩）的排名绘制的排名变化的折线图。综合图表显示，小黄的成绩排名在班级中处于中上等位置，且小黄的成绩浮动范围在班级的第十名至第十七名之间，浮动范围较小，相对成绩是比较稳定的。本次会谈的主要目的在于，让案主的父亲理性看待成绩的浮动，认识到成绩的浮动一方面与阶段性学习效果有关，另一方面与这个年龄段孩子的生理、心理特征变化也有很重要的关系。由于孩子在这个阶段先后开始进入青春期，很多生理和心理上的变化接踵而至，会导致孩子在这个阶段精力、注意力等方面出现不稳定的情况，因此孩子的阶段性特征对于学习本身来说有很大的影响作用，而并非家长所认为的学习成绩下滑就是孩子不认真学习、不努力的结果。

第二部分

案主小黄存在几个比较明显的认知错误：

（1）父亲只关心成绩；

（2）父亲就是觉得我不行，给他丢脸了。

针对这两个错误的认知，工作者组织志愿者建立了一个经验分享小组"我的爸爸"。小组特征：在读大学男生、父亲管教严格。小组目标：促使案主完成认知替代。

小组分享内容的主旨是：父母在我们小时候对我们的管教，在当时看来是蛮横不讲理的，他们很凶，对我们要求很严，总是在我们成绩不好时骂我们，指责我们不努力，那时候的我们不理解他们、抵触他们、误会他们甚至讨厌他们。但是，如今小组成员已经成年，考上大学在外地读书。在有了足够的成长经验和完善的价值观后，才意识到他们那时只是用我们不能够理解的方式和方法来疼爱我们，而我们只感受到了他们带给我们的困扰，没有看到这些蛮横强势背后，他们夜以继日的担心。

小组分享共开展两次，以间接经验习得的方式影响案主的认知，从而改变案主对其父亲的认知并从主观上扭转拒绝交流的态度。经验交流小组的设计，在功能上能够实现激发案主沟通的动机即可。

综合第一部分和第二部分认知改变的效果，服务实施中期阶段，案主和案主的父亲在一定程度上改善了对彼此的认知，为服务实施后期创造了良好的契机——使双方在主观上摒除错误认知，主动寻求交流和支持。

（三）服务实施后期阶段

本阶段目标：消除家庭成员之间沟通的阻碍因素，恢复家庭支持功能。

服务的介入策略及过程如下：

根据对班主任及任课教师访谈资料的梳理，社会工作者认为案主的学习能力没有问题。案主的压力在很大程度上来自于家庭支持系统缺失而并非学习能力不足。一方面家庭给予了案主很重的学习压力；另一方面，案主无法从家庭系统中得到支持。家庭支持系统的无用感严重阻碍了案主与家庭支持系统的联系。因此，服务实施后期主要围绕恢复家庭正常沟通，恢复家庭支持系统展开。

由于父、子男性的特质，他们两人在沟通上都属于不太善于表达的类型，因此工作者需要为他们创造一个环境来激发他们熟悉的沟通模式。为他们的沟通找到一个起点。根据前期资料的整理，工作者将这个起点定为游戏——过山车（父亲在小黄小升初时与他的约定，由于种种原因而未能实现，这是工作者与小黄会谈时小黄第一个诟病父亲的重要事件）。出于安全的考虑，工作者要求双方进行体检以保障不会有意外事件发生。工作者全程跟随一同参与，观察父子之间的语言和非语言沟通情况。

过山车是一项很刺激的游戏，选择这个游戏，一方面能够在一定程度上恢复案主心目中父亲的形象。另一方面，游戏产生的挑战和刺激的感觉，可以促使二人的团结和支持，激发他们熟悉的沟通、支持环境，从而诱导他们能够顺利地恢复到以前正常的沟通支持环境中，避免了谈话等方式的突兀和尴尬。就活动的效果而言，基本上完成了这个环节的目标和任务。

游戏结束后，工作者对案主的父亲进行了单独的会谈，会谈的任务是告诉他目前这个年龄段青少年的生理、心理特征和一些青少年常见的问题等。另外也希望案主的父亲能够改善沟通的方式，学习沟通的技巧，从而降低重蹈覆辙的风险。

（四）评估、跟进与回访

三个阶段的介入服务后，工作者对此次的介入服务进行了效果评估，主要采取的方式是电话回访。具体涉及以下两个方面：

（1）父子沟通水平是否倒退。

（2）小黄的学习压力是否得到了缓解。

根据信息回馈，父子之间的沟通水平相较于以往有了很大的改善，尤其是父亲取得了很大进步，但是伴随小黄课业负担的加重，父子间主动沟通的频率虽然大幅增加，但是时间仍然较少且沟通质量一般，父亲感觉压力很大。

小黄压力仍然很大，但是压力来源只有繁重的课业负担。小黄表示学业压力能够通过向父母倾诉的方式得到缓解。但要与父亲说一些感性的话觉得很困难，希望不会被父亲误解。

总体而言，本次服务的介入目标已完成，可以结案。但是应案主父亲的要求，工作者会与其保持联系，并在沟通技巧、教育方式等服务内容上继续跟进。

第三节　上阵父子兵

——亲子关系改善小组

■ 一、背景简介

单亲家庭的形式古已有之，然而单亲家庭概念的提出，却产生于欧美国家对当代婚姻现实状况的考察。欧美国家 20 世纪六七十年代的离婚高峰造成了大量离婚式单亲家庭的出现。中国从改革开放至今，伴随快速增长的离婚率，离婚式单亲家庭比重逐渐上升，由此引发了对单身父母的心理状态、生理问题、生活状况，单亲家庭子女的心理成长及教育等一系列问题，这些问题越来越为社会学家、心理卫生学家和政府等有关方面所关注。

青少年与成年人不同，家庭破裂对年幼的孩子来说，由于缺乏充足的心理准备，因而他们遭受的打击比父母更大，而且孩子比大人敏感、脆弱，他们还不具备自我调整心理的能力，一时还难以面对家庭破损的严酷现实，因而在遭遇家庭破裂后会产生自闭、自卑、自责、焦虑、抑郁、嫉妒和逆反等心理障碍。

二、服务计划与实施过程

（一）小组理念

本次小组的研究对象主要是单亲家庭——父子生活在一起的单亲家庭。具体的服务对象是单亲家庭中的父子。其中儿子的年龄要求在 16～18 岁之间（因为界定青少年的年龄跨度较大，个体认知水平存在较大差异。为了使小组方案更具有针对性，本小组对服务对象的年龄进行了限定）。

在社会工作视角下，单亲家庭青少年的心理、行为模式会受到成长过程中家庭、朋辈群体、学校、社会文化等因素的影响。而家庭作为青少年儿童生活和社会化的重要场域，它的结构突变会造成青少年严重的心理不适，集中体现在以下几个方面：

1. 情感陪护缺失导致的孤独感

突发的家庭结构改变，会造成青少年短时间内无法适应，产生严重的孤独感。同时青少年会将父母离异归因于自己或父母一方，自我的认同降低并盲目排斥父母的关心和解释，在行为上表现为逆反和对抗。

2. 家庭结构缺失造成的自卑

由于家庭结构不健全，加之我国社会文化对单亲家庭的接纳和认同程度还比较低，单亲家庭的孩子很容易被贴上标签。单亲家庭的孩子会变得敏感、多疑，不信任身边的人。在社会生活中常常感到不如别人，易受到负面情绪的影响。诸如此类的错误认知和负面情绪让青少年逐渐丧失沟通、分享和寻求支持的主动性，从而陷入到自我封闭的状态。

3. 心理偏位引致的放任对抗

由于家庭结构在母亲角色方面的缺损，部分单亲青少年在家庭里往往感受不到足够的爱和关怀，从而导致青少年心理偏位，并试图用与家长对抗的形式引起父亲的关注，如不学习、迟到、早退、旷课、打架等。

（二）理论架构及方法

1. 马斯洛需要层次理论

"马斯洛理论把需要分成生理需要、安全需要、归属和爱的需要、尊重的需要和自我实现的需要五类，依次由较低层次到较高层次排列。马斯洛把得不到满足而直接威胁个体生存的需要叫作低级需要或缺少性需要。那些并非生存所绝对必需的，可以做一定的延缓性满足的需要，被叫作高级需要。高级需要的满足可以使人健康、长寿、精力旺盛和富有创造力，因此高级需要也叫作发展需要。"① 马斯洛的需要层次理论认为每个

---

① 刘梦：《小组工作》，高等教育出版社 2013 年版，第 51～52 页。

人都有这五个层级的需要，这些需要由低层次到高层次呈金字塔状排列。当个人某一层级的需要得到满足，就会产生追求更高层次需要的动力，以达到自我实现的目标。本次小组的服务对象在家庭结构上存在缺失，因此所有层级需要的满足都受到影响，尤其体现在高级需要上。由于家庭结构的特殊，服务对象在家庭生活和社会生活中归属和爱的需要得不到满足，服务对象易感受到孤独和自卑，而这也直接限制了服务对象对自我认知的完善和对尊重需要的追求，由此看来归属和爱的需要是否能够满足，对小组服务对象极为重要。基于马斯洛需求层次理论的分析，小组工作者将小组的主要内容设定为亲子关系改善，通过小组内容恢复家庭的功能，并通过改善小组成员互动沟通的方式和技巧，帮助小组成员提升社交能力，为小组成员归属和爱的需要得到满足创造条件。

2. 系统脱敏

"系统脱敏是行为治疗的一项重要技术，它主要用于消除各种恐惧症状，如社交恐怖、广场恐怖和考试焦虑等，求助者对某物或某事感到害怕、恐惧，不敢接近。系统脱敏就是要受助者在放松状态下逐渐靠近、接触恐惧对象，这样就可以抑制或消减求助者的焦虑反应，从而帮助求助者逐渐克服恐惧症状。"[1] 小组成员在家庭结构上的缺失，导致小组成员和父亲之间长期无法有效沟通，因此在面对必要的沟通时双方会感受到紧张和焦虑。而这种紧张和焦虑的不良情绪体验会进一步抑制父子间的沟通，从而成为双方沟通中断的影响因素。系统脱敏的基本原理是由低层次焦虑向高层次焦虑过渡，使用放松练习逐渐适应，从而最终摆脱焦虑。因此，小组工作者按照系统脱敏的基本原理，在设置小组各要素时进行针对性设计，如：在设计活动时间时，小组工作者遵循先短后长的原则。小组初期计划活动频率低、时间短。小组中、后期逐渐向频率高、时间长过渡。用过渡性的小组活动设计，让小组成员逐渐恢复亲子沟通，避免小组成员间直接对话造成过激反应而意外离组的情况发生。

3. 操作性条件反射

"斯金纳认为，人类从事的绝大多数有意义的行为都是操作性的。操作条件作用的模式认为，不管有没有刺激存在，如果一种反应之后伴随一种强化，那么在类似的环境里发生这种反应的概率就会增加。而且，强化与实施强化的环境一起，都是一种刺激，人们可以以此来控制反应。这样，任何作为强化的结果而习得的行为，都可以被看做是操作条件作用的例子，人们由此把斯金纳的理论称为强化理论。"[2] 这段表述中有两个词很重要，"强化"和"类似环境"。对于小组工作而言，小组针对成员特征所设计的小组特征就是对"类似环境"的设定。在小组过程中，小组工作者往往会通过塑造情境，以模拟体验、角色扮演的形式使小组成员感受到某种特定的刺激，从而产生认知和行为的改变。同时小组工作也会在小组过程中多次塑造相似情境，以达到对小组成员认知和行为进行强化的目的。"在斯金纳看来，重要的刺激是跟随反应之后的刺激（强化），而不是反应之前的刺激。因此反应之后要给予及时强化。"[3] 在本次小组进程中，

---

① 许莉娅：《个案工作》，高等教育出版社 2004 年版，第 168 页。

②③ 陆士桢：《儿童青少年社会工作》，高等教育出版社 2008 年版，第 49～50 页。

小组工作者在不同的小组阶段设置"类似环境"，通过刺激小组成员的感受，对新的习得行为和认知起到正向强化的作用，不断改善小组成员对父子关系、沟通和互动的认知，让沟通成为父子间一种顺其自然的互动行为，从而缓解父子间焦虑和紧张的情绪体验。在脱离小组后，小组成员回归到原来的环境中，极易受到环境的影响而发生倒退。小组工作者会定期的安排回访，再现"类似环境"的强化刺激，进一步巩固小组的成果，避免倒退使服务对象再次陷入困境。

（三）目标及目的

目标：促进单亲家庭青少年的成长与发展，减少原生家庭对其负面影响。
目的：
（1）加强心理支持，提高自我认同，缓解逆反、对抗，缓解关系紧张。
（2）调整心态，缓解自卑，提高与人交流沟通能力。
（3）提高社会适应和社会认知能力。

（四）服务对象

（1）资格：16～18岁单亲家庭父子。
（2）特点：希望促进自身发展，改变自身所处困境的单亲家庭青少年；希望更好地与孩子相处，更好地教育孩子，意识到自己在感情关怀和教育方式上存在不足的单亲家庭父亲。

（五）小组特征

（1）性质：成长小组。
（2）日期：2018年5月13日（周日）起。
（3）时间：每周日18：00～19：30（时间长短可由具体情况而定，最多不超过两小时）。
（4）频率：一周一次（最后一次由具体情况而定）。
（5）地点：实训室或者知行楼大厅（灯光）（地点可能因活动变化）。
（6）规模：6对父子（共12人）。

（六）招募方法

（1）张贴海报。
（2）发放宣传单。
（3）网络平台。
（4）社区资料收集分析后进行走访邀请（主要招募方式）。
（5）学校（班级）资料收集分析后走访邀请（主要招募方式）。

（七）活动计划

组前会谈

1. 第一次会谈（座谈会）

布置制定方案需要了解的内容及分工，例如：

（1）全面了解潜在服务对象的个人情况，了解其参加小组的动机和目的，为制定小组工作计划奠定基础。

（2）对潜在组员进行角色引导，向其澄清小组目标及角色期待。

2. 第二次会谈

（1）根据小组成员具体情况设计恰当的小组活动。

（2）确定小组组员、小组期限、小组频率、聚会的时间等。

（3）考虑小组应变对策，确定备选方案。

（4）确认活动流程，活动持续的时间，做好工作人员内部的人事分工。

（5）告知小组成员小组活动的时间及相关注意事项。

本次共计划实施五次小组活动，具体活动内容如表1-1～表1-5所示。

表1-1　　　　　　　　　　　　　　第一次小组活动

日期及整节活动时间：2018年5月13日18:00

个别活动时间	地点	目标	内容	所需物资
3分钟		让组员和工作人员互相认识	工作人员自我介绍（包括姓名在小组中的角色等）	
15分钟		让父子之间以与对方的关系为开始介绍自己，强化对父子关系和合作伙伴的认知。初步认识每一位小组成员让组员之间有初步认识，缓解气氛	游戏："你是我的好朋友" 内容：小组成员围坐成一个圈，依次介绍自己："我是××的爸爸/儿子，我叫××"随后用两个词概括对旁边人的第一印象（包括姓名、称呼或对小组的期望）	
5分钟	实训室	组员知情权的维护让组员更加清楚小组的目的及内容，并就组员的疑问进行澄清	工作者介绍小组的目的及相关活动安排	
13分钟		强调小组成员的民主参与。工作者与组员一起制定小组规范，保障每个小组成员的公平话语权。使他们对小组更加有归属感及认同感；特别是对儿子，能增加其存在感，让其感到被重视和被尊重	与组员一起订立小组规范，同时澄清小组内应有的秩序及告知组员设有"最佳父子"奖，并与他们一起订立遴选规则	

个别活动时间	地点	目标	内容	所需物资
40分钟	实训室	缓和父子之间的关系，增进父子之间的了解与理解，激活父子在对方心中曾经的形象	每人发一张相同大小的白纸，给组员10分钟时间，要求：①父子之间写出对方的三个优点。②描述一件记忆中印象最深刻的和对方有关的事情。写好后进行不记名收取，然后随机发给组员，由组员讲述纸上内容。每讲述完一人，写纸条的人认领纸条	白纸
10分钟		互相分享感受，进一步促进了解	邀请组员分享对方心目中的形象的感受，工作人员进行引导发言	
10分钟		①提高小组信心，为下一次活动打下基础；②让组员对聚会发表意见，以便作出评估意见评估小组进程	邀请组员简单地说出这次聚会的感受以及意见。工作人员进行总结，并且留下任务：观察这一周内对方会有哪些变化。由小组工作者对小组进行正向鼓励，提高组员信心	

第一次活动总结：第一次活动设计的游戏主要以破冰游戏为主。通过游戏环节，在较为轻松的小组氛围内了解彼此，增进彼此的关系，重塑父子在彼此心中形象，体会彼此的关心，缓和父子关系。同时通过分享和表达，增强组员的信心，为后续活动的开展奠定心理基础、关系基础。由于第一次小组活动处于小组初期，组员间关系尚未完全成熟，组员间的自我防御机制仍然在起作用，所以小组并未采用竞赛类游戏，而多用分享、激励活动以提升小组成员的参与度塑造小组内部氛围。

表1-2　　　　　　　　　　　第二次小组活动

日期及整节活动时间：2018年5月20日18：00

个别活动时间	地点	目标	内容	奖惩机制	所需物资
6分钟	实训室或大厅	活跃气氛，回顾第一次活动的成果；强化成果和认知，鼓励组员	邀请组员讲述这一周内，对方发生的改变和自己的改变。组织组员投票选出改善最好的一组进行奖励	奖励两张电影票兑换券；要求：儿子带父亲去看一场电影	两张电影票兑换券
40分钟		角色扮演与情景再现。进一步加深父子之间的了解和理解	父亲一组、儿子一组，两组进行剧本编写，要求二十分钟编写完成一个剧本。儿子组剧本内容须包括：孩子眼中父亲平时的状态；父亲组剧本内容须包括：父亲眼中孩子平时的表现。剧本编写完毕后两组自行分派角色进行表演；要求所有小组成员参与		

续表

个别活动时间	地点	目标	内容	奖惩机制	所需物资
10 分钟	实训室或大厅	分享不同的父子角色与期望，增加父子间的认同感	两小组各出一个代表，代表爸爸和孩子，为大家讲述情景剧的编写过程；请每位组员结合现实与情景剧，表达自己的感想		
10 分钟		紧紧抓住父亲/孩子的手；最终达到缓解父子关系的目标	游戏："解开千千结" 内容：父亲与孩子间隔相站，牵手围成一个圈（要求父亲左手边是自己的孩子），松开手后工作者播放《相亲相爱一家人》，小组成员听着音乐在限定区域内随意走动（工作者根据时间控制音乐），待小组成员完全打乱顺序，工作者停止播放音乐，随即小组成员停止走动，然后每位组员找到原来左手和右手拉着的人并分别握住。拉好手后，小组成员会形成一个彼此错综混乱的"结"。 工作人员计时，组员可以用各种方法解开这个结，如：钻、套、转等，但是不能松手，直到小组成员将"结"还原成圆圈，计时停止	游戏总共进行三次。要求一次比一次快，达到要求后工作者给大家表演节目	
5 分钟		感觉到父亲的支持，相信父亲，进一步激发父子间的情感交流	游戏：信任后躺 内容：孩子朝后直立躺下，父亲在后方接住	最慢的组要表演节目	海绵垫
30 分钟		互相表达心意，澄清亲子间的隔阂。使父亲成为孩子的后盾，为孩子提供心理支持	父子各自给对方写一封信，要求其中包括对离异的看法；各自互相查看并讲述各自的感受		
5 分钟		总结活动，使活动圆满结束，并说明下次活动的内容与进程	工作者总结此次活动，鼓励组员继续保持并对组员提出一些具体要求，使父子关系在日常生活中能一直良好发展		

第二次活动总结：第二次活动运用情景再现的方式使父子之间更加了解与理解彼此。活动内容设计两个协作游戏，使父子间更加信任与支持。第二个小游戏有组间对抗，能使父子间更加团结，在支持与协作中缓和父子关系，抑制逆反，对抗行为的出现。

表 1 - 3　　　　　　　　　　　　　　第三次小组活动

日期及整节活动时间：2018 年 5 月 27 日 18：00

个别活动时间	地点	目标	内容	奖惩措施	所需物资
5 分钟	实训室或大厅	活跃气氛，跟进阶段目标的成果，强化成果和认知，鼓励组员	邀请组员讲述这一周内，对方发生的改变和自己的改变。组织组员投票选出改善最好的一组进行奖励	奖励动物园门票两张，要求父子一同前往	门票两张
20 分钟		让组员发现自己的优点，找回自信心，克服自卑。（父亲们进入观察室，全程观察）	游戏：自我寻宝 寻宝方式：在纸上写我开始喜欢我自己，因为…… 寻宝要求：①必须实事求是；②必须是自己的优点或特长，也可以是自己的进步；③每个人至少找到自己的 5 个珍宝。游戏结束后小组成员在组内进行分享	用时最长的同学进行一个小惩罚。（促进父子关系，强化前一阶段的成果）	白纸、笔
20 分钟		在众人面前展示自己，进一步建立自信，克服自卑	游戏：牙签游戏 内容：给每个组员发 10 根牙签，小组成员依次上台说出自己从没做过的不文明事情，如从不乱穿马路等。如果其他组员有做过，就要上交一根牙签给发言的组员。每轮每人说三个，且不能重复。三轮（视活动气氛可增加）游戏结束后统计各位组员拥有牙签的数量	拥有牙签最多的人接受奖励，奖励鼓励性质的小礼品。拥有牙签最少的人接受惩罚（可以用大冒险的形式，做一些提高自信、克服自卑的游戏。需工作人员提前设计指示卡）	小礼品、惩罚指示卡
10 分钟		通过父亲的鼓励，正向肯定孩子们的优点，建立自信，克服自卑。强化第一阶段的目标	请父亲从观察室出来，分享他们对孩子们刚才表现的感想（孩子不知道父亲在观察室。该安排的实现需要工作者提前与父亲沟通好时间，避开孩子们来参加活动的时间，避免被孩子发现）		
20 分钟		最终克服自卑，强化第一阶段成果，持续改善父子关系	游戏："尘封我不敢" 内容：回忆自己因为自卑错过的机会。①给每位同学分发一张白纸。②在父亲的陪伴下，列出我不敢做的事。要求：态度要认真诚恳，独立完成，不讨论。③由工作人员收齐后装进档案袋封印。播放歌曲《我相信》让孩子在心中默念：从今天开始，我将与这些"我不敢"告别。活动充满仪式感	奖励每位同学鼓励性的小奖品	
5 分钟		让组员表达对此次活动的感受，并为下次活动打下基础	邀请组员简单地说出这次活动的感受。工作人员总结并提出一些克服自卑的小要求，要求下次活动讲述完成情况		

第三次活动总结：此次活动主要任务是通过游戏，增强组员的自信心，克服组员的自卑心理。

表1-4   第四次小组活动

日期及整节活动时间：2018年6月3日18：00

个别活动时间	地点	目标	内容	奖惩措施	所需材料
5分钟	实训室或大厅	活跃气氛，观察、强化上次活动的成果	邀请组员讲述这一周内，对方发生的改变和自己的改变。组织组员投票选出改善最好的一组进行奖励	完成不好的小组和完成好的小组完成一次背人游戏	
20分钟		学会合作，提升人际交往能力	游戏："纸塔"游戏内容：父亲一组，孩子一组，要求在20分钟内，不得使用其他材料，只用报纸做成纸塔，"纸塔"绝对高度最高的组获胜	使用促进父子关系或促进与他人沟通的活动进行惩罚。如父亲们集体给儿子们表演节目等	10张报纸
30分钟		促进沟通能力，提高信息的传递能力。发挥自己的力量，认识到沟通的重要性	游戏：你说我画内容：每人一张白纸，一支笔。分为：父亲组和少年组，每组一人依次上台担任传达者，其余人员作为倾听者；传达者看样图一分钟，背对全体倾听者，下达画图指令。所有人完成后，对比绘画结果，请组员分享刚才的感受	使用促进父子关系或促进与他人沟通的活动进行惩罚。如父亲们集体背起儿子们转圈等	白纸、笔、样图
20分钟		培养沟通能力，让组员明白沟通时声音和语速的重要性	父亲和儿子一组，父亲和儿子轮流遮住眼睛，工作人员将椅子放在场地上作为障碍物，同时在场地放置两个气球。没有遮住眼睛的指挥遮住眼睛的人越过障碍取得气球，并放到指定地点。轮流进行一次，期间会更换障碍物位置，合计用时最短组胜出。并请组员发表感想	合计用时最短组为胜出组。作为惩罚用时最长需要背起用时最短组再过一次障碍物	椅子气球
5分钟		鼓励小组，总结活动，使活动圆满结束，并说明下次活动的内容与进程	工作者总结，并鼓励组员保持下去，对组员提出一些具体要求，使组员在日常生活中也能保持和别人良好的沟通；进一步提升自信、克服自卑。告知小组成员，下次小组活动为最后一次活动，大家做好心理准备，做好离组的准备		

第四次活动总结：本次活动主要目的是缓解组员自卑与沟通障碍。活动以系统脱敏为依据，运用大量游戏，循序渐进增强组员自信心，克服自卑，提高组员沟通能力。在活动中，工作者持续引导和强化第一阶段的目标成果，使组员取得的进步得以强化。

表 1-5　　　　　　　　　　　第五次小组活动

日期及整节活动时间：2018 年 6 月 10 日 18：00

个别活动时间	地点	目标	内容	奖惩措施	所需物资
5 分钟		活跃气氛，观察强化上次活动的成果	邀请组员讲述这一周内，对方发生的改变和自己的改变。组织组员投票选出改善最好的一组进行奖励	完成不好的小组和完成好的小组完成一次背人游戏	
20 分钟		提高感悟能力，想象能力，提高自我认知水平	活动：建思维大树 内容：工作人员提前在黑板上画上 4 颗思维树，工作人员提出一个关键词（例如苹果）其中一棵树用来写其特点或构成，其余的树则用来写用途，或者联想到什么。最终变成 4 颗硕果累累的大树。父亲与孩子分别成一组，形成对抗（果实越多越好）	工作人员总结鼓励，给胜利的组奖励小礼品（尽量让孩子们胜利，发散思维从理论上来说年轻占有优势）	黑板思维树笔
10 分钟	实训室或大厅	让父亲和孩子明白家庭对人的影响作用，提高家庭认知	活动：动作展示 内容：父子两人一组，工作人员给出一些生活中常见的状况，父子二人不能说话，只能用动作表示出自己面对这件事的心态或办法。并且发表感受，工作者总结		椅子桌子一些简单的道具
20 分钟		激发我们心中的热情，积极拥抱生活，做一个积极向上，乐观开朗，与父亲和睦相处的好青年	活动：我们是最棒的 内容：让所有参与游戏的人员围成一圈，等待工作者宣布游戏开始。游戏开始后，每个人先双手拍左边人的肩膀一下，并同时喊出"我"，然后每个人的双手拍在右边人的肩膀两下，同时喊出"我们"，以此类推，拍三下为"我们是"；四下为"我们是最"；五下为"我们是最棒"；六下为"我们是最棒的"。注意游戏期间每个人要围着圆圈转动喊出完整的"我们是最棒的"。全体组员双手举起跳离地面说出"耶"的即为胜利。用时最短组获胜		

个别活动时间	地点	目标	内容	奖惩措施	所需物资
10分钟	实训室或大厅	让组员表达此次活动的感受，通过奖励使小组活动圆满结束	邀请组员简单地说出这次活动的感受，以及颁发最佳父子奖。小组工作者用约定的方式结束小组活动		奖品两份

第五次活动总结：单亲家庭，尤其是母亲的缺位，要求父亲不仅要给孩子更多的父爱与耐心，还要处理好父亲，母亲，朋友三个角色的关系。通过最后一次小组活动，强化案主的自我认知和家庭认知，并在小组结束前与组员进行约定，避免离组后的行为倒退。

（八）评估方法

（1）数据对比：工作者在小组开始前的组前会谈和小组最后一次活动后会分别让小组成员做同一份问卷。根据前测和后测的结果对比，评估小组的目标任务是否完成。

（2）通过小组过程中阶段任务的完成情况评估小组阶段性目标是否达成。

（3）小组进行过程中，小组工作者以参与式观察的方式，对阶段性目标是否完成和总目标的完成情况进行评估。

（4）小组结束后不定期的电话回访，评估小组成果是否出现倒退现象。

第四节　时间都去哪儿了？
——时间管理教育小组

一、背景简介

同样的作业量，有的同学总是因为来不及做、时间不够等原因而苦恼。而有的同学不仅能把作业按时做完，还能从中挤出一些时间分配给复习或个人的兴趣爱好。同样的时间，有的同学可以做很多事情而收获成就感和满足感，而有的同学一件事还没做完时间就没有了，因此始终被禁锢在焦虑和压力之中。为什么会有这样的不同呢？我们普遍认为，当青少年小学毕业进入初中阶段就应该已经具备了良好的学习习惯，那么他们为什么会出现这种情况呢？课程门类和内容的增加是其中一个重要的原因，它可能会在短时间内造成青少年不适应。但是还有一个重要的原因，时间管理能力不足。

二、服务计划

（一）小组理念

本次小组所招募的组员是刚刚经历小升初的初中生，他们刚从自由轻松的小学生活过渡到压力倍增的初中时期，在适应调节方面存在许多问题，课业负担、父母期望使其迫切想要去学好每一门课程，但却力不从心。面对课程多样化，大多数青少年不能专注，当完成一门课程当天的任务后，才发现时间就这样慢慢流逝了。所以自身希望通过对时间管理的学习，能够帮助自己更好地适应初中生活，解决课业剧增的负担的同时学会更好地利用时间，提升自己时间管理的方法。

不善于管理时间的青少年，特征之一就是想做什么就做什么，看似投入学习，但并没有主次任务的规划。这里需要阐明一个问题，有良好的学习习惯并不等于有优秀的时间管理能力。学习习惯是学习生活中形成的一种行为倾向，比如放学回家后首先应该写作业，写完作业后再去做其他事情。这样的认知就是典型的学习习惯结果。而时间管理指的是将有限的时间做良好的规划，比如放学回家后要在两个小时内做完作业，做完作业后要用45分钟时间写毛笔字，写完字洗漱完毕后，用30~40分钟的时间预习明天的功课，然后睡觉。前者多是在长期的学习生活中被动形成的，受到学校、家长的干预较多。而后者是需要学习和培养和较高的自我管理能力和执行能力。也因为需要学习和培养，所以青少年的时间管理面临着很多的问题。

首先，时间管理倾向性水平较高，但是在管理的自觉性方面不足。在日常的学习和生活中，很多青少年都为自己做了详细的时间规划，并且以图表、倒计时等多种醒目的形式来提醒自己，但是由于自己在时间支配上受到老师和家长长期的影响，被动接受的意识很强。尽管自己也有很强的意识去改变现状，但是长期形成的惰性很难克服，加之自身并没有很强的自制力，从而使这些图表多数情况下都变成了摆设。

其次，可控时间与不可控时间结构不够合理，不可控时间比重远超可控时间的比重。以一个正常教学周为例，青少年周一到周五每天按时上课，这些对于青少年来说集中且规模庞大的不可控时间，远远超过周一到周五放学后回到家和周六日这些分散、零碎的可控时间。因此较长时间内的行为习惯会形成时间认知上的惯习，这些惯习一旦形成就难以改善，在一定程度上抑制了青少年自我时间管理的可能性。

时间作为一种有限的，不可逆转的资源，如何管理利用它显得至关重要，尤其是对时间进行管理。然而有很多青少年依然不知道怎样合理安排时间，也不清楚合理安排时间的重要性，所以为了让同学们学会合理安排时间，充分认识到合理安排时间的重要性，提高其学习效率，本次小组活动从培养和发展时间管理理念入手为青少年开展时间管理训练。

当然，时间管理能力的提升需要一个长期的过程，我们不能够急于要求青少年一下子就具备时间管理的能力，成为时间管理的高手，但是当有符合这个情境的需要出现时，学生能够主动地与时间管理理念进行联系和反思，对于学习和生活中仍然被时间不够用而困扰的青少年来说就已经是长足的进步。而工作者或家长则需要进行鼓励和推进，促进他们更好地成长。

（二）理论架构

1. 马斯洛的人本主义理论

"马斯洛将人的需要分为五个层次：生理需求、安全需求、爱和归属感、尊重和自我实现的需求，这些需要分为不同的等级，某一水平的需要得到满足或者部分满足后，才会萌发下一个水平的需要。但有时候，在特定条件下，人也可能超过低层次的需要，去直接追求高层次的需要。因此，马斯洛提出了'高峰体验'的概念。这种感受是人感到自己与外在世界完全和谐统一时的微妙的瞬间体验。在高峰体验中，人们处于高度自律、自由自在、敏感的境界中，并且忘却周围存在和自己所处的时空的限制，而这样的高峰体验正是人们自我实现的过程中取得一定成就时才能体验到的。"[①] 对于青少年而言，他们的价值观和行为习惯都尚未成熟，各种需要也在不断发展变化。社会工作者则可以通过对他们需要的分析找到行为的内因和动机并加以引导，从而帮助他们达到自我实现的目标。

刚升入初中的青少年正在面临迅速增加的课业负担和中考压力，社会工作者认为这个特殊阶段符合马斯洛所讲的特定条件，在其他需求尚未满足的情况下，小组成员均在学习环境改变的情况下产生了改善时间管控能力的需要。在小组过程中，小组工作者通过对时间管理的意识培养和行为强化，提升时间管控技巧，并通过组员自己制定目标、自我监督、自我管理实现自我成长，通过高峰体验逐步肯定自我价值，发展出更高层次完善自我的需要，对小组成员的学习和生活起到积极作用。

2. 社会学习理论

"行为主义强调人类行为的习得性，即教育和环境的重要性。社会学习理论继承并发展了这一观点，并且强调人的行为、思想、情感反应方式和行为，不仅受直接经验的影响，同时也受间接经验的影响：行为与环境具有交互作用；观察和模仿学习是学习的重要过程，在学习过程中，认知是非常重要的；人在学习过程中具有特别的自我调节的过程。人不是环境被动的产物，人是积极的、能动的，对环境中的刺激可以进行有选择的反应并且把所选择的刺激进行组织并转化。社会学习理论强调人们通过观察和模仿他人的行为就可以获得改变，形成新的行为方式。"[②] 在小组过程中，小组成员会将自己的行为带入小组，体现出适应与不适应的结果，其他小组成员则可以通过对行为与行为结果的观察，做出模仿学习或引以为戒的判断。对于小组整体而言，小组成员具有高度个别化的特性，他们进入小组后会向小组内输入不同的行为榜样。对于庞大的行为汇

---

① 陆士桢、王玥：《青少年社会工作》，社会科学文献出版社2005年版，第103~104页。
② 刘梦：《小组工作》，高等教育出版社2013年版，第56~57页。

总，小组工作者可以将其整合、分析并提供给每个小组成员进行分享，也可单独引入科学的行为方法与之进行对比，让小组成员能够清楚的了解对比结果，从而主观判断模仿和学习的方向。社会学习理论强调人仅通过模仿他人即可获得改变，所以在设计好小组活动的前提下，小组工作者只需要做好引导和强化即可完成小组的总体目标。

3. 惯习理论

"人们在实践过程中对行为往往有一种非常直观的理解和把握，并且这种理解和把握既是当前实践的基础，同时也来自于此前的实践过程中经久形成的持久而又潜在的行为倾向系统，这种持久潜在的行为倾向系统就是惯习，它存在于实践者的身体和行为之中。构成了一种'实践感'，即对实践的前认知把握。这样，客观物质世界中各种既定的条件并不直接作用在实践者身上，而是在实践过程中，在经验的累积过程中，灌注到行为的持久潜在的倾向系统中，亦即惯习中。客观条件所决定的可能与不可能、自由与必然、方便与忌讳等就通过惯习而在相当程度上影响了当前的实践，并指向未来，所以最不可能的实践活动、最不可想象的事物往往是在这种倾向系统中形成的，而不是由客观条件直接机械的决定的。"[①] 惯习理论能够解释，为什么绝大多数学生没有办法同在学校时一样合理的安排和处理自己的时间。家庭区别于学校，没有严格的规则约束学生的行为，反之，家庭生活一直被认为是个人的、隐私的和相对自由的。由此家庭生活方式就会在学生的认知中形成对于处理家庭时间的行为倾向，这种倾向就是惯习。惯习作用于小组成员就表现为学习效率低、时间安排混乱等问题。当然，有一部分家庭在时间利用上有着良好的惯习，这种惯习往往源自父母在家庭生活中对时间的合理规划和行动。惯习不仅能够解释本小组服务对象的问题，同时也为解决小组服务对象的问题提供了思路，社会工作者将会利用小组动力，改变小组服务对象潜在的行为倾向系统，从而形成并强化新的惯习，影响小组成员的行为，达成小组的整体目标。

（三）目标及目的

（1）目标。
帮助组员树立时间管理意识，提高时间利用效率。
（2）目的。
①帮助组员认识到时间的重要性。
②帮助组员提高专注力，提升时间利用效率。
③帮助组员提高目标计划能力及目标完成能力。
④帮助组员相互促进、相互监督，在小组结束后仍可以保持时间管理的习惯。

（四）服务对象

（1）范围：内蒙古农业大学附属中学预科班学生。

---

① 侯均生：《西方社会学理论教程》，南开大学出版社 2010 年版，第 410～411 页。

（2）特征：①不能够专注的学习。

②总觉得时间不够用。

③想要学习如何管理时间。

（五）小组特征

（1）小组性质：教育型小组

（2）节数：8 节

（3）聚会时间：周六上午九点到十点左右（因活动内容调整时间）

（4）小组频率：前期活动一周一次，后期活动依组员情况而定

（5）时长：80 分钟左右/每次（具体以活动明细时间为准）

（6）聚会地点：待定（因活动内容而选择）

（7）小组规模：8 人（4 组）

（六）招募方法

1. 招募方法

（1）与校方领导协商，通过班主任下发通知招募。

（2）在初中部预科班楼层张贴海报。

（3）创建微信群，并将群二维码附在海报上，与班主任下发的通知一并下发。

2. 甄选标准

（1）组员出现的问题具有同质性。

（2）组员的心理需求层次相当。

3. 组前会谈

（1）专注力测试（详见附录），尽量使组内成员专注力层次相当。

（2）在工作者的监督下自由分组，在后续小组工作中将以双人小组的形式进行活动以及互相监督，并在此次会谈中强调每节活动的时间要严格遵守社工所提出的规定时间，按时完成。

（七）活动计划

1. 方案实施过程

方案总体实施过程如表 1-6 所示。

表 1-6   方案总体实施过程

活动顺序	活动目标
第一次活动	让组员在活动中初步认识，互相熟悉
第二次活动	让组员通过活动树立时间意识

活动顺序	活动目标
第三次活动	帮助组员通过活动与讲解提高专注力
第四次活动	进一步提高专注力，形成强化刺激
第五次活动	通过讲解与活动从而提高组员的目标计划能力
第六次活动	通过同伴互助和具体方法的学习来提高组员的目标完成能力
第七次活动	社工和组员一起总结这次的小组活动，通过进行小组联欢处理组员的离别情绪
备注	（1）一个工作人员负责两个小组，进行及时沟通，处理问题； （2）在小组活动进程中准备心路历程小本，对每次活动进行总结与反思，从而提高活动的效果； （3）提前告知组员小组结束后会进行颁奖，会对活动进行评估奖励； （4）小组结束后微信群不解散，后期会不定期回访，对组员进行评估

2. 具体服务计划

具体服务计划如表1－7～表1－13所示。

表1－7　　　　　　　　　　第一次小组活动

活动时间：5月26日上午9：00～10：20

个别活动时间	地点	目标	内容	所需物资
10分钟		让组员认识社工，同时让组员清楚小组的目的及内容	社工自我介绍（包括姓名及在小组中的角色等）后介绍小组的目的及内容，解答组员的疑惑	
15分钟		让组员之间有初步认识	组员（以小组为单位，并起一个组名、口号）自我介绍（包括姓名、年级、自己的期望）	
25分钟	教室	通过游戏增进组员之间的交流，增强组员间的熟悉感	①你能否按照指令做？ ②"我们是最棒的" 让所有参与游戏的人员围成一圈，等待工作者喊游戏开始。游戏开始后，每个人先双手拍左面人的肩膀一下，并同时喊出"我"然后每个人的双手拍在左面人的肩膀两下，同时喊出"我们"，以此类推，拍三下为"我们是"；四下为"我们是最"；五下为"我们是最棒"；六下为"我们是最棒的" 注意游戏期间每个人要围着圆圈转动喊出完整的"我们是最棒的"以后全体组员双手举起跳离地面，说出"耶"的即为胜利	
10分钟		与组员一起订立小组规范，增强其对小组的归属感	（1）与组员一起订立小组规范，并告知小组成员小组内应有的规范制度 （2）社工与组员在制定好的小组规范上签字，表示每个人都会遵守该规范	大画纸1张，笔8支
15分钟		让组员表达对初次聚会的感受。	工作者邀请组员简单地表达对这次聚会的感受及意见。 发放心路历程小本，并记录本次感受	心路历程小本8个

表 1-8　　　　　　　　　　　　　　　第二次小组活动

活动时间：6 月 2 日上午 9：00~10：00

个别活动时间	地点	目标	内容	所需物资
30 分钟	教室	通过游戏让组员明白时间的重要性	撕纸条：把事先准备好的 1 厘米宽、100 厘米长纸条发给每位组员。告诉大家，每个人手中的纸条代表时间，假如这个时间是一天，那就是 24 小时。社工告诉各位成员吃饭睡觉等基本生活需求用了多少时间，把它撕去；组员自己把看电视、玩游戏、踢足球、聊天发呆等分别用了多少时间撕去，看看还剩多少时间是用来学习的。大家比一比谁留给学习的时间最多。之后工作者引导组员去思考自己一天的时间都是怎么渡过，之后应该怎么做	事先准备好 1 厘米宽、100 厘米长的纸条每人一条
25 分钟		通过游戏使他们意识到时间的重要性	一个人敲黑板，下面的人传球，当敲击终止，球停留在哪个组员手中，则该组员就要讲一个关于浪费时间的事，然后记下来（每个组员所讲的事不能重复），然后把每段陈述总结成一句话，最后根据这些浪费时间的话，请每位成员与自己对照，有则改之无则加勉邀请小组成员分享时间浪费的困扰	
10 分钟		让组员表达对本次小组活动的感受	邀请几名组员说出对这次小组活动的感受及意见，并且记录在心路历程的小本子上	

表 1-9　　　　　　　　　　　　　　　第三次小组活动

活动时间：6 月 9 日上午 9：00~10：20

个别活动时间	地点	目标	内容	所需物资
5 分钟	教室		对表 1-8 中第二次小组活动内容进行回顾	
20 分钟		简单了解一下高专注力能带来的成就	观看视频	
25 分钟		通过活动来让组员意识到专注力的重要性	活动：乒乓球抗干扰（小组间竞争）。内容：一个人把球放在球拍上，绕着桌子行走（注意是行走）一圈，再把球传递给另一位队员。期间要求乒乓球拍平端于胸前，距离胸口大约 10 厘米左右，乒乓球不能掉下来，其他小组的人在旁边进行捣乱但是不能接触到队员的身体、不能对乒乓球进行吹、扇等动作，球落地一次增加 3 秒，用时最短组获胜。竞赛决出一二名分别进行奖励	乒乓球拍、乒乓球、秒表
15 分钟		学会善于排除内心的干扰来提高专注力	通过临摹字帖（10 分钟）提高专注力，首先提出要求：不可以急躁！如果字的质量或表现不过关，就要给以相应的处罚，比如延长临摹的时间。在临摹的过程中，社工可以轻声在旁指导。后期可逐渐增加时长。（临摹字帖将列入后期活动后计划清单）	8 张临摹纸及字帖
15 分钟		让组员表达对本次小组活动的感受	邀请几名组员说出对这次小组活动的感受及意见。并且记录在心路历程的小本子上	

表 1 - 10　　　　　　　　　　第四次小组活动

活动时间：6 月 16 日上午 9：00 ~ 10：20

个别活动时间	地点	目标	内容	所需物资
5 分钟			对表 1 - 9 中第三次小组活动的内容进行回顾	
40 分钟		向组员介绍其他提高专注力的方法，以供组员在小组期间及结束后使用	介绍通过记忆数字和记忆位置来提升专注力等其他七大方法，以供组员课下使用。（详见百度：专注力）	
20 分钟	教室	通过限时读书，增加组员压迫感，从而提高其专注力，树立其可以专注的自信心	活动：挑战"不可能" 内容：5 分钟读一篇 2500 字左右的文章（正常人阅读速度为 300 ~ 500 字/分），通过规定时间内读完文章，声明读完会有奖励，读完后分享自己的读后收获。如未读完，后期针对个别组员进行单独辅导，逐渐培养其自信，当然也会为其提供一个鼓励性小奖品	奖品 8 份、鼓励小奖品 8 份，如所有人都读完，两份奖品一起奖励
15 分钟		让组员表达对本次小组活动的感受	邀请几名组员说出对这次小组活动的感受及意见，并且记录在心路历程的小本子上	

表 1 - 11　　　　　　　　　　第五次小组活动

活动时间：6 月 23 日上午 9：00 ~ 10：00

个别活动时间	地点	目标	内容	所需物资
5 分钟			表 1 - 10 中第四次小组活动的内容	
20 分钟		通过组员自己动手操作，体会到时间规划好之后会带来的神奇改变。	"瓶子满了吗" 放入顺序由组员自己决定，将瓶子装满一次记录一次放入顺序和体会	每个次级小组一个空的透明玻璃瓶 一块大石头 一桶砾石 一瓶沙子 一瓶水 纸笔若干
35 分钟	教室	通过组员制定规划的操作来实践时间管理的理论，从而提高目标计划能力	通过工作者具体的讲解（四象限，优先矩形等）时间管理方法让组员规划自己的生活片段，然后通过次级小组之间的互相陪伴监督、计划小本和微信群内打卡（工作者监督）的方式来保证实施，在本节活动中制定一个可行的短期日计划（记录在计划小本中，每天在群内分享打卡），运用计划清单的方法来完成，提高目标计划能力	计划小本 8 个
20 分钟		让组员表达对这次小组活动的感受。	（1）邀请组员说出对这次小组活动的感受及意见，并且记录在心路历程的小本上。 （2）在本次活动后的一周内，准备一个四十分钟内的活动计划，在这四十分钟内你可以做一切自己想做的事情（包括休息时间），但是需要规划好时间（每件事用多少时间，具体记录在计划小本上）	

表 1 – 12　　　　　　　　　　　　第六次小组活动

活动时间：6 月 30 日上午 9：00 ~ 10：00

个别活动时间	地点	目标	内容	所需物资
5 分钟	教室		对表 1 – 11 中第五次小组活动的内容进行回顾	
5 分钟		学习番茄钟的使用	结合小视频介绍番茄钟的使用方法	
40 分钟		结合番茄工作法来进行实践	拿出上次活动结束后形成的 40 分钟的计划，然后结合番茄工作法来具体实施	番茄钟八个
15 分钟		总结提炼	小组成员总结提炼自己在这次实践中的不足和收获，然后工作者再进行总结与升华。将此次的经验与收获记录在心路历程的小本子中	

表 1 – 13　　　　　　　　　　　　第七次小组活动

活动时间：7 月 7 日上午 9：00 ~ 10：30

个别活动时间	地点	目标	内容	所需物资
5 分钟	教室	重温小组内容	与组员总结分享小组内容与感受	
20 分钟		分享感悟颁奖	组员们逐个发言分享自己的改变、感悟，最后由社工分享在此次小组活动中的社工的感受，并对每天群内打卡进步明显的同学颁发奖品、剩下的同学也会颁发鼓励奖品	8 份奖品（3 份相对较好的奖品，剩下 5 份相同）
5 分钟		评估小组成效	评估问卷	
60 分钟		处理离别情绪，写下自己的期望与对其他组员的寄语	提前准备好食物，饮料，最后大家一起畅谈，做一些趣味小游戏 写下对自己的期望后，将每个人的期望传给其他组员及社工，一一写下寄语 惊喜：给每一个人发放属于自己的精彩瞬间（小组开始到结束期间的照片）。结束后合影留念	食物、饮料、趣味小游戏。精美信纸 10 张、笔 10 支

（八）应变计划

（1）小组成员对活动兴致不高：在活动之前对小组成员提前介绍活动内容，听取小组成员的意见和建议，在活动的结束时，再次征求小组成员意见，如有下次活动可以对下次活动进行改善。

（2）小组成员迟到，不能按时参加活动：在组员的宣传招募中，提前说明小组工作活动的原则以及纪律，让小组成员对小组基本事项有个准备，确定招募到的组员是能充分理解小组规则并遵守的。

（3）活动中出现冷场：主持人可以适当讲一些小故事、笑话活跃小组气氛，化解尴尬。

（4）组员参与和评估的积极性不高：活动负责人适当的调整引导方式，采取最有效的方式带动小组成员积极性，使其参与评估。

（5）招募不到足够的参加者：扩大招募范围并加强宣传力度。

（九）评估方法

（1）在小组活动进行到最后一节时，组员将被安排完成同一份问卷，调查组员对此次小组活动的感受。

（2）在小组活动的最后一节，各组员的分享及意见。

（3）依据社工在小组活动中的表现进行观察及分析。

（4）从出席率及参与、投入程度等方面作出评估。

（5）通过与组员的访谈来知道他们对小组的感受及意见。

附录

一、舒尔特方格测试

舒尔特方格（Schulte Grid）是在一张方形卡片上画上 1cm×1cm 的 25 个方格，格子内任意填写上 1~25 共 25 个数字。训练时，要求被测者用手指按 1~25 的顺序依次指出其位置，同时诵读出声，施测者在一旁记录所用时间。数完 25 个数字所用时间越短，注意力水平越高。

11	18	24	12	5
23	4	8	22	16
17	6	13	3	9
10	15	25	7	1
21	2	19	14	20

二、评估问卷

序号	评价内容	评价等级		
		是	一般	否
1	我喜欢这次小组活动			
2	我觉得这次小组活动对我有帮助			
3	我对自己的未来有了比较清晰的认识			
4	我对自己越来越有信心			
5	我在这次活动中收获了一些时间管理的方法			
6	在活动中我乐于与他人分享经验			

序号	评价内容	评价等级		
		是	一般	否
7	我觉得组员间相处很愉快			
8	我喜欢工作者的组织方式			
9	你对这次小组活动有什么意见或者建议			

说明：请在评价等级中用"√"表示你的选择

第五节　校园欺凌

——阳光伙伴支持小组

一、背景简介

校园欺凌是目前世界各国中、小学校园中普遍存在的现象和问题。社会工作者认为校园欺凌主要是指发生在与校园相关联的各种场域内，由一人或多人使用暴力对特定对象生理或心理进行攻击并造成伤害的侵害行为。欺凌的主要形式包括：肢体欺凌、言语欺凌、社交欺凌、网络欺凌。近年来，我国中、小学校园欺凌现象也日趋严重。《中国校园欺凌调查报告》指出，语言欺凌是校园欺凌的主要形式。按照校园欺凌的方式进行分类，语言欺凌行为发生率明显高于社交、肢体以及网络欺凌行为，占 23.3%。中国青少年研究中心 2015 年的调查显示，中、小学生中经常受欺凌的学生比重占到 6.1%，偶尔遭受欺凌的占到 32.5%。根据 2017 年 1 月最高人民检察院公布的数据显示，2016 年 1 ~ 11 月，全国检察机关共受理提请批准逮捕的校园涉嫌欺凌和暴力犯罪案件嫌疑人 1881 人。一时间全国各地欺凌事件频繁出现在公众视野，引发社会热议，尤其是受到欺凌的孩子。他们的发展、他们的未来让人担忧。

二、服务计划

（一）小组理念

校园欺凌的受害者通常在身体上和心灵上都受到双重创伤，并且容易留下阴影长期难以平复。具体表现在三个方面：首先，校园欺凌容易使欺凌对象形成消极人格特征。相关研究显示，欺凌会严重降低受欺凌者的自尊，降低其自我评价和自我价值感。同时，由于在学校和同学中间受排斥，受欺凌者容易产生抑郁情绪、挫折感、孤独感、自信心水平下降等负面影响，严重影响受欺凌者的学习和生活。尤为严重的是，由于负面情绪长时间得不到合理释放和疏导，受欺凌者容易产生强烈的挫折感，从而引发攻击性行为，进而产生欺凌蔓延的情况。所以欺凌现象不仅仅是一个结果，同时也可能为校园欺凌起到推波助澜的效果。其次，校园欺凌容易导致受欺凌学生学业适应困难。欺凌行为容易导致受欺凌学生产生紧张、焦虑、恐惧等负面情绪，致使课堂注意力不集中，因而学习成绩不断下降，甚至导致受欺凌学生学习困难，以及受欺凌学生因恐惧而不愿上学、厌学，进而出现逃学的现象。最后，欺凌容易导致受欺凌学生出现人际交往障碍。受欺凌者在学校里受到排挤，人际交往存在障碍，造成人际疏远。同时，受欺凌者的同学主动或被动地疏远受欺凌者，使受欺凌者在同辈群体交往中被边缘化，从而导致受欺凌者在人际交往中表现为行为退缩，而这种行为退缩又会导致其社交技能不足，易出现社会化障碍。特别是长期遭受欺凌的中小学生，由于学校支持系统破裂，也会产生退缩、顺从等行为，易形成习得性无助。受欺凌者往往又倾向于内部归因，认为自己人际交往能力低下，导致其对自己智力与社会交往能力评价偏低，直接影响其身心的正常发展。

本次小组活动希望解决的问题是被欺凌者因校园欺凌而产生的人际交流障碍问题，导致人际交流障碍的因素有很多，但对于本次小组来说，主要是针对校园欺凌行为所造成的自卑心理和恐惧心理。希望通过小组活动，帮助服务对象改变认知、进而改善他们的人际交往能力。

选择小组工作方法介入，在小组中塑造开放、合作、尊重和支持的小组环境，模拟日常生活、学习生活中的沟通交流形态，能够尽可能的还原真实环境，帮助这些校园欺凌的受害者们尽可能在真实的环境中，通过小组活动恢复其在社会交往中的自信心，改善其社会交往能力，并通过自信心和社会交往能力的提高，重塑校园欺凌受害者的自我认知，以更好地适应学习和生活，重新获得构建社交支持网络的能力。

（二）理论架构及方法

1. 危机介入模式

"危机介入模式是社会工作常用的几大模式之一。所谓危机是指由于个人生活中的压力或突发事件使原有的满意状况有所改变，导致出现不平衡，或者失去稳定的一种状态。危机通常可以分为两类：成长危机，即每个人在成长过程中需要面对不同的任务而产生的危机；情境危机，即因生活情境的突然改变而引发的危机。"[1] 在人的社会化进程中，每一个阶段都有发生危机的可能性，它的出现是一种必然而非偶然，应该被视为社会化进程中的一种常态。就危机本身而言，事件是否构成危机是主观判断的结果，它取决于认知、成长经验和抗逆力等诸多因素。当个人、家庭或团体陷入危机状态，对其提供治疗或调试，使其不良情绪体验得到缓解、社会功能得以恢复并脱离危机的过程就是危机介入。校园欺凌行为在青少年时期频繁出现，从心理和身体上对被欺凌者造成了非常恶劣的影响，严重者甚至会出现创伤后应激障碍。

---

[1]　方青、董根明、汪志国：《社会工作概论》，合肥工业大学出版社 2006 年版，第 128 页。

2. 优势视角理论

"优势视角理论来源于优势视角理念，早在 20 世纪初期就有了雏形，成为社会工作理论的基本理念。它强调人类精神的内在智慧，强调即便是最可怜的、为社会所遗弃的人都具有内在转变能力。"① 在过往很长的一段时间内，我们都以问题视角看待个体事件，关注点更多停留在案主的行为偏差和心理问题上。但优势视角的关注点是案主的优势和潜能，社会工作者相信服务对象具备解决问题和发展自我的能力。

校园欺凌对案主的自我认知产生冲击，导致服务对象产生错误的认知，认为身边的同学都是不友善的、不可以接近的。这样的错误认知导致他们在自我质疑的同时对周边环境有非常强烈的戒备心理。据此，在小组方案中，活动的设计以充分挖掘服务对象的优势为主要内容，通过潜能和优势的自我肯定来帮助服务对象重新树立信心，恢复和重构案主的社会支持网络，并使其能够在支持网络中自主的寻找资源发展自我，从而实现自我实现的良性循环。

3. 生态系统理论——生活模式

"生活模式是一个关于生命过程的社会工作实务模型。它注重人的生命过程，个人对于健康、不断成长、发展能力和压力的释放有着内在的需求，人们通过对环境的塑造达到最大限度的可能的福利。人能不断地适应多变的环境，人在改变环境的同时也被环境所改变。人们经过改变而进步，环境也支持这样的改变，于是便产生了交互适应。"② 对于生活模式所注重的健康、成长和发展能力的需求，我们将其看作是发展性需求，而把压力的释放看作是应激需求。对此，社会工作者有两点认识：第一，需求会产生改变的动机，结合社会实践发展成为改变的行为；第二，应激需求的突发性和迫切性应使其先于成长需求得到满足。社会工作者认为校园欺凌尽管对小组服务对象的需求满足产生了抑制作用，但是小组服务对象仍有需要满足的内在动机和动力。因此小组工作者需要针对小组服务对象的特征塑造符合他们的小组环境，并在小组环境中为小组服务对象需求满足的动机提供合理、足够的刺激，从而完成动机到行为的转化。

（三）目标及目的

（1）目标：帮助服务对象克服人际交流障碍。

（2）目的：

①帮助服务对象纠正错误认知，完成认知替代。

②帮助服务对象处理他们的消极情绪，帮其树立自信。

③提升服务对象的人际交流能力。

（四）服务对象

①目标群体：校园欺凌事件中的被欺凌者。

---

① 徐琼、郁文欣：《老年社会工作理论与实践》，东北大学出版社 2008 年版，第 161 页。
② 陆士桢：《儿童青少年社会工作》，高等教育出版社 2008 年版，第 62～63 页。

②目标群体的特征：因曾经（小学阶段）受到校园欺凌而产生人际交流障碍且希望改善该问题的初一学生。

（五）小组特征

1. 小组类型：治疗型小组
2. 活动节数：6 节
3. 日期：2018 年 10 月 6 日～2018 年 11 月 3 日
4. 时间：每周六上午 9 点开始，具体时长以具体活动数量为准
5. 地点：×××× 小学活动室
6. 人数：12 人（服务对象 6 人，同龄志愿者 6 人）

（六）招募方法

（1）招募服务对象：目标学校的学校心理咨询师转介、班主任的推荐
（2）招募同龄志愿者：不公开招募，由班主任推荐性格开朗、乐观、活泼、平易近人、乐于助人、人际交往能力较强的同学，由工作者与之接触并邀请。

（七）活动计划

组前会议：
（1）声明小组第一次活动的时间、地点、内容。
（2）让工作者先认识和了解组员情况。
（3）进一步评估组员的真实需要，筛选符合条件的组员参加小组。
（4）工作者做好活动计划，签订相关小组协议。
本次小组共计划实施 6 次小组活动，具体活动计划如表 1－14～表 1－19 所示。

表 1－14　　　　　　　　　　　　第一次小组活动

日期及整节活动时间：10 月 6 日 9：00～10：30

活动时间	地点	目标	内容	要求及所需物资
10 分钟		让组员及工作人员间相互认识	工作人员自我介绍（姓名及在组中角色）	要求：组员按照一位服务对象安排一位志愿者的顺序围坐成圆圈
10 分钟	201 室	让组员之间有初步认识	组员自我介绍	内容：称呼和对小组的期望等
30 分钟		拉近小组成员彼此之间的距离，观察服务对象在人际沟通和集体场域中表现出的状态	游戏："记忆接龙"内容：由工作者选择一名志愿者开始，顺时针，介绍自己的姓名和爱好，后边的同学需要重复前一位同学的姓名和爱好，并介绍自己的姓名和爱好。进行一圈结束后，从开始处逆时针接龙一圈	要求组员尽量多的记住其他小组成员的姓名和爱好。按照记住的成员数量发放奖品。所需物资：棒棒糖

续表

活动时间	地点	目标	内容	要求及所需物资
15 分钟	201 室	让组员更清楚小组目的及内容，并澄清他们的疑问	工作者介绍小组目的及内容	
15 分钟		填写问卷，收集基线数据促使小组成员认同小组并接纳小组工作的方式和目标	人际交往能力的评估问卷 邀请组员简单地说出对此次聚会的感受和建议。工作者总结本次活动，并针对组员的感受和建议积极做出回应 小组合影	工作者总结要有针对性和引导性，避免篇幅过大的闲聊。回应感受和建议时要善于使用总结、澄清以及共情等沟通技巧

第一次活动说明：第一次活动的首要目标就是让组员之间初步认识并了解小组的目的及主要活动内容，同时让工作者在活动进行中进一步了解组员的真实需求并发现小组中的问题，为以后的活动方案提供更加准确的参考信息。若有需要则做出及时的方案调整。第二个目标是在反馈互动中引导案主接纳和认同小组，避免小组成员边缘化。塑造可信、安全的小组氛围，提升小组参与度。

表 1 - 15　　　　　　　　　　　第二次小组活动

日期及整节活动时间：10 月 13 日 9：00 ~ 10：30

活动时间	地点	目标	内容	要求及所需物资
10 分钟	201 室	强化第一次活动所营造的感觉和小组氛围	工作者使用提问大家的方式回顾和巩固上次活动成果。 我是谁？我是小组的谁？ 我们小组的目标是什么？ 喜欢踢足球的是哪位同学？ 喜欢看书的是哪位同学？ ……	工作者用相机记录活动的全过程
30 分钟	201 室	通过这个游戏，建立小组组员主动合作支持的意识，营造和谐互助、可信安全的小组内部氛围；通过合作互助，让组员自然形成对组员的信赖感，使服务对象的固有认知产生改变	游戏——"盲人寻宝" 工作者事先按照规划布置好场景路线并在合适位置放置奖品。游戏由一人蒙眼，另一人拉起被蒙眼人的手，带他按照规划的路线行走并寻宝。作为示范，工作者要先带志愿者走一遍路线； 先给服务对象蒙眼，让志愿者带领服务对象寻宝，要求志愿者在寻宝过程中必须随时询问服务对象：速度是否合适？有没有什么不适？并注意提醒台阶和障碍物 进行完一轮后，志愿者和服务对象进行角色互换	要求：工作者根据上次活动情况，将组员分为 6 组，两人一组，且一人是同龄志愿者，另一人是服务对象，让他们两人成为搭档。 物资：蒙眼布 6 条、奖品 12 份
15 分钟			工作者引导组员进行游戏体验分享，并总结阐述游戏的目的及意义	

续表

活动时间	地点	目标	内容	要求及所需物资
25分钟	201室	让组员通过画画来交流，用表达对其他组员感觉和赞美的过程来促使服务对象改善原有对同学、其他同龄孩子的不良认知。鼓励小组成员沟通交流，并通过表达和回收他人关于自我形象的评价改善自我评价较低、自我意识薄弱的问题，改善自卑建立自信心	"画出你的搭档" （1）要求每个小组组员要给自己的搭档画像然后互换 （2）要对自己的搭档说自己在画画时的所思所想 （3）展示所有的画作，小组内部讨论所画人物和本人哪里最像。并说说如果你画这个组员会怎样画，为什么	所需物资：铅笔12支、A4纸12张、一套彩笔
10分钟		让工作者了解组员对此次活动的看法便于做出评估。进一步提升小组成员对小组的归属感和认同感。提升小组成员的自我接纳程度	小组成员分享今天活动的感受，并鼓励组员将活动感受分享给家人和自己的画作合影（小组、搭档）	工作者要注意控制小组气氛，避免边缘化和霸占话语权的情况发生

第二次活动说明：这一次我们开始通过游戏和画像的方式，针对服务对象的错误认知进行认知替代。使"身边的同学都是不怀好意的，他们都会欺负我，我不能相信他们"的错误认知，向"同学们之间不仅仅都是敌对的、冲突的，他们也有善良的、可信的，自己也会被别人友好对待；我的搭档会关心自己，不会伤害自己，是可以信赖和合作的；我不是自己想象的那么差"转化。另外通过别人的赞美，充分挖掘组员的优势，帮助其逐步恢复自信。

表1-16　　　　　　　　　　第三次小组活动

日期及整节活动时间：10月15日18：30~20：00

活动时间	地点	目标	内容	要求及所需物资
30分钟	实训室或操场空地（因具体情况而变）	培养组员沟通、合作、共同克服困难的意识；增进组员感情，增强组员团结合作意识，使小组组员体会到沟通、合作对取得成功的重要性	游戏："孤岛求生"挑战 内容：A. 由组员抽签决定分组，抽到相同数字标签的为一组，共有两组，每组六人 B. 工作者为两个小组准备一张同样大小的报纸，代表本小组在落水时唯一的一艘救生艇；小组成员共同想办法争取能让更多的人站到报纸上以获救（要求每个小组成员都必须将脚踩到报纸范围内。看哪组获救的人最多） C. 具体分为以下几个步骤：工作者宣布挑战开始后（并开始计时，以2分钟为时限），第一轮挑战开始，各个小组开始往报纸上站，站完后举手示意；接着进行第二轮挑战，在第二轮挑战中，报纸要对折，其他操作和第一轮相同；第三轮挑战将报纸再进行对折，其他的操作和第二轮一样。终极挑战要求小组成员全部站在报纸范围坚持5秒，即为挑战成功	工作者用相机记录活动的全过程；报纸若干张、标有数字的抽签纸条；游戏开始前，工作者要对游戏场地进行清理，杜绝出现尖锐物品，以防止不慎跌倒后小组成员受伤

续表

活动时间	地点	目标	内容	要求及所需物资
30 分钟	实训室或操场空地（因具体情况而变）	让小组成员意识到小组成员配合的重要性 认识到团队的每位队员都是不可或缺的，每一个人都发挥着重大作用 提升自我评价程度、自我接纳水平和自信心	游戏——坐地起立 要求两个人背对背坐在地上不用手臂支撑地面站起来 随后依次增加人数，直至12人看能否成功	游戏开始前，工作者要对游戏场地进行清理，杜绝出现尖锐物品，以防止不慎跌倒后小组成员受伤
30 分钟	实训室或操场空地	提升小组成员沟通互动能力，在小组中产生认知替代。改善固有不良认知。进一步走出人际沟通障碍	小组活动分享。 由工作者带领小组成员分享本次活动的收获。主要涉及：我对搭档的意义；我对小组的意义；小组活动成功的秘诀（引导关键词：信任、沟通、支持自我价值）；感谢小组成员（引导关键词：支持、赞同、信任……）；	工作者要注意控制小组气氛，合理分配话语权，避免边缘化和霸占话语权的情况发生

第三次活动说明：工作者认为第三次活动的主要目标是对第二次活动成果进行强化。对第二次活动过程中小组成员在固有认知上取得的改善进行正向强化从而产生认知替代的效果。但是由于活动计划的活动频率设置为一周，周期过长，所以本次活动在开展时间上进行了调整。通过短时间的高频强化，保障认知替代作用得以实现和加强。同时在认知替代取得一定成果的基础上，通过激励、成就感获得等正向强化刺激，帮助小组成员改善自我评价较低、自信心水平较低的问题。

表 1 – 17　　　　　　　　　　第四次小组活动

日期及整节活动时间：10 月 20 日 9：00 ~ 12：00

活动时间	地点	目标	内容	所需物资
10 分钟		获得阶段性评估材料	回顾表 1 – 17 中活动内容，引导组员分享三次活动后自己的收获	工作者用相机记录活动的过程
90 分钟	201 室	通过观看电影，让组员们明白，生活不是只有快乐，还有忧伤，还有许多其他情绪控制着我们的大脑。我们会因为很多事情感受到诸多负面情感，但是我们不能因此就在这些负面情绪中消沉下去，所以我们要做自己的心理和情绪的调控师。	观看电影 《头脑特工队》	
60 分钟		引导组员正视自己的负面情绪以及隐藏在负面情绪背后的那些难过的经历。积极面对，客观地看待成长过程遇到的各种问题	工作者引导总结电影的启示。让组员分享观影感受，并分享一件自己觉得快乐的事和难过的事（该阶段工作者尤其要注意通过志愿者为媒介来引导服务对象进行分享。避免工作者直接干预小组分享的进程，以此更好地发挥朋辈群体的影响力。但如果分享的主题跑偏，工作者要及时总结、澄清并尽快将沟通主题带回预设的主题上）	

续表

活动时间	地点	目标	内容	所需物资
20分钟	201室	为下次活动做铺垫和准备，打破原来的次级小组，通过合作配音将自己代入情景，打开心扉，学会与更多人合作、交流、沟通	布置配音任务 将6小组分为两大组，6人一组，并分配给每一个人一个角色，莱利的父母、乐乐、忧忧、厌厌、怕怕、怒怒。并辅导他们英文版台词，排练2遍。合影留念	《头脑特工队》节选片段的中英两种台词剧本

第四次活动说明：在这一节活动，小组已经步入中期成熟阶段，组员们相互熟悉并且具备了较好的沟通交流水平，小组内部的归属感和凝聚力也相对稳定。因此小组改变了互动形式，通过观看《头脑特工队》这个电影，以沟通和分享为活动的主要形式，让组员在良好的小组氛围内充分地分享自己的经历和感受。工作者的引导也主要以6个志愿者为媒介，这样可以更好地发挥朋辈群体的认同和同理心作用，能够为服务对象提供较为平等的对话空间，而非工作者审视的小组氛围，避免自我防御机制抑制小组沟通。通过平等的小组氛围塑造、小组成员信任关系的建立，形成小组支持网络，引导和疏导小组成员抒发由于被欺凌而压抑的负面情绪，起到宣泄的作用，同时让组员意识到一种情绪不可能一直占主导地位，面对负面情绪，不能被负面情绪笼罩，应该看到生活中那些积极因素，并积极地寻求改变，做自己心理和情绪的主人，管理好自己的情绪。分享结束后，通过电影配音任务的下达，将小组成员带出负面情绪（任务模式下，小组成员的注意力再次集中到任务上），以任务作为本次小组活动的终结，避免分享后小组成员过久的沉湎于过往的负面情绪，使服务对象尽快回到理性的思维上，客观的看待本次活动的收获。

表1-18　　　　　　　　　　　第五次小组活动

日期及整节活动时间：10月27日9：00～11：00

活动时间	地点	目标	内容	所需物资
20分钟		适应竞赛环境，提升压力感受。	做好配音前的准备，给两个组20分钟磨合排练的时间	《头脑特工队》前7分30秒的消音片段
40分钟	201室	通过竞赛，提升小组成员的集体荣誉感，进一步提升在交流与合作中建立人际关系的能力，树立起组员自信心 让组员感受压力，提升组员的抗压能力，进一步改善服务对象自我评价低、自信心水平低的问题	两组进行配音大比拼，抓阄决定顺序，请3位英语老师当评委，工作者从旁协助。邀请部分工作人员作为观众出席 比赛产生两个集体奖：最佳契合奖和最佳原声奖，12个个人奖项挑战自我成就奖	14张奖状； 笔记本十二个； 阶段性集体合影2张； 每张12份入笔记本
10分钟			工作者引导组员总结合作配音的经验并分享活动感受	

活动时间	地点	目标	内容	所需物资
30 分钟	操场	通过竞赛，提升小组成员的集体荣誉感，进一步提升在交流与合作中建立人际关系的能力，树立起组员自信心。 让组员感受压力，提升组员的抗压能力，进一步改善服务对象自我评价低、自信心水平低的问题	游戏："火车跑" 内容：每组派出一名同学扮演车头，其余组员扮演车厢；扮演车厢的组员一只手搭在前面组员的肩膀上，另一只手则需要将后面组员的一条腿抬起；车头需用手抬起第一节车厢扮演组员的一条腿，单双手不受限制；比赛距离 20 米，比赛过程中不许放下队员的腿，如果队员的腿着地，则回到起点重新出发；先到达终点的队伍获胜	要求：拆掉刚才的分组，再来重新组合成两大组每组 6 人。工作者分组时要尽量平衡两组组员构成的性别、身高和体重等因素。 奖状 2 张 胜利队伍获得"我敢接受未知挑战"证书 失利队伍获得"我敢直面未知挑战"证书
10 分钟			工作者引导组员进行比赛总结和分享。通过两张证书的内容，引导组员认识到经过这么多次小组活动的验证，小组成员无论在组内还是在组外，都具备挑战未知的能力，要克服负面情绪所施展的障眼法，客观地认识自己，勇敢地面对自己的过往和未来	
10 分钟		让工作者了解组员实时的情况和活动效果	人际沟通的调查问卷。 收集对比数据。 要求组员在下次活动时要准备一份礼物，礼物中附带贺卡，写上想说的话，并告知小组员，下次活动是小组最后一次活动，小组成员要做好离组的准备	

第五次活动说明：到了小组的中后期，我们不断打破原有的次级小组，让组员学会如何与不太熟悉的人交流、沟通、合作，让他们在团队中获得认同和自信。并通过塑造压力环境，提升小组成员的抗压能力，从而提升小组成员适应现实环境的能力。

表 1-19　　　　　　　　　　第六次小组活动

日期及整节活动时间：11 月 3 日 9：00~10：30

活动时间	地点	目标	内容	所需物资
5 分钟			回顾上次的活动内容	
30 分钟	302 室	让组员意识到自己是团体的一分子，而且是不可或缺的一分子，让个人的价值在集体中体现出来。增强个人的自信心	"集体作画"。组员抓阄，抓到什么数字就画相应数字对应的内容；最终 12 人完成后按照原画顺序将集体做的画拼好，组成一幅由 12 人创作的星空图	毕加索的画《星空》用 4 开纸打印，均等分成 12 份，剪下来，在背后按顺序标上数字 1~12；素描纸均等分成 12 份，剪下来 蜡笔两盒，组员公用
			工作者引导小组成员分享活动的收获	

活动时间	地点	目标	内容	所需物资
30 分钟		使礼物成为一个"心锚"，以后每次看到，小组成员都会记得这次活动，留下一个长久的良性刺激，形成一个较为稳定的情境，预防服务对象的倒退现象	"告别赠礼"工作人员将所有礼物摆放至小组中心的台子上，并标号，抓阄决定礼物归属。拿到礼物后，邀请组员大声读出卡片上写的话。与大家进行分享	12 份组员自己准备的礼物
30 分钟	302 室	处理离别情绪	让组员分享这 5 次小组活动的收获和感受；工作人员做总结，突出离别是新的开始。评估：问卷调查	人际交往能力的问卷
10 分钟			工作人员给每个小组成员一个拥抱，并送上一张写有祝福、激励语和联系方式的卡片；播放活动记录的光盘，并发放给每个小组成员	卡片 12 份；活动的照片和录影光盘 12 张

（八）评估方法

（1）在小组活动第一节及小组活动最后一节时，组员将安排完成同一份问卷，以比较他们在参加小组活动前后对于人际交流障碍问题是否得到改善或解决。

（2）依照每次小组活动的出席率、参与度以及每次活动的总结分享来判断活动内容对组员效果。

（3）在小组完成后，由社会工作者再进行为期三周的不定期电话回访，观察是否出现反复或倒退。

第六节 远离那些不好的自己
——情绪管理教育小组

一、背景简介

小明是一个刚满 14 周岁的男孩。平日里看起来总是文质彬彬的，对待老师和同学都很有礼貌。虽然学习成绩在班级里排名只是中等，但是同学和老师都很喜欢他。然而这种情况却因为一件事情的发生出现了重大的改变，这件事也改变了小明一生的轨迹，让小明追悔莫及。一天中午，大约两点钟左右，由于学校的大门两点十分才会开放，学校的大门口挤满了等待上课的学生。中午的太阳很晒，大家都躲在树荫里乘凉，嬉笑打闹声不绝于耳。突然间，小明和同学发生了口角相互推搡起来，打破了原来欢快的气氛，而他们冲突的原因是小明和同学的玩笑。在开玩笑的过程中小明的同学认为小明太过分而对小明产生不满，推搡并且辱骂小明，小明因此也很气愤，正在两人争执和互相推搡的时候学校大门开了，小明的同学见状便骂骂咧咧地走开了。据在场的同学们说："小明当时并没什么剧烈的情绪变化，而且看着像是在嬉闹不像是在吵架，小明的同学走后，小明原地站了一会儿也并没什么反应，大家也就都没当回事儿。就觉得这个事儿以小明的性格来说也不会计较，就这么过去了。"小明和那名同学相继往学校走去，过程中并没有什么交流和激烈的言辞对抗。同学们也都陆续走进学校准备上课。当大家都以为此事已经过去时，意想不到的事情发生了。刚进学校大门，小明随即从旁边绿化带里拿起一根木棍向着那名与他起争执的同学抢过去，那名同学应声倒地，同学们一片哗然。随后120救护车将那名同学送往医院，经抢救无效死亡。自此以后小明消失在了同学和老师的视野里，造成了两个家庭不可挽回的损失。而同学和老师们，对于这件事情，始终都想不明白，为什么一个平时乖巧听话的孩子会做出这样的事情？类似的案例在我们的生活中屡见不鲜。从中我们会发现，青少年处理情绪问题的能力较差。他们不能够很好地处理负面情绪，从而在极端情绪中造成不可挽回的后果。这也在一定程度上揭示了青少年群体中居高不下的偶发性暴力事件发生率的原因。

二、服务计划

（一）小组理念

情绪是一种体验，是人的生理需要和社会需要是否得到满足的一种反映，是我们内在的情感波动。每个人都会有情绪，甚至人类在婴幼儿时期就会通过哭、喊、笑、闹等情绪表达来与人交流。我们平时所讲的"触景生情"这个词，所谓的"情"就是"情绪"，"景"就是引起情绪变化的刺激因素。比如说，想到因为考试成绩不理想，被家长训斥，自然而然就会产生难过的情绪。青少年在进入青春期后，伴随着身体发育和生活经验的不断积累，情绪体验开始有明显的变化，体现为反映强烈、波动与固执、细腻敏感、闭锁和表现欲等特点。同时面对青春期一涌而来的各种压力，青少年们面临着前所未有的情绪挑战。

国家统计局西安调查队曾围绕青少年的个体特征、压力来源、化解渠道、所需帮助、价值取向、梦想追求、效果评价进行调查分析，希望家庭、学校、社会能正视青少年心理压力，关注他们的心理健康。调查所选取的样本是从西安市十所中、小学中抽取的共计300位同学，其中12岁左右的小学生占33%，14岁左右的初中生占39%，16岁左右的高中生占28%。调查数据显示，约有61%的学生认为自己的情绪控制能力一般，容易冲动、发火。而这些同学在情绪不好时，大约有25.6%的学生表现为委屈、哭泣等行为，59.3%的学生表现为不哭、不闹、不说话，将不良情绪隐藏在心里。而调查结果显示，这些将不良情绪隐藏在心里的学生在情绪不好时，主要通过四个渠道发泄；第一，故意损坏东西，这种行为容易养成其长大后难以抑制的破坏欲望；第二，随意花钱消费的行为，通过非理性购物弥补自己被压抑的"心灵"；第三，通过与他人吵架，将不良情绪传染他人；第四，通过眼泪排解心中不良情绪和委屈，而通过倾诉，正确疏导情绪的仅占 25.6%。另外，学生在学校与同学共处时间较长，与同学、室友等时有矛盾发生。当与同学发生误解、争端和矛盾时，他们对情绪的控制能力有很大差距。调查显示，从对情绪的控制看，74% 的学生认为自己冲动易怒，其中 13% 的学生甚至"会将事态扩大，甚至恶化"；仅有 26% 的学生能"自己控制情绪"。

情绪活动有一种神奇的力量，正向积极的情绪可以使人精神焕发、信心倍增，增倍提高学习和生活的效率；负面消极情绪却使人精神沮丧、萎靡不振、降低学习和生活的效能。关心中学生的情绪问题是促进中学生健康成长的重要一环。而社会工作小组介入旨在帮助和指导初中生认识自己的情绪问题，调节好自己的情绪，努力培养积极的情绪，使消极的情绪向积极的方面转化，做自己情绪的主人。

（二）理论架构及方法

1. 理性情绪疗法

"阿尔波特·艾丽思（Albert Ellis）认为，每个人与生具有理性、直线思考和非理性、曲线思考的潜能。情绪的困扰来自那些个人的自我挫败的非理性信念。为克服这些非理性的信念，理性情绪治疗采用大量主动性与教导性的技术，如说服、辩论、建议、指定家庭作业等，同时也挑战案主的那些非理性信念，促使其理性的信念体系取代非理性的信念体系。"[①] 非理性信念往往是一些极端思维、过分概括化和糟糕至极的表达，如：我应该得到所有人的喜爱；这是我的好意，你不能拒绝；他是我的好朋友，所以必须无条件支持我。非理性的思考会产生非理性的信念，若个体以非理性信念指导其社会实践，则更容易感受到负面情绪。为了缓解负面情绪，社会工作者的工作方法是通过认知替代，用新的、理性的信念体系取代原有的非理性的信念体系。

"艾丽思提出人格和情绪困扰的 A－B－C 理论。其中 A 表示直接的触发事件（activating event）；B 表示人们对该事件所持有的信念系统（belief system）；C 表示事件发生后产生的情绪反应（emotional consequence）；A 并非必然导致 C，而是人们对事件的看法 B 导致情绪后果 C。因此在小组过程中，教导成员学习 A－B－C 理论，当他们看到那些非理性信念如何影响人的情绪，带来情绪和行为的困扰时，就学习驳斥（dispute）这些信念和价值观。当驳斥生效（effect），个人放弃自我减损的信念，持有较理性和现实的生活哲学，以及对自我、他人、日常生活中不可避免的挫折有更大的包容性时，个人就会产生新的、积极地情绪和行为。因此，理性情绪疗法的过程可以概括为：A－B－C－D－E。"[②] A－B－C 理论不仅为小组成员清晰地展现了情绪和行为产

[①②] 刘梦：《小组工作》，高等教育出版社 2013 年版，第 88 页。

生的过程，使小组成员了解情绪和行为产生的根源并不是事件本身，而是每个人所秉持的信念系统，也为小组工作者进行理性情绪治疗提供了完整的路径。因此，小组工作者在小组服务计划时，以 A－B－C 理论为依据，多次模拟不同的场景，使小组成员之间对非理性信念展开思考，让他们与自己对峙，从而发现自己的非理性信念并用小组内讨论产生的理性信念将其替换，完成不同层次的认知替代。

2. 认知行为理论

认知意义的凸显被称为行为科学中的"认知革命"。认知理论基于这样的观念：在我们想什么、怎么感觉和怎么行动之间有一种互动作用，我们的思维决定我们的情绪，我们的情绪决定我们的行为。[①]

（三）目标及目的

1. 目标

使组员能够实现自我提升，恰当控制自己的情绪。

2. 目的

（1）组员能认识到情绪的种类及其产生原因。

（2）组员能认识到情绪的产生是人的本能，任何人都会有情绪。

（3）组员能察觉到自己的主导情绪并接纳自己的正、负向情绪。

（4）组员能认识情绪控制的重要性。

（5）组员能找到合适的不良情绪宣泄方式并以适当的方式表达情绪。

（6）组员能透过情绪看到情绪背后的认知，从而在认知的层面上管理情绪。

（四）服务对象

范围：初一到初二年级学生。

特征：曾经或正在遭受情绪困扰并有意做出改变的初中学生。

（五）小组特征

（1）性质：教育及成长型小组。

（2）节数：8 节。

（3）日期：4 月 1 日～5 月 30 日。

（4）时间：上午 9 点到 11 点（具体时长根据当天活动内容而定）。

（5）地点：小组工作实训室。

（6）人数：8 人。

（六）招募方法

（1）在校门口派发宣传单，在校园内张贴招募海报。

---

① 何雪松：《社会工作理论》，上海人民出版社 2007 年版，第 60 页。

（2）联系学校，由各班老师在班级内宣传。

（3）请学校老师推荐或家长推荐（尽量避免次小组，每班推荐一人参加）。

（4）由工作员主动联系学生。

（七）活动计划

本次小组共计划实施 8 次小组活动，具体活动内容如表 1-20 ~ 表 1-27 所示。

表 1-20　　　　　　　　　　　　第一次小组活动

时间：4 月 12 日　地点：小组工作活动室

小组活动目的：1. 制定小组规范。
2. 促进成员彼此之间的认识和了解。
3. 活跃气氛，打破僵局，加速学员之间的了解。
4. 澄清小组目标，帮助小组成员了解小组的性质。

活动名称	所需时间	活动流程	注意事项	所需物资
一、小组协议	10 分钟	小组成员发表意见，与工作员共同修改和决定。		纸、笔
二、滚雪球	20 分钟	（1）由第一个人用一句话介绍自己开始，每句话包含五个信息，其中包括自己的姓名以及自己与众不同的特点 （2）按顺时针从第二个成员开始。每个成员在讲自己之前必须复述上一个人所讲的内容（如：我是坐在活泼的、喜欢读书的、爱笑的法学院的××旁边的××）。再介绍自己 （3）在介绍的过程中，每位成员都要集中注意力听，努力记住该成员的名字，而且每位成员都有责任帮助对方完整表达	要让每位成员帮助对方完整表达	
三、大风吹小风吹	20 分钟	小组成员围成一圈，每个人站定或坐定一个位子，由社工开始说大风吹，所有成员回应"吹什么"，社工说一部分小组成员身上有的物品或特征，比如可以说"吹戴眼镜的人"等等，依据当时实际情况而定，社工说完后所有被吹到的人，即拥有这些特征的组员需要互换位置，没有被吹到的组员待在原地，这时社工会加入，占一个位置，所以最后会有一个组员没有位置，没有占到位置的组员将需要进行才艺表演并在表演后担当下一轮的主持人。 大风吹游戏中还有另一个口令，叫小风吹，当社工说到小风吹时，被小风吹到的人原地不动，没被吹到的人需要互换位置。其他游戏规则遵循大风吹	一定要注意安全，小心磕碰。时间截止游戏停止。最后有位置的成员获胜	八把椅子、奖励奖品
四、幸福拍手歌	10 分钟	全体成员围成一圈，伴随音乐，在社工的带领下共同演唱《幸福拍手歌》，大声歌唱，并且要配合歌词，做出相应的肢体动作	一定要让所有成员参与游戏	

续表

活动名称	所需时间	活动流程	注意事项	所需物资
五、组员心声	20分钟	发放白纸，让每个小组成员写出对小组的认识、参加小组的初衷和自己对小组的期望，也可以让成员直接说出来。 接着社工澄清小组的功能、目的和内容		纸、笔
六、结束总结	20分钟	让组员表达对这次聚会的感受和意见；使工作者明白他们对小组的看法和意见，从而辅助工作者对后期的活动进行适当、有针对性的调整改进		

表1-21　　　　　　　　　　　　第二次小组活动

时间：4月19日　活动地点：小组活动室

小组活动目标：1. 进一步提升组员熟悉程度，活跃组内气氛，建立良好的小组活动关系。
　　　　　　　2. 帮助组员认识情绪的种类并能够对其进行辨别。
　　　　　　　3. 帮助组员认识到针对不同事件产生不同情绪是人的本能，即使是负面情绪也是正常的。

活动名称	所需时间	活动流程	注意事项	所需物资
一、抛物唤名	15分钟	由一个小组成员抛小熊给另外一个小组成员，并同时叫出对方的姓名，叫错者给予特殊奖励。想办法让对方满意并让大家开心。 要求：抛小熊过程中，不能连续抛给同一个人	注意安全，小心摔倒，尽量要在空旷的场地进行	小熊
二、情绪萝卜蹲	10分钟	八名组员各自为战。第一轮每人给自己起一个名字，格式是形容情绪的两字词语＋萝卜（如：悲伤萝卜）。第二轮难度升级，要求名字是情绪三字词语＋萝卜，之后以此类推。具体玩法为第一位成员一边做蹲、起的动作，一边说"X萝卜蹲，X萝卜蹲，X萝卜蹲完Y萝卜蹲。"说完的同时用手指向相应的组员。被指到的组员重复相同步骤。如果Y萝卜最后指定的成员已经退出游戏，或者用手指的成员与口中说的成员名字不符，或反应过慢则Y萝卜被淘汰。直至场上剩最后一位小组成员（获胜者）	避免连续指向同一个人	一等奖、参与奖
三、察言观色	30分钟	（1）社工提前准备八种基本情绪的面部表情照片并给其编号。让八名组员抽签选取对应编号的情绪照片。抽签后组员单独确认照片表情，并依次上台表演所抽情绪表情，让其余组员猜测表演了哪种情绪。若其余组员都无法猜出，由表演者自己公布答案，之后下一人上台继续表演；若其余组员能够猜出，直接由下一人上台表演。 （2）公布答案时，在投影上放出社工事前准备的由不同人表现该种情绪的一组表情照片与组员的表演进行对比		八组不同情绪的面部表情照片

续表

活动名称	所需时间	活动流程	注意事项	所需物资
四、无家可归	20分钟	全体成员手拉手围成一圈，充分体会小组整体的感觉。然后工作者说："变，3个人一组（根据情况灵活变动数目）"，成员必须按照要求重新组成三人组，形成新的"家"，社工可以多次变换人数，让成员有机会去融入团体，让成员体验处在团体中与游离在团体外的感觉	要注意安全。活动结束后请组员分享自己在团体中和在团体外的感受。工作者要注意引导，避免产生不良情绪（被边缘化等）	
五、情境剧场	30分钟	给出特定情境1，假设小组成员在此情境中，让每位小组成员做出对此情景的反应		
六、总结活动	20分钟	根据活动五中小组成员对同一情境的不同演绎，组员就下面问题发表自己的看法。在组员全部思考并发表意见后，由工作员统一总结。 问题1：为什么在情景中做出那样的反应？当时的情绪如何？ 问题2：其他组员和自己的反应相同吗？他们在那时表现出的情绪和自己的相同吗？ 问题3：其他组员和自己的表现相同是为什么？如果不同，又是为什么		

情景剧场1：当你穿着你新买的白鞋去上课的路上被人踩了一脚。

表1-22　　　　　　　　　　第三次小组活动

时间：4月26日　活动地点：小组活动室

小组活动目的：（1）强化组员"任何人都有产生不良情绪的时候"这一观点；
（2）帮助组员梳理自己的情绪从而让组员察觉到自己的主导情绪特点并能够接纳自己的正、负向情绪
（3）帮助组员认识到不良情绪可能造成严重的后果，从而认识到情绪控制的重要性

活动名称	所需时间	活动流程	注意事项	所需物资
一、情绪名人堂	10分钟	社工提前收集名人的情绪故事，做成PPT进行简短展演	内容尽量简短有趣	
二、电影教学	120分钟	（1）组织组员观看电影《头脑特工队》； （2）让组员就电影中女主角莱利的几次情绪变化及情绪小精灵们的争辩发表看法，互相交流； （3）社工总结	社工要鼓励组员积极参与，并对话题进行引导	投影仪

续表

活动名称	所需时间	活动流程	注意事项	所需物资
三、梳理情绪	20分钟	（1）冥想放松：伴随舒缓的音乐，选择舒适的姿势，组员放松肌肉，回想近一时期生活中发生的事件，并注意自己情绪上的变化； （2）纸笔练习：发给组员每人一张卡片，要求成员完成句子； （3）交流、分享：引导组员间进行交流、讨论，帮助组员梳理自己的主导情绪，了解不同情绪体验对生活、行为、健康的影响，促使组员认识到积极情绪的重要性； （4）组员思考：负面情绪必然是有害的吗？如果不是，那负面情绪的其他影响是什么； （5）成员讨论：引导成员认识到自己才是情绪的主人，应该主动构建快乐心情； （6）社工小结	（1）社工要积极引导鼓励成员思考、交流； （2）由于时长限制，将组员分成两组，先由一组首先在本次活动中分享自己的情绪感受；另一组成员在下节活动的开头分享自己的情绪感受	情绪梳理表、笔

情绪梳理表：

1. 印象中让我感觉高兴的事情是＿＿＿＿＿＿＿＿＿＿＿＿＿＿。

当时我的反应是＿＿＿＿＿＿＿＿＿＿＿＿＿＿＿＿，

现在想起这些事，我的心情＿＿＿＿＿＿＿＿＿＿＿＿＿＿。

2. 印象中让我感觉不高兴的事情是＿＿＿＿＿＿＿＿＿＿＿＿＿。

当时我的反应是＿＿＿＿＿＿＿＿＿＿＿＿＿＿＿＿，

现在想起这些事，我的心情＿＿＿＿＿＿＿＿＿＿＿＿＿＿。

3. 每当心情好的时候，我会觉得＿＿＿＿＿＿＿＿＿＿＿＿＿。

我会做＿＿＿＿＿＿＿＿＿＿＿＿＿＿＿＿＿＿＿＿＿＿。

4. 每当心情糟的时候，我会觉得＿＿＿＿＿＿＿＿＿＿＿＿＿。

我会做＿＿＿＿＿＿＿＿＿＿＿＿＿＿＿＿＿＿＿＿＿＿。

5. 我的心情总是＿＿＿＿＿＿＿＿＿＿＿＿＿＿＿＿＿＿＿＿。

我想要＿＿＿＿＿＿＿＿＿＿＿＿＿＿＿＿＿＿＿＿＿＿。

表 1－23　　　　　　　　　　第四次小组活动

时间：5 月 2 日　活动地点：小组活动室

小组活动目的：（1）帮助组员学习情绪 ABC 理论。让组员明白非理性信念的含义
　　　　　　　（2）帮助组员理解他人的情绪表达
　　　　　　　（3）帮助组员找到合适的宣泄不良情绪的方式并能恰当表达

活动名称	所需时间	活动流程	注意事项	所需物资
一、情绪梳理	20 分钟	承接第三节活动的结尾，由剩余小组成员分享自己的情绪感受 具体要求同第三节最后一次活动		
二、抛砖引玉	10 分钟	给组员讲述《情绪故事之销售员卖鞋》的故事。并讨论下面问题： 问题 1：两个销售员的心情分别是怎样的？ 问题 2：为什么销售员的心情或好或坏？ 问题 3：看待事情的观念是否会影响人的心情？		
三、理论学习	35 分钟	（1）由社工引导，简单开展一个知识扩充小课堂，让组员学习情绪 ABC 理论及非理性信念的含义和具体表现 （2）社工在理论学习后出几道课堂练习题，让组员巩固本次学习内容	课堂内容生动明了，通俗易懂	教学 PPT
四、颜色纸片	20 分钟	（1）社工准备不同颜色、不同形状的纸片，并将纸片均等地发给各个组员。让组员通过纸片的颜色、形状进行情绪联想，并将纸片和联想到的情绪进行匹配，把这种情绪写在纸片的背面 （2）全部组员写好后，请组员分享自己给纸片匹配的情绪并说明原因		社工预先准备不同颜色的纸，剪成不同的形状，如大小不同的圆形、方形、三角形、菱形、条形等
五、快乐空白	15 分钟	（1）社工给每位组员发一张 A4 白纸，一根碳素笔。组员回忆近期令他心情不好的一件事，在事件中组员有过几种不良情绪就给白纸戳几个点。然后观察白纸上是黑点面积大还是空白面积大 （2）社工进行总结谈话。让组员认识到在生活中，不良情绪的占比是少的，更多的是情绪良好的时候。要积极关注占比更大的积极情绪部分，不要陷在不良情绪中忽略了美好的情绪		白纸、笔
六、击鼓传花	20 分钟	（1）小组成员集体讨论分享在日常生活中出现愤怒、悲伤、厌恶等消极情绪时会怎么办 （2）击鼓传花，接到花的同学分享一到两种解决消极情绪的办法 （3）组员共同总结在击鼓传花中所有提到的宣泄消极情绪的方法	社工鼓励组员积极讨论	击鼓传花的道具
七、举案说"法"	15 分钟	社工给定具体情境 2，组员对该情境进行分析讨论 讨论 1：为什么会有两种不同结局 讨论 2：情绪的表达对这两种结局的产生起到了怎样的作用		

情境剧场2：

李雷被其女友韩梅梅以没钱为由单方面宣布分手。李雷为此很不甘，他选择：（1）让不良情绪控制自己，饮酒买醉，跑到其女友家大吵大闹，因违反治安管理被处行政拘留。（2）化愤怒为动力，努力奋斗，不断提升自己，最终走上人生巅峰。

表1-24　　　　　　　　　　　　　　第五次小组活动

时间：5月9日　活动地点：小组工作实训室

小组活动目的：（1）加强组员对情绪ABC理论、非理性信念等的认识；
　　　　　　　　（2）进一步帮助组员熟悉恰当的表达情绪的方法；
　　　　　　　　（3）让组员学习运用理性情绪疗法——改变观点从而控制情绪

活动名称	活动时间	活动流程	注意事项	所需物资
一、非理性信念判断	10分钟	社工用投影仪放出非理性信念判断题（附件五），让组员判断对错。并在组员判断后给出正确答案。帮助组员巩固非理性信念的概念	动员所有组员进行思考判断，强化对非理性信念的记忆	
二、情景表演	40分钟	由两位组员进行角色扮演，场景为：进入教学楼时不小心相撞，但互不相让，话不投机，发生争吵，导致双方情绪越来越激动，越来越愤怒，乃至于发生肢体冲突的情景。 组员讨论并分享感受： （1）两位扮演的组员描述各自扮演角色的心路历程，为什么扮演的角色会愤怒生气，他们情绪背后的观点是什么？ （2）所有组员思考如何恰当表达自己的情绪，不让事态恶化。 （3）事件中角色的观点是否有非理性信念的特征，怎样转变观点从而改变情绪	工作者适当引导讨论观点	
三、情境选择	20分钟	情境：在教室走廊上被擦身而过的同学"瞪了一眼"。 A. 哼，他是看我不顺眼吧，还瞪我 B. 这种人少惹为妙，真是可怕 C. 这位同学可能今天心情不好，看谁都不高兴 D. 无缘无故他不会瞪我，可能是看我身边的某人吧 （1）社工给出上述情境，给每位组员发放一张卡片。组员匿名将选项（凭第一反应选择，不要互相讨论）写在卡片上并写明自己对这件事的情绪、看法。随后社工将卡片回收 （2）每位组员随机抽取卡片并分享卡片所写内容，全部组员讨论卡片所写内容是否有非理性信念，如果有，理性信念应该是什么		卡片、笔

续表

活动名称	活动时间	活动流程	注意事项	所需物资
四、理论应用	15分钟	组员用情绪ABC理论分别分析上述活动给出的两个情境（例：该情境的事件A是什么，当事人的情绪是什么，引发情绪的观点B是什么，造成的结果C是什么）。 每位组员就一个情境的分析进行分享		
五、故事改写	30分钟	故事：警察鸣人在看到好友兼同事佐助追随反派大蛇丸后感到被背叛，非常愤怒痛心，认为佐助和坏人为伍，佐助不再善良，遂和佐助决裂，并处决了佐助。事后得知佐助是打入反派处的卧底，佐助一直是个好人，而鸣人永远失去了他的朋友佐助。 （1）请组员分析鸣人为什么感到愤怒。 （2）请组员用情绪ABC理论改写故事的结局。并分享自己改写后的故事		

表1-25 　　　　　　　　　第六次小组活动

时间：5月16日　活动地点：小组活动实训室

小组活动目的：不断重复强化组员对情绪控制方法的运用。

活动名称	活动时间	活动流程	注意事项	所需物资
一、情景表演	30分钟	情景一：A某上课玩手机被老师发现，老师叫A起立回答问题，A某表示自己不会。老师责令A将手机收起来。A感到非常丢人，认为老师有意针对自己，于是跟老师顶嘴并生气离开教室，老师也非常愤怒，取消了A的考试资格。 （1）请两位组员表演上述情境，并分享角色的心路历程。 （2）其余组员讨论事件并指出其非理性行为。 （3）组员讨论分享，如果是自己，该怎样做才能控制好自己的情绪，不让冲突发生		
二、人人都有小脾气	30分钟	（1）请组员回忆最令自己愤怒、厌恶、烦躁的事件，试着把自己的情绪引发出来，按要求匿名写在纸上。要求：描述当时的生理感觉，描写自己当时的表情和动作；表达自己情绪达到极点时的内心感受，如"他（她）太过分！""委屈的快要死了"等；写下自己那时的行为反应，如骂人、摔东西、打人、痛哭、咬紧牙关、硬忍、强迫冷静等；写下情绪爆发后的自己和对方的感受。写完后工作者统一收回。 （2）将写完的纸打乱分发给八位组员。组员思考自己是否曾有和纸上内容一样的情绪爆发？如果有，请分享自己当时情绪爆发的原因和想法	生理感觉，如心跳加速、呼吸急促、眼睛圆睁、胸闷气短、流泪等。	纸、笔

活动名称	活动时间	活动流程	注意事项	所需物资
三、情绪啄木鸟	30 分钟	（1）承接上述活动，组员将自己得到的故事纸条分享出来，由全部成员思考这个故事的主人的非理性行为是什么，正确的认知应该是怎样的。如果扭转了非理性行为，故事主人的情绪会怎样，故事中对方的情绪会怎样。 （2）组员依次发表自己的看法		
四、结束	20 分钟	工作者引导成员分享本次小组活动的收获和体会。帮助组员复习第四节所学习的理论概念		

表 1－26　　　　　　　　　　第七次小组活动

时间：5 月 23 日　活动地点：小组活动实训室

小组活动目的：1. 让组员灵活掌握和运用情绪控制的方法和技巧。

活动名称	活动时间	活动流程	注意事项	所需物资
一、抛开烦恼	30 分钟	组员在纸上写下自己不开心的事，不署名，搓成纸团放入筐里。然后每位组员再随机拣回一个纸团，在团体中讨论，运用在小组中学习的理论技巧，找出解决问题的方法		白纸，纸篓、笔
二、情绪编剧	45 分钟	（1）将八名组员分成四组，社工给每组发放纸笔，要求每个小组在充分讨论后编写一个情绪冲突事件并在最后写明解决冲突的办法（运用情绪 ABC 理论）。 （2）由每组成员演绎自己小组编写的情绪冲突事件，其余小组思考解决这种情绪冲突事件的办法并分享出来。最后由编写的小组公布自己小组事先写好的解决办法		白纸、笔
三、天使魔鬼	45 分钟	（1）将八位组员分成三人一组（组员可以重复入组）。 （2）八位组员每人分享一件被自己情绪困扰的事情。要求详细说明自己内心的想法与事件爆发时的情绪和对方的反应以及最后事件的结果。 （3）三人小组中除了分享故事的组员外，其余两人一人扮演分享成员心目中的魔鬼，说出分享成员内心的非理性信念，另一人扮演天使，纠正魔鬼所说的非理性信念，传递正确认知。 （4）由分享者自己谈谈感受		
四、时空倒流	10 分钟	社工给组员发放卡片和碳素笔，组员在卡片上写下，如果再次发生相同事件时，自己要怎样转变思想，控制情绪，引导事件向好的方向发展。 卡片由组员自己保留		卡片、笔

表1-27　　　　　　　　　　　　　第八次小组活动

时间：5 月 30 日　活动地点：小组活动实训室

小组活动目的：
（1）让组员懂得自己才是情绪的主人，学会转换视角发现生活中的快乐元素。
（2）整理团体经验所得。
（3）整理别人对自己的回馈，了解自己在团体中的表现。
（4）安全、友好地结束团队活动

活动名称	活动时间	活动流程	注意事项	所需物资
一、快乐清单	15 分钟	每个组员都要说出几件使自己感觉快乐的事情，越多越好。组员互相分享快乐		
二、快乐密码	20 分钟	组员分别向大家介绍自己保持快乐心情的方法，组员讨论，鉴别各种方法的可行性，工作者总结组员的讨论结果，向大家推荐保持快乐的策略和技巧		
三、笑迎未来	40 分钟	小组成员围圈而坐，由一位组员当主角，大家讨论他现在与刚参加团体时有何不同，参加团体后在哪些方面改变了，然后请他自己说说感受，接着再换另一位成员。依此类推，对每位成员反馈。结束时每人发一张纸，请组员在纸顶端写上"对某某（自己姓名）的祝福"，然后向右传给每位组员，每人都写下自己给他人的祝福和建议，或用绘画形式表达。当转完一圈，每位成员细细阅读他人的祝福，并和每位成员都进行一次拥抱		纸、笔
四、征得所有组员同意，社工和组员合影留念				

（八）应变计划

（1）招募不到足够的参加者：请学校教师帮忙，推荐符合招募对象的学生来参加。

（2）工作人员未能同时兼顾所有成员：邀请义工从旁协助，并在事前与他们作详细的指示及分工，以便互相配合。

（3）成员积极性不高或有发生冲突情况：由积极性较高的成员配合积极性较差的成员，当小组成员发生冲突，立即暂停游戏，一名工作人员与发生冲突的成员沟通，另外一个工作人员安抚其他成员的情绪。

（九）评估方法

1. 策划评估

（1）收集初中生情绪相关资料。

（2）了解潜在服务对象的相关情况。

（3）量表评估——情绪控制量表（附件六）。

（4）在确定小组成员后，与组员进行访谈。征求小组成员意见，对小组方案做出调整。

2. 过程评估

（1）每节的活动目的是否实现。

（2）在每次小组活动结束后，鼓励组员发表自己的收获与意见（组员填写附件三）。

（3）在活动进行中，工作员对组员进行观察并分析他们的表现（活动结束后工作人员填写附件二）。

（4）从组员的出席率及参与、投入程度等方面作出评估。

（5）在每次情景模拟结束后，组员填写情绪 ABC 量表。并对比组员在前几次情景中的表现，分析他们的情绪及其思想认知（组员填写附件四）。

3. 结果评估

（1）总目标是否实现。

（2）量表评估——情绪控制量表（附件六）。

（3）在小组结束一段时间后对小组组员进行回访，与组员及其重要他人进行访谈。

附件

附件一：小组协议书

内容：

（1）保密：为每个人的隐私绝对保密，若由于特殊情况要将组内资料向外呈报，需指出原因及所涉及范围并征得资料提供人的同意；

（2）开放：在集体中充分信任他人，袒露成长中的烦恼，并敞开胸襟吸纳多方观点，积极参与组内活动，鼓励用自己的观点来阐述自己的价值观和喜好；

（3）非评判：欢迎不同意见，但不允许伤害他人；

（4）团结合作：成员与工作人员平等地营造一个舒适和自由发表意见的环境；

（5）组内需遵从工作者或小组领导者的安排。

（6）组员若要离组，需提前告知工作者；

（7）个别组员若有需要，可以单独约见组长；

其他：_____

_____

_____

_____

组员签名：   日期：

附件二：

小组活动评估表			
小组名称		活动地点	
活动主题		出席人数	
活动次数		缺席组员	
活动时间		工作员	
活动气氛			
组员表现			
活动效果			
工作人员表现			
组员意见			
改进措施			

附件三：

小组活动效果评估表

1——非常不符合，2——大部分不符合，3——不确定，4——基本符合，5——非常符合

（1）我觉得大家彼此信任而且坦诚。（　　）

（2）在小组中我乐于和其他人分享我的经验。（　　）

（3）我能在小组活动中自由地表达我的看法和意见，而不必担心其他组员的批评指责。（　　）

（4）我在小组中能够对他人的分享给予关注，能够仔细聆听。（　　）

（5）我在小组分享时能够感受到别人的关注和回馈。（　　）

（6）参加小组让我觉得快乐而轻松。（　　）

（7）参加小组使我对自己越来越有信心。（　　）

（8）我对自己在小组中的表现是满意的。（　　）

（9）我喜欢组长的工作方式。（　　）

（10）我觉得在小组活动中学到东西，觉得小组聚会是有意义的。（　　）

（11）我认为在本次小组活动中的成长和不足是：

_____

_____

我们的问卷到此结束，谢谢您合作！

附件四：

情绪 ABC 量表				
引发事件	情绪	认知	非理性认知	理性认知

注：认知栏为事件发生后的观点；非理性认知栏为观点中的非理性思想；理性认知栏为关于事件的理性观点。

附件五：

非理性信念判断

美国心理学家艾里斯认为，每个人都有理性的一面，又有非理性的一面。一些非理性的信念在日常生活中是很普遍的，然而它们常常会引起人们的情绪困扰和行为上的不适应。以下是十条常见的非理性信念：

1. 人应该得到生活中所有对自己非常重要的人的喜爱和赞许。

2. 有价值的人应该是全能的，应在各方面都比别人强。

3. 任何问题都能找到一个正确或完美的答案，如果不能找到，那是难以容忍的事。

4. 不愉快的情绪是由外界引起的，自己无法控制。

5. 对于危险或可怕的事情，一个人应该非常小心，而且应该随时顾虑到它可能发生。

6. 逃避困难、挑战与责任，要比面对它们更容易。

7. 人应该依赖他人，并且依赖比自己强的人。

8. 过去的历史是现在的主宰，过去的影响是无法消除的。

9. 对于别人的行为和处境，我们应当予以非常的关切。

10. 对于有错误的人应该给予严厉的惩罚和制裁。

附件六：

情绪调节问卷 ERQ

采用由格罗斯（Gross）编制的情绪调节量表（Emotion Regulation Questionnaire），共 10 个项目，7 点计分，得分越高，表明情绪调节策略的使用频率越高。该量表包括两个维度：认知重评和表达抑制。其中，认知重评维度的测量由 6 个题项构成，表达抑制维度的测量由 4 个题项构成。该量表中文版信度、效度良好。

计分标准：

程度	非常不同意	不同意	有些不同意	中立	有些同意	同意	非常同意
计分	1	2	3	4	5	6	7

（1）当我想感受一些积极的情绪（如快乐或高兴）时，我会改变自己思考问题的角度。（认知重评）

（2）我不会表露自己的情绪。（表达抑制）

（3）当我想少感受一些消极的情绪（如悲伤或愤怒）时，我会改变自己思考问题的角度。（认知重评）

（4）当感受到积极情绪时，我会很小心的不让它们表露出来。（表达抑制）

（5）在面对压力情境时，我会使自己以一种有助于保持平静的方式来考虑它。（认知重评）

（6）我控制自己情绪的方式是不表达它们。（表达抑制）

（7）当我想多感受一些积极的情绪时，我会改变自己对情境的考虑方式。（认知重评）

（8）我会通过改变对情境的考虑方式来控制自己的情绪。（认知重评）

（9）当感受到消极的情绪时，我确定不会表露它们。（表达抑制）

（10）当我想少感受一些消极的情绪时，我会改变自己对情境的考虑方式。（认知重评）

您的姓名：

第二章 妇女社会工作

党的十八大以来，习近平总书记立足新时代的历史方位，运用马克思主义立场、观点和方法，深刻回答了新的历史条件下妇女事业和妇女工作创新发展中具有方向性、全局性、战略性的一系列重大问题。习总书记在中国妇女十二大同全国妇联新一届领导班子成员集体谈话时，深刻阐述了新时代妇女事业发展的一系列重大理论和实践问题。此次讲话是指导推进新时代妇女事业发展的纲领性文献，为深化妇女研究提供了理论指南。本章旨在贯彻和落实中国妇女十二大会议精神，聚焦新时代党的妇女事业发展需要，以案例为导向，积极推进妇女社会工作研究的创新与发展，结合妇女社会工作的理论研究，对新时期女性群体的新问题从社会工作角度予以介入。

本章选取了女性群体中六个较有代表性的案例，跨越"女大学生""职场女性""新婚、产后女性"三大主要生命历程，关注社会文化因素、事件和个体生命历程发展的互动关系。新时代女性步入婚姻后，仍从事自己的工作，工作中的职业倦怠以及与家庭关系的协调成为生活中的难点；新时代女性强调独立自信，并受到良好教育，爱情自由，不受婚姻家庭约束，女大学生正确恋爱观的确立成为高校教育中的重点；新时代女性经济自主，注重精神生活品质的提高以及女性权利的维护，特别是女性产后抑郁情绪的调控以及特殊女性的权利维护成为社会发展中的重点。本章有三个案例运用小组工作方法干预，以小组动力学理论和社会支持理论为支撑解决特殊妇女群体的工作压力、家庭压力以及人际关系缺失的问题。其他三个案例运用个案工作方法，以改善自我认知和协调家庭关系为主要介入手段，以单亲妈妈、产后女性和职场女性为服务对象，为解决新时期妇女的特殊问题提供一些思路。

第一节 新婚女性成长小组

一、背景资料

婚姻是什么？钱钟书在他的长篇小说中写道：婚姻是一座围城，城外的人想进去，城里的人想出来。在提倡男女平等的新时代，妇女社会地位发生变化，婚姻不再以传宗接代为单一的结婚目标，个人自由成为社会生活的基本准则，其次才是生儿育女和权衡经济。更多的女性希望在婚姻中追求甜蜜爱情、患难与共、宽容信赖。从爱情走入婚姻，年轻的女性们有太多的憧憬，憧憬着美好的婚姻生活，憧憬着幸福的家庭生活，憧憬着浪漫的白头偕老，可最后往往并不会总按我们的想象或计划来发展，婚后女性角色的转变、家庭关系的处理等方面的问题总会接踵而至。

二、需求分析

（一）国内婚姻教育缺少关于性别角色和家庭关系的内容

目前国内关于新婚女性家庭角色转变、家庭关系处理等方面的教育以及孕前双方的心理和精神层面的服务和辅导较少涉及，大部分集中于有学科背景的专业培训教育。而新婚家庭教育方面的辅导和服务，社会工作关注的重点大都是基于两性冲突的宏观视角和尖锐矛盾，主要是针对家庭生命的整个周期中出现的普适性问题进行了关注和介入，例如：有关家庭暴力的社会工作干预方法、个人能力和家庭能力的整合、城市已婚年轻女性的家庭压力研究、家庭中子女的教育和老人的养老问题与离婚问题的探究、新型的与科学的家庭伦理观念的建立、婚姻法的普及、夫妻性关系的和谐建立等。这些问题关注点的总体特征如下：一是视角过于宏大，从政策、道德、法律的视角来阐发婚姻家庭观念的转变和两性婚姻责任的建立；二是其关注点都是一些较为尖锐的家庭矛盾和家庭矛盾所引发的社会问题。而新婚家庭夫妇在抑或甜蜜抑或困惑的婚姻中遇到的一些家庭问题就这样被忽视了。我们应该有这样的观念，新婚家庭是家庭周期的初级阶段，这个阶段也是非常关键的时期，在这一阶段里，家庭成员如果没有合理地处理好各自的角色转换和相互的人际沟通，就会为家庭后期的良性互动和发展埋下很大的隐患。

（二）新婚家庭教育缺乏心理和精神层面的孕前服务和辅导

目前国内的新婚家庭教育服务和辅导仍然主要集中在医疗知识的辅导，较少涉及孕妇的心理和精神层面的内容。有研究虽然已经提及孕妇焦虑和抑郁情绪是由于生理、社会、家庭因素所致，但却很少把孕妇的心理护理延伸到社会中，延伸到孕期乃至孕前。笔者建议同社区保健人员一道对社区中所有孕妇的生理心理状况做出评估，从而进行有效的宣教、指导、情感支持和心理疏导。同时对社区中孕妇可能出现的焦虑、抑郁情绪进行常规测定，帮助他们分析原因，促使她们用理智和成熟的思维方式克服焦虑情感和行为；对有情绪障碍者，要富有同情心的倾听和非批评式的劝导，具体地帮助孕妇解决实际问题，使她们从心理上树立信心、消除不良的心理状况。我们的调查以及国内的研究都表明：文化背景如孕妇文化程度、孕期接受定期体检以及孕、产期健康教育与孕妇焦虑和抑郁情绪呈负相关，即孕妇文化程度越高、体检及听课次数越多，异常情绪的发生越少。因此，笔者建议社会应对孕妇及孕前妇女加强护理保健，广泛开展相关知识的宣教和咨询工作，使每一位孕妇都能正确了解与妊娠和分娩有关的健康知识，减少其不良的心理反应。

三、理论基础

（一）家庭生命周期理论

家庭生命周期（family life cycle）是指"家庭依照一定的轨道形成和发展，分裂出新的家庭，直至母家庭消亡的全过程。在家庭生命周期中，子家庭孕育的同时母家庭消亡，家庭继续得以延续。"[①] 家庭生命周期理论提供了一个了解家庭发展脉络的线索，对实务工作者具有重要的现实意义。在生命周期各阶段之间的转折与过渡最容易产生家庭角色的变化和家庭关系的变化。在每个家庭生命周期阶段的过渡都会使家庭成员产生或大或小的焦虑，家庭生命周期也是决定家庭成员成长与发展的主要因素。洞悉一个家庭发展阶段的脉络，可以使社会工作者更加了解一个家庭一般的行为形态以及这个家庭面对危机时可能出现的反应，这种转折点正为家庭社会工作者提供了关注和介入家庭的时机。随着社会的发展，婚姻家庭形态越来越呈现出多元化的发展趋势，可能会有某些家庭并不具备理论中固定的周期模式，比如丁克家庭、单亲家庭、独身家庭等。不过，相信这些家庭也有它们的发展周期和每个周期需要面对的问题。因此，在此次策划中，我们需要做的就是针对打算孕育下一代的家庭，对"孩子未出生"到"孩子出生头三年"这个阶段的夫妻心理和生理的变化，进行有针对性的活动安排，解决生活中夫妻双方的实际问题。

（二）家庭系统理论

家庭是组成社会的基本单位，是以组织形式运作且满足家庭成员彼此需要的互动系统。家庭系统理论把家庭看成是由若干子系统组成，有夫妻系统、亲子系统、兄弟姐妹之间的系统等。每个子系统之间相互联系又相互制约，形成一个运转有序的家庭系统，每一个子系统之间相互制约且相互发展，并且促进家庭这一整个大系统有序进行，促进家庭功能的实现。[②]

这个理论指出了家庭是按照一定的互动规则运作的系统，这个系统由若干子系统组成，而整个家庭系统本身又是一个大于各子系统互动之总和的大系统，它们彼此之间也存在互动与相互依赖的关系。家庭成员之间在互动过程中逐步建立起不成文的规则，而这些规则规范了家庭成员的权利义务关系，形成了家庭的秩序。家庭系统具有平衡机制，即当家庭受到突发事件影响而面临威胁时，家庭会自行调动各种资源来使家庭恢复平衡。在本案例中，我们选中的新婚家庭都受到夫妻系统、亲子系统以及代际系统的影

[①] 于晶利、刘丽艳：《家庭社会工作实务》，格致出版社 2012 年版，第 24 页。
[②] 罗金艳：《基于沟通模式的婚姻危机介入研究》，西北农林科技大学 2015 年硕士论文，第 3 页。

响，当压力来临的时候，很多家庭并不能协调各个子系统之间的关系，进而导致家庭秩序出现混乱，家庭矛盾产生。社会工作者在活动策划中致力于从夫妻系统入手，增进夫妻之间的沟通与理解，进而改变家庭其他子系统的相互制约，促进家庭这个大系统有序规律进行，帮助家庭功能的实现。

（三）赋权增能理论

所谓赋权并不是"赋予"案主权力，而是挖掘或激发案主的潜能。在介入过程中，社会工作者并不拥有可以赋予案主的权力，权力存在于案主之中，而非案主之外。[①] 所以，增能可以看作一种社会工作理论或实践、一个服务目标或心理状态、一个发展过程或者一种介入方式。所谓赋权是指使一个人感觉有一种自我控制的能力，尊重自己、充满自信，并且相信自己有能力改变现状的过程。[②]

在本案例中，女性作为家庭关系的核心人物，因为再生家庭的出现以及子女的孕育过程而使女性产生大于男性的角色变化和心理变化。所以针对家庭中的女性，家庭中妇女的赋权增能就变得格外重要。所谓妇女的赋权增能就是让妇女学会掌握生活空间，发展各种有利的动力，包括自我意识觉察（个人层次）、互助合作开拓资源与机会（人际层次）、摆脱或者改变受压迫的环境（环境层次）。在意识层面得到提升，树立关于妇女状况、歧视以及权利和机会的意识，并且把它作为迈向两性平等的第一步。一旦建立妇女的集体意识，就会产生群体身份认同和人多力量大的感觉。在潜能方面，增强能力、发展技能，尤其是计划、决策、组织、管理、开展活动以及与周围他人和机构打交道等方面的能力。参与并扩展在家庭、社区和社会方面的支配和决策的力量。在行动上，采取具体的行为获得两性间的平等。此次新婚女性成长小组的建立，就是在支持性小组中，让新婚家庭的女性感受社会支持的力量，学习自我分析能力与夫妻沟通技术，增加家庭关系管理的自信心与能力。

四、服务模式

笔者通过在城市社区中开展新婚女性成长小组，将社会工作者、家庭关系咨询师以及医务工作者协调起来，利用社工、专家的专业技术支持，开展小组成员婚后女性角色转变培训、家庭关系讲堂、婚后孕前培训、家庭问题咨询。

五、工作计划

新婚女性成长小组具体的目标是解决服务对象的家庭问题，以帮助这些年轻女性更好地适应婚后生活，调适好这一时期的角色，帮助夫妻增进感情，解决夫妻之间的各种

---

① 徐琼、郁文欣：《老年社会工作理论与实践》，东北大学出版社2015年版，第21页。

② 陈湘玉、陈璐：《居家护理服务理论与实务应用》，东南大学出版社2016年版，第14页。

矛盾和问题，提高夫妻之间的沟通能力，促进夫妻之间的良好沟通，协调好整个家庭系统之间的关系。增加女性对孕期知识的了解。长远目标是能够推广这一服务模式，打破此类服务仅局限于医院或家庭环境中的局面，开创家庭、医院、社会多重资源相整合的服务模式。

（一）主题：让爱在家庭中流动——新婚家庭教育

（1）项目简介：我们的项目是针对某市新婚女性及夫妻开展，结合社会工作理论与时尚元素于一体的支持性小组活动。我们项目主要的服务内容有：婚后女性角色转变与家庭关系辅导、婚后孕前培训、家庭问题咨询和家庭实践活动。适合新婚夫妻共同学习、分享生活，共同解决生活问题。

（2）性质：支持性小组。

（3）对象：某市新婚的女性或夫妻。

（4）社会工作角色：发起者、资源协调者、活动组织者。

（5）内容：在以婚姻和血缘为纽带的基本社会单位中，一些女性并不能很快适应婚后的生活，生理和心理上都存在一段时间的适应过程，在家庭角色上存在着很大的转变，年轻人从潇洒的单身贵族进入两人世界，婚前是花前月下，卿卿我我，婚后则可能马上面临油盐酱醋的现实生活，协调家庭关系、转换家庭角色就变成一个十分重要的内容。

（二）服务一：婚后女性角色转变

为了更好地帮助这些年轻女性适应婚后生活，调适好这一时期的角色，我们开设了这一服务。通过专家团队的讲座和社会工作人员组织的一系列活动，向一些80后的新婚女性传播适应婚后角色转变的一些理念和知识，帮助年轻夫妇适应角色的转变。

服务内容：

（1）从恋爱（婚前）到婚后夫妻双方对待彼此心理上的改变——夫妻双方心理上的转变。

（2）婚后由于生活的压力夫妻之间也许不会像以前那么浪漫，一切变得很真实很平淡——夫妻双方情感的变化。

（3）学会接受从一个人的生活变成两个人甚至更多人生活空间的变化——夫妻双方生活空间的改变。

（4）从婚前的"由我做主"到婚后"有你有我"，从原本独立收支到形成家庭理财共识——夫妻双方理财角色的转变。

（三）服务二：家庭关系

良好的家庭关系是家庭和睦幸福的基础，在这一服务内容中，主要是采取专家的讲座、组员分享、问题设计、角色扮演、情景的再现等方式，让夫妻双方共同参与和体验，协调夫妻双方以及家庭关系的幸福和谐。

服务的内容：

1. 夫妻沟通

夫妻之间的沟通是婚姻幸福的基础，良好的沟通能够帮助夫妻增进感情，解决夫妻之间的各种矛盾和问题。因此，在这一环节中我们会通过讲座互动的形式，提高夫妻之间的沟通能力，促进夫妻之间的良好沟通。

2. 家庭系统

在中国传统社会中，夫妻的生活不仅局限于两人世界，同时也与其各自的家庭有很大的联系，在整个家庭系统中如果协调不好各自的关系，对夫妻生活也会造成一定的影响。我们将以角色扮演及情景再现等方式来开展活动，使夫妻能协调好整个家庭系统之间的关系。

3. 情绪管理

在日常的夫妻生活中，夫妻之间的争吵是在所难免的，如果夫妻双方能控制好自己的情绪，就会使夫妻的关系更加融洽。通过专家团队的讲座，使夫妻了解到情绪管理在家庭生活的重要性，学会情绪的自我管理。

4. 承担责任

平衡婚后夫妻双方责任及义务，增强夫妻双方在家庭生活中的责任感。我们将以小组的形式让夫妻分享他们各自生活中对家庭事务和家庭责任的一些感想。

5. 两代互动

两代关系一直以来都是许多新婚夫妇比较头疼的问题，尤其是婆媳关系。有些人甚至由于婆媳关系没有处理好而导致婚姻的破裂，由此可见，年轻夫妻在婚后处理好与父母之间的关系是十分重要的。

（四）服务三：孕前孕后指导

在优生优育的观念被广泛接受后，为提高婴儿质量、确保宝宝的健康发育和开展宝宝早期教育，各种孕妇学校都采用系统化、科学化的授课方式给予孕妈妈们指导和辅助。同时接受咨询，提供科学的保健知识、营养测试等。实践证明，产前培训能大大提高母亲和孩子的安全性，指导的重要性不亚于妇产科医生。我们将聘请有经验的产科医生进行指导。

产前培训指导不仅只限孕妈妈参加，大部分都建议带配偶参加，丈夫的参与不但可以增加夫妻双方对怀孕的知识上的认识，还可以增加丈夫对怀孕的参与度从而增进夫妻感情。

服务内容：

怀孕三要素、打防疫针、禁用药、影响胎儿性别的因素、定期产前检查（体重、血压、胎动、宫高等方面）、分娩记录、产后42天健康记录、孕期营养食谱的合理搭配、新生儿护理等。

六、服务实施

第一个主题：从"我"到"我们"——婚后女性角色的转变如表 2 - 1、表 2 - 2 所示。

表 2 - 1　　　　　　　　　　　　　主题一第一次小组计划

目标	相互认识，初步建立小组关系；澄清小组目标与规范；使女性能认识到心理、情感、空间上的变化，适应婚后生活			
环节	目标	内容	时间	物资
认识彼此	建立初步印象	小组社工与成员的自我简单介绍，社工简单介绍此次小组活动的起因、目标以及相关的小组活动	10 分钟	卡片与彩笔、夹子，照相机
游戏：报数字	缓解紧张情绪，拉近成员间的距离，使活动在欢快的气氛下开始	组员站成一排，由带领者说数字，根据数字的多少依次蹲下。错误者被淘汰，获胜者有奖励	10 分钟	照相机、小礼品
分享与互动	认识到婚前与婚后的心理、情感、空间上的变化与不同	分享每对夫妻恋爱过程及婚后生活，并形成对比；由专家说明原因，并进行分析	60 分钟	照相机
小组规范制定	约束小组行为	小组规范的制定，工作员引导小组成员去想小组成员应该遵守哪些规定，制定较为详细的小组规范	10 分钟	纸和笔，照相机
总结与结束	总结本次活动，为下次活动做准备	小组成员分享本次活动的感受，有什么建议与意见。小组社工做总结性陈述，提示下次活动的时间、地点、内容等	20 分钟	照相机

表 2 - 2　　　　　　　　　　　　　主题一第二次小组计划

目标	在上次活动的基础上，使女性能够更加系统的了解婚后角色的转变；正确定位夫妻双方在家中的角色；达成家庭理财共识			
环节	目标	内容	时间	物资
回顾	回顾主题一第一次活动内容，与本次内容形成衔接	由社工引导，回顾主题一第一次活动内容	10 分钟	笔、卡片
游戏：猜大小	活跃气氛，增加组员的亲密感；体会自己眼中的他人和他人眼中的自己的不同	每位组员头戴特制纸牌，大家只能看到别人的大小，看不到自己的，要求组员不能说话。最后判断出自己纸牌的大小	10 分钟	特制纸牌

续表

环节	目标	内容	时间	物资
分享	通过游戏，分享自己的感受，体会认知不同产生的差异，学习站在对方角度分析问题	由社工带领组员，分享游戏过后自己的感受。分享家庭理财经验与感受	30分钟	照相机
家庭理财指导	讲解家庭理财知识，让组员学习不同的家庭理财方法	由专家讲解家庭理财知识，使组员学习正确的家庭理财方法	50分钟	卡片，笔
总结与结束	总结本次活动，为下次活动做准备	小组成员分享本次活动的感受，有什么建议与意见。小组社会工作总结性陈述，提示下次活动的时间、地点、内容等	20分钟	照相机

第二个主题："我们是一家人"——协调家庭关系如表2-3、表2-4所示。

表2-3　　　　　　　　　　　　主题二第一次小组计划

目标	提高新婚夫妻形成良好的沟通能力；正确处理婆媳关系；学会处理夫妻双方家庭系统的关系。			
环节	目标	内容	时间	物资
回顾	回顾主题一第二次活动内容，与本次内容形成衔接	由社工引导，回顾主题一第二次活动内容	10分钟	笔、卡片
游戏：画一个家	通过画理想中的家，让夫妻双方看到对方眼中的和谐家庭的样子，使夫妻双方达成共识	让每位组员画出自己理想的家，夫妻双方互换，由对方讲解	30分钟	白纸、彩笔
分享	通过游戏，分享自己的感受，体会家庭沟通的重要性	由社工带领组员，分享自己在家庭中沟通的困难以及良好沟通的效果，提出问题，大家共同分析与学习	50分钟	照相机
角色扮演、情景再现	通过游戏，对问题进行分析，从对方角度体会感受	通过游戏，对较难解决的问题进行情景再现和角色扮演，从对方角度体会感受	30分钟	卡片，笔
总结与结束	总结本次活动，为下次活动做准备	小组成员分享本次活动的感受，有什么建议与意见。小组社会工作总结性陈述，提示下次活动的时间、地点、内容等	10分钟	照相机

表 2 – 4   主题二第二次小组计划

目标	使女性了解到情绪管理在家庭生活的重要性，学会情绪的自我管理；平衡婚后夫妻双方责任及义务；增强夫妻双方在家庭生活中的责任感			
环节	目标	内容	时间	物资
回顾	回顾主题二第一次行动内容，与本次内容形成衔接	由社工引导，回顾主题二第一次行动内容	10 分钟	笔、卡片
游戏：传递乒乓球	通过游戏，使夫妻双方理解，在家中双方能够共同合作	把组员分成两队，夫妻要站在一起，第一位组员用筷子夹起乒乓球，要求不能用手，传递给下一位组员，依次顺接。看哪队最快	20 分钟	筷子、乒乓球、盒子
分享	通过游戏，分享自己的感受，体会家庭管理与合作的重要性	由社工带领组员，分享自己在家庭中责任的分担以及情绪管理经验，提出问题，大家共同分析与学习	60 分钟	照相机
总结与结束	总结本次活动，为下次活动做准备	小组成员分享本次活动的感受，有什么建议与意见。小组社工总结性陈述，提示下次活动的时间、地点、内容等，收集建议，举办夫妻面具舞会或者踏青活动	20 分钟	卡片、笔、照相机

第三个主题："宝贝计划"——孕前孕后指导如表 2 – 5、表 2 – 6 所示。

表 2 – 5   主题三第一次小组计划

目标	使新婚女性了解相关孕前知识；合理搭配孕前饮食；为宝贝的到来做好心理准备			
环节	目标	内容	时间	物资
回顾	回顾主题二第二次活动内容，与本次内容形成衔接	由社工引导，回顾主题二第二次活动内容	10 分钟	笔、卡片
游戏：孕妇体验	活跃气氛，让夫妻双方体验孕妇的感受	首先，让新婚的妻子穿着孕妇体验服，然后，让丈夫体验。活动过程中，安排障碍和家务活动等项目	20 分钟	特质孕妇体验服
分享	通过游戏，分享自己的感受，体会孕妇的不易	由社工带领组员，分享自己的感受，体会孕妇的不方便	20 分钟	照相机
专家讲解	通过讲解，使夫妻学习正确饮食、医院检查等方面知识	由专家讲解孕前知识，使夫妻学习正确饮食、医院检查等方面知识	50 分钟	卡片，笔
总结与结束	总结本次活动，为下次活动做准备	小组成员分享本次活动的感受，有什么建议与意见。小组社工总结性陈述，提示下次活动的时间、地点、内容等	10 分钟	照相机

表 2 - 6　　　　　　　　　　　　主题三第二次小组计划

目标	使新婚女性了解孕后产前相关知识；合理搭配孕期饮食；为宝贝的到来做好心理以及空间上的准备			
环节	目标	内容	时间	物资
回顾	回顾主题三第一次活动内容，与本次内容形成衔接	由社工引导，回顾主题三第一次活动内容	10 分钟	笔、卡片
游戏：波罗乃兹舞蹈	活跃气氛，增加夫妻双方的亲密感	夫妻双方为一队，跟着音乐由社工带领走圈	20 分钟	音乐
专家讲解	通过讲解，使夫妻学习正确饮食、医院检查等方面知识	由专家讲解孕期知识，使夫妻学习正确饮食、医院检查等方面知识。发放宣传册	60 分钟	卡片，笔
总结与结束	总结本次活动，做结果评估问卷，处理离别情绪	小组成员分享本次活动的感受，有什么建议与意见。小组社工做总结性陈述，告知家庭咨询电话，处理离别情绪	30 分钟	照相机

七、项目效果评估

（一）评估手段

本项目主要采取内部评估和外部评估相结合的方式，内部评估通过对三个主题、六次活动结束之后的小组社工、志愿者和社区工作人员进行自评，观察与分析活动的内容、形式以及方法，从出席率、参与投入程度等方面进行量化评估。外部评估是在每期活动结束后，使用效果评估问卷以及电话回访的方式让每一位参与项目的小组成员进行评估。最后，将各种评估资料进行汇总，形成项目评估报告。

（二）预期效果

（1）夫妻能够每天至少分享一件快乐或悲伤的事。

（2）通过相互沟通，相比参加活动之前，每对夫妻及家庭成员之间每天争吵减少到一次或者没有。

（3）每对夫妻能够了解 4~10 个孕后、产前医学知识和心理知识。

（三）实际效果

（1）参与活动的夫妻能够了解并掌握四个以上的孕后、产前医学知识以及心理知识。

（2）夫妻能够了解四种沟通模式（指责、打岔、讨好、合理化），每个家庭都认识到自己家庭中存在的一些问题。

（3）夫妻能够向对方说出自己的真实想法，学会使用情绪词语如悲伤、不悦、紧张、生气、担心等来表达自己的情绪。

八、项目反思与改进

（一）项目反思

通过三期的活动，我们看到新婚女性成长小组尽管服务的是女性群体，但是如果夫妻双方都来参加效果最好。我们项目倡导的家庭教育不是简单的亲子教育，还包括夫妻家庭关系的处理、沟通模式的建立以及婚后女性角色的转变等。家庭作为社会中的最小单元以及一个整体，就要求夫妻双方的认知对等，这样才能有利于整个家庭的和谐发展。有的人认为，对于家庭关系的处理、沟通模式的建立以及婚后角色的转变、孩子的教育问题，只要家庭中有一位成员比较了解就可以完全应对。可是经过活动的开展，我们看到，家庭中如果有一位成员对相关知识过于了解，就会使双方认知不一致，就会容易产生矛盾，会影响到家庭关系以及孩子的教育。所以，在双方认知同步递增的情况下才能有利于家庭关系的和谐与稳定。

（二）项目改进

（1）服务对象婚龄方面，家庭关系的小组成员婚龄由新婚1~2年调整为2年以上，有孩子的家庭为最佳，孩子的年龄限制在4~12岁。

（2）服务内容方面，总的内容为：孕后知识指导、家庭关系、亲子教育。婚后角色转变的内容可以与家庭关系的内容融合起来，着重讲家庭关系。总计划中另外加入亲子教育的内容。

（3）服务形式方面，由于一个社区的适龄产妇较少，可以由多个社区结合起来，共同完成第一期的孕后产前指导活动。

第二节 协助职场女性脱离性骚扰个案

一、背景资料

2017年10月15日，美国女演员艾丽莎·米兰诺在推特上写道："如果所有被性骚扰或侵犯过的女性都能发一条'Me too'，那人们或许能认识到这个问题的严重性。"之后，"Me too"成了一个反对性骚扰的标签，她在美国掀起了一场反性骚扰的行动。同样在我国，职场女性遭受性骚扰的案件屡见不鲜。2016年12月中国青年报社社会调查中心联合问卷网，针对 2002 名职场女性展开的一项调查显示，31.0% 的受访职场女性曾遭受职场性骚扰。但与调查所反映的情况相比，曝光数量显然并不匹配。2005 年《妇女权益保障法》第 40 条规定："禁止对妇女实施性骚扰。受害妇女有权向单位和有关机关投诉。"第 39 条规定："妇女的名誉权和人格尊严受法律保护，禁止用侮辱、诽谤、宣扬隐私等方式损害妇女的名誉和人格。"而这两条都没有实质内容，既未给出明确的性骚扰定义，也未明确责任主体。

目前，我国对"性骚扰"并无统一定义，大多数人认为"性骚扰是一种有特定的行为对象，违背当事人意愿，达到一定程度但与性侵等严重刑事侵害有区别，是一种不受欢迎的性方面的互动。它包括言语的性暗示或戏弄，强行接触，做暧昧的动作及使员工失去工作作为威胁的条件，而提出强迫发生性关系的要求。"根据这样的判定，让我们一起去关注围绕在职场女性身边的这些危险因素，有多少是我们遇到而又不敢去面对的。

二、案例分析

（一）基本资料

服务对象张某某，女性，今年 24 岁，大学本科刚毕业，就职于某传媒公司行政助理职位。张某某性格开朗，与同事、领导关系较好，由于工作努力，老板承诺在公司再待上两年就可以升到行政主管的位子。张某某在大学期间谈了一个男朋友，两人已交往四年并且打算年底结婚。最近，张某某因为工作期间直属领导黄某对其有不当行为，让张某某感觉很不舒服，严重影响到其与同事的关系以及与男朋友的相处，特来向社工求助。

（二）主要问题

（1）张某某自我保护意识淡薄，并没有意识到直属领导黄某对其的不正当行为是性骚扰行为。

张某某在公司的一年里，见证了很多姑娘收拾东西走人，然而大家并不知道她们离职的真正原因。年终公司聚餐，张某某的顶头上司黄某以开玩笑或关心为由，对张某某动手动脚。例如黄某酒后对张某某有摸屁股、拉头发的行为，趁张某某不注意时采取脸贴脸、手搭肩膀的动作，出门时以关心女下属的名义，摸张某某的手问其冷不冷等。张某某心里感觉很不舒服，可是鉴于对方是直属领导，再加上喝酒和开玩笑的原因，张某某并没有特别的在意。晚上回家后，张某某不断接到领导黄某的微信，表示很喜欢张某某，希望与其发展更亲密的关系，字里行间透露着暧昧言辞，甚至还带有挑逗性词语。张某某认为黄某酒后胡言乱语，便没有理会。第二天下班后，黄某以工作需要为由，要求张某某参加客户应酬，借着谈业务的机会，黄某将目标锁定在张某某身上，谈话间隙，不时地把手放在张某某的腰上。张某某借上洗手间躲开，偏偏在出来的时候又迎面撞上黄某，黄某伸手顺着张某某的屁股往下走，还好旁边有人经过，才得以解脱。回到桌上，黄某一个劲地劝张某某喝酒，好在张某某的酒量不错，没有让黄某得逞。终于应酬结束，黄某装醉让张某某送他回家，当着客户的面，张某某也不好意思推辞。在车里，黄某试图摸张某某的胸部，这一切被黄某的司机看在眼里，可是司机师傅却没有阻拦，张某某无法反抗，只能选择用包遮挡身体保护自己。终于等到下车才让张某某如释重负。

（2）张某某同事关系出现危机，同事妒忌张某某工作业绩突出，匿名举报张某某与黄某的关系。

张某某经过这几件事情后，变得更加谨慎，几乎不再与黄某出现在同一场所。黄某因为找不到合适的时机，好几周都没有直接骚扰张某某，偶尔在微信里用言语挑逗她，张某某通常选择不点开直接删除的做法。张某某以为事情到此结束，还一如既往地认真工作，业绩突出。殊不知在公司群里有同事发了一封匿名信，举报张某某与黄某有不正当上下级关系。群里的同事一下炸开了锅，有同事直接评价张某某聪明、圆滑，有的甚至抨击张某某早有预谋，穿衣有心机，故意引起男同事们的注意。每天朝九晚五的工作中，张某某都能感觉到同事们的异样眼光，再加上直属领导黄某也不时地在大家面前夸奖张某某工作认真负责，这引来很多同事的不满。张某某百口难辩，压力倍增。

（3）张某某因为性污名化带来的羞耻感而不愿说出来，导致与男朋友关系出现危机。

所谓的性污名化就是指，在从小的家庭教育、学校教育和社会教育中，对待性的一种偏向负面的特征刻板印象化以及"男强女弱"的性别刻板印象化，认为女性遭遇性骚扰是件丢人和羞耻的事情，并由此掩盖事物的其他问题。张某某由于黄某的性骚扰事件，每天担心害怕、紧张焦虑，再加上与同事关系紧张，导致其情绪难以控制，时常与男朋友和父母发脾气，甚至晚上会出现作噩梦或者失眠的情况，对此张某某表示痛苦不已。

■ 三、需求分析

服务对象张某某于 2016 年 12 月 5 日通过电话向社工机构求助，直至 2017 年 2 月 10 日结案，共电话访谈 1 次，面谈 3 次。通过社会工作者对服务对象的了解，服务对象主要有以下需求：

第一，社会工作者了解服务对象张某某的错误认知，帮助其划分性骚扰的界限，澄清服务对象的问题。社会工作的介入必须以回应服务对象认定的需求为主要内容，强调要尊重服务对象，去除标签化，鼓励服务对象对其问题与需求的自主性。

第二，在服务对象自决的情况下，社会工作者帮助张某某确认直属领导黄某的性骚扰行为，收集相关信息，并到有关部门举报。

第三，社会工作者致力于增加服务对象的权能以增进其适应环境的能力，努力于改革压迫服务对象的环境或结构。帮助服务对象张某某完善社会支持网络，在其家庭和工作环境中找到支持体系。

四、理论基础

（一）理性情绪疗法

理性情绪疗法的创始人是美国心理学家阿尔伯特·埃利斯，他通过处理自己的问题以及对理论的研究，认为：人不是被事情本身所困扰，而是被其对事情的看法所困扰。[①] 理性情绪疗法阐明了人们情绪和行为机能障碍的产生及治疗原理。在埃利斯的理性情绪治疗 ABC 理论模型中，A 是指激活事件或起因事件，包括现实世界的事件、人类生活事件以及人们的思想活动；B 是指信念或思维、思想、认知；C 是指情绪和行为结果。ABC 理论模型认为激活事件或起因事件（A）只是情绪和行为结果（C）的间接原因，个体对事件的认知和评价而产生的信念（B）才是直接的原因，所以，人的信念与思维倾向是引发不良情绪后果的主要原因。

在本案例中，社会工作者需要了解服务对象张某某的错误认知，重点转变张某某非理性的思维方式以及认知习惯，即直属领导的行为已经侵犯了服务对象张某某的个人权利。社会工作者发现在张某某认为："性"这个话题是比较私密的、不能见光的话题，见光就是丢人，而女性被性骚扰，会被大家理解成"苍蝇不叮无缝的蛋"，甚至被"栽赃陷害"。一个本来是受伤的一方，在社会舆论之下却成为"由于自己的过错"导致了被性骚扰。社会工作者可以鼓励张某某建立更为理性的认知习惯和行为，帮助其划分性骚扰的界限，并澄清服务对象的问题。

（二）社会支持理论

社会支持理论是 20 世纪 70 年代在美国首先发展起来的。社会支持理论认为，应当重视在问题中的个人的社会网络以及获得支持的程度，协助个人发展或维持社会支持网络，以提升其应对生活压力事件的资源。[②] 社会支持是与弱势群体的存在相伴随的社会行为，一般是指来自个人之外的各种支持的总称。在这个理论当中，作者认为社会支持的客体是社会弱者，本案例中，女性从生理性别上看并不是弱者，这一点毋庸置疑。但是在漫长的封建社会中，女性从思想再到身体一直被牢牢地束缚着，导致女性从社会性别角度上看倾向于社会弱者。服务对象张某某由于受社会弱者身份影响，导致缺乏个人资源与社会资源支持，使个人的自我功能和应对能力削弱，个人的关系网络广度与网络中的人能够发挥支持功能的程度也变弱。社会工作者在社会支持理论的指导下，为服务对象张某某提供社会支持，包括正式的社会资源，如工会、共青团、妇联等机构的支

① 阿尔伯特·艾利斯、黛比·约菲·艾利斯著，郭建中、叶建国、郭本禹译：《理性情绪行为疗法》，重庆大学出版社 2016 年版，第 25 页。
② 王玉香：《青少年社会工作》，山东人民出版社 2012 年版，第 86 页。

持，以及非正式的社会资源包括来自家庭、亲友、邻里和非正式组织的支持。社会工作者需要对张某某进行社会网络干预，目的是强化个人的社会资源，以增强个人的社会整合度，协助其解决生活中的问题。

五、服务计划

社会工作者通过与服务对象进行面谈，充当支持者、倾听者、资源协调者等角色，帮助其协调社会综合资源，解决其主要问题，使个案的三个主要目标一个一个交叉完成。具体如表 2 - 7 所示。

表 2 - 7　　　　　　　职场女性脱离性骚扰个案目标、理论与效果评估

短期目标	介入理论	次数	效果评估
帮助其了解自己的错误认知，澄清问题，缓解焦虑情绪	使用理性情绪行为理论帮助其了解自己的认知，改变男强女弱的性别刻板印象	2 次	澄清性骚扰问题所在，使服务对象自责感减少，负向情绪得到有效控制，面对现实不逃避
帮助其获得同事、家人的支持，收集证据	利用增能理论，整合社会资源，充分利用可以帮助其的一切社会资源	1 次	建立社会支持网络，在情感、政策和信息方面予以支持，并向有关单位和部门举报
建立支持体系，举报黄某，维护妇女权益	运用社会支持网络理论，使其扩大社会支持系统	1 次	通过法律等正当程序，帮助服务对象维护女性权益

六、服务实施及个案发展

（一）第一次会谈

2016 年 12 月 5 日 16：00，服务对象通过电话主动向社会工作者求助，社会工作者了解到了服务对象的主要情况，能够体会到服务对象内心的恐惧、纠结和焦虑，并且表达了愿意去协助服务对象解决这些问题。社会工作者向服务对象介绍了机构的主要服务内容和自己的工作角色，在服务对象愿意接受机构的帮助的情况下约定了具体面谈的时间。社会工作者对服务对象的主要问题中不清楚的地方做好标记，以便在面谈时进一步了解情况。

（二）第二次会谈

2016 年 12 月 10 日 9：00，服务对象张某某如约来到机构，虽然她衣着鲜艳，妆容精致，但是仍然可以看到她眼睛发红，充满疲惫之感。社会工作者小李介绍了自己和自己的专长，简要说明本次会谈的目的和内容，以及双方的角色和义务，介绍了机构的功

能和服务、相关政策（如保密原则）和工作过程等。社会工作者小李通过简短的聊天仍然能感到服务对象张某某忧心忡忡的样子。所以，小李继续询问了服务对象对机构和社工协助的期望，以及是否有需要紧急处理的事情，以便提供协助。

社会工作者："上次电话访谈我主要了解到你的大致情况，那么现在你最需要的是什么呢？"

服务对象："我也不知道，我就是每天很担心和害怕，不知道如何跟黄某相处，也不知道如何去跟其他同事相处，以前跟我相处比较好的那几个同事现在也冷嘲热讽的，而我又什么也不能解释，感觉自己挺没用的。"

社会工作者："那你为什么不能跟同事解释呢？"

服务对象："你想啊，我努力了很久，好不容易得到了领导的认可，我跟同事说了，不就等于让上级领导知道了嘛，得罪了领导我还怎么工作，再说这事情也怪我，要不是我经验不足，怎么能让黄某占了便宜。"

通过服务对象的描述，社会工作者小李发现张某某表面上亟待解决的问题是在单位中的人际关系问题和情绪上的困扰，而实际服务对象过低的自我评价和对互动中不平等权力关系的惧怕才是深层次的问题所在。再加上张某某将性骚扰事件的原因归结到自己身上，说明背后有错误认知影响其情绪和行为。所以社会工作者小李打算用理性情绪行为治疗理论，首先向服务对象说明其问题是因为非理性观念所致。其次向服务对象证明其情绪困扰一直存在的原因是有不合逻辑的思考所致，并找出不合理想法。再次以驳斥挑战的方式使服务对象修正或放弃非理性想法。最后鼓励并教导服务对象建立更合理的思维模式。

社会工作者："小张，通过你的描述，我发现你最亟待解决的问题是同事的人际关系问题以及担心、害怕的情绪是吗？"

服务对象："是的。"

社会工作者："那你有没有发现，在你刚才的描述中，你把问题的原因都归结在自己身上，贬抑自我的价值。例如你说到'我什么也不能解释，感觉自己挺没用的。'还说到'这事情也怪我，要不是我经验不足，怎么能让黄某占了便宜'。"

服务对象："有时候确实有一些，但是我觉得我必须要把工作做好，表现得很完美，没有任何的负面信息，这样才能得到同事和领导的认可，所以我不能解释，也不能告状。"

社会工作者："那你这样就会越来越痛苦，甚至越来越恐惧和焦虑，直接影响你的工作和生活，除非你想离开。"

服务对象："可我并不想离开，我喜欢这份工作，离职之后我也不知道如何跟家里人解释。"

服务对象张某某说到这里，眼睛里充满委屈的泪水。社会工作者小李赶紧递上纸巾和水缓解小张的情绪。通过这段对话，社工发现张某某有两个错误认知。第一，张某某认为必须要很完美，才能得到大家的认可；第二，张某某认为自己被性骚扰是件丢人的事情。所以，社会工作者小李继续使用理性情绪行为治疗理论，帮助服务对象张某某处理问题。

社会工作者："所以你还是希望继续留在这个单位安稳的工作，友好地与大家相处，是吗？"

服务对象："是的。"

社会工作者："如果是这样，那么就需要你首先主动地改变自己，然后我们一起面对问题，帮助你回归一个安稳和友好的工作环境，愿意吗？"

服务对象："好，我愿意。"

社会工作者："好，那么我们首先来看看你的观点，第一，你认为必须要很完美，才能得到大家的认可；第二，你认为自己被性骚扰是件丢人的事情，是不能与家人说明的，对吗？"

服务对象："嗯，对。"

社会工作者："我知道在没有这件事情之前，你一直很努力，并且和一些同事的关系也很不错，领导也很赏识你的工作，但是有没有小差错的时候呢？"

服务对象："当然有，我除了做好自己工作之外偶尔也会加班帮一些同事完成他们没有完成的工作，有一次因为很着急不小心删除了另一个同事的重要文件，我内心很着急也很愧疚，但是那个同事性格很好，还感谢我和她一起加班，她回家加班又做了一份，第二天还来安慰我。要不是因为同事群里的事件，我们两个应该可以成为不错的朋友呢。"

社会工作者："你看，之前同事和领导的认可并不是因为你的完美，你只是一个平凡的人，也会有错误，大家认可你是因为你热心和善良。你看我说的对吗？"

服务对象："嗯，其实现在想想，我和同事之间的关系可能也并没有那么坏，只是我每次一想到群里传播的那些我和那个色狼的绯闻，我就觉得很恶心，总觉得周围的同事都在嘲笑我，背后都在说我坏话。"

社会工作者："是啊，要是我遇到这样的事情，我的心情也会变得很糟糕。但是我一直想问你，为什么你认为被性骚扰是一件丢人的事情？"

服务对象："因为女性被性骚扰，会被大家理解成女的'风骚''穿着暴露''浪荡'等等，大家都会说'由于自己的过错'导致了被性骚扰，是因为自己先'勾引了别人'或者'穿成那样，不被骚扰才怪'等等。"

社会工作者小李发现在我国有很多人一直认为性这个话题是比较私密的，不能见光的话题，见光就是丢人，而女性被性骚扰，会被大家理解成"苍蝇不叮无缝的蛋"，甚至被"栽赃陷害"。一个本来是受伤的一方，在社会舆论之下却成为"由于自己的过错"导致了被性骚扰。所以，小李还需要帮助服务对象纠正对性骚扰的错误观点。

社会工作者："在我看来，你被性骚扰不是你的错，而是由于你的软弱和沉默。每一次女性遭受性骚扰之时，她们的'身份'很容易会变成被舆论攻击的'软肋'，仿佛只有身世'清白'、职业'体面'、德行'无亏'、动机'单纯'才有资格为自己维权。'法律面前，人人平等'的含义，是无论何种性别、身份、阶层、种族，其合法权益都平等地受到法律的保护。事实上，根据我国现行相关法律法规规定，妇女具有性自主决定权，只要违背妇女的意愿，有性骚扰或性侵犯的行为即为犯罪。"

服务对象："可是我不知道该怎么办？"

社会工作者小李根据服务对象自决的原则，跟张某某重新锚定了此次服务的目标，即帮助服务对象处理同事关系和情绪困扰，帮助其维护作为女性的权益和尊严。小李还帮服务对象张某某布置了家庭作业，希望她可以学习如何纠正自己的错误认知，在今后的其他问题上可以自己处理。虽然第二次面谈已经结束，可小李的工作并没有结束，她自己查阅了很多资料，咨询了相关法律援助律师，并且和机构的督导一起协商如何解决张某某被性骚扰的问题。

（三）第三次会谈

2016 年 12 月 31 日 10：00，服务对象张某某如约来到机构，经过简单的问询，小李发现尽管张某某对自己的错误认知已经有清晰的认识，也愿意积极维护自己的权益，可是仍然满脸愁容。因为经过一段时间的思考，张某某仍然不知道要如何应对上级的性骚扰和同事的关系问题。今天，社工小李把这段时间收集到的所有处理性骚扰的办法和建议全部写在会谈的题板上，利用增能理论，帮助张某某充分利用一切社会资源建立社会支持网络，在情感、政策和信息方面予以支持，并向有关单位和部门举报。

社会工作者："小张你好，我们今天要处理的问题就是帮你解决上级的性骚扰和同事的不良关系。你看如何？"

服务对象："好的。"

社会工作者："在上次面谈结束后，我咨询过律师和女性权益维护专家。经过一段时间的准备，我收集到了以下几条建议和办法，我们共同来探讨和分析它们的利弊，然后选择一个你认为比较合适的办法，你看怎么样？"

服务对象："嗯，好。"

经过社会工作者小李的收集和分析，服务对象之所以会遭受性骚扰是因为：第一，张某某对于直属领导黄某的性骚扰言行并没有明确地加以拒绝，因为惧怕直属领导在工作中刁难，她在遭受了几次性骚扰后选择了忍气吞声，以至于黄某变本加厉。第二，张某某在遭受性骚扰之后，由于内心恐惧，收到骚扰短信、电子邮件、纸条等都偷偷处理掉了，没有留下作为证据，导致维权时取证困难。社工小李建议：第一，服务对象张某某应该明确自己的态度，告知黄某这样做对其构成伤害。第二，如果黄某仍未终止性骚扰行为，服务对象应该收集之前黄某性骚扰服务对象的证据，例如微信、短信或者电子邮件作为直接证据，或者服务对象在遭遇性骚扰后，向其他同事的倾诉说明，作为间接证据。第三，如果确实这些记录已经删除，建议联系之前的离职的同事，尽可能联合起来找到证据，最好到公证机关做证据保全。第四，整理好证据之后，向单位有关部门投诉。第五，如果单位干涉无效，或者单位不积极应对，可以寻求法律的保护。社会工作者小李利用增能理论，首先协助服务对象确认自己是改变自己的媒介；其次，协助服务对象了解专业人员的知识和技巧是可以分享和运用的；再次，明确自己才是解决问题的主体；最后，利用社工技巧改变服务对象的无力感。

社会工作者："刚才我们一起探讨了对黄某性骚扰的处理办法，我相信你可以去解决这个问题，你是怎么想的？"

服务对象："谢谢你给我的方案和建议，但是我还是有点害怕，不敢去面对这个问题。"

社会工作者："我特别能理解你的心情，但其实你并不是一个人去面对这个问题，让我们一起看看你背后有什么力量在推动你。"

社会工作者小李利用社会支持网络理论，为张某某评估了她的社会支持网络。社工小李发现，张某某自从性骚扰事件发生以后，她与家人、男朋友、同事的关系变得紧张，在万般无奈之下求助了社工，把社工作为她唯一的支持动力。社会支持网络理论重视人对社会的适应性问题，强调人在社会环境中的感受，重视个人对周围环境中的资源的利用。将个人的发展与适应性问题的个人因素和环境因素结合起来，认为人与环境中的各种系统是相互作用的，个人通过对社会资源的广泛利用可以改善目前的生活状况。所以社工小李建议服务对象张某某在面对单位性骚扰事件之前，先告知家人和男朋友这段时间的真实情况，补充张某某缺失的家庭系统，在一定程度上缓和个人社会适应问题，为个人的成长和潜力的发挥提供一定支持，也在一定程度上为改善个人的生活状况提供资源（见图 2-1）。

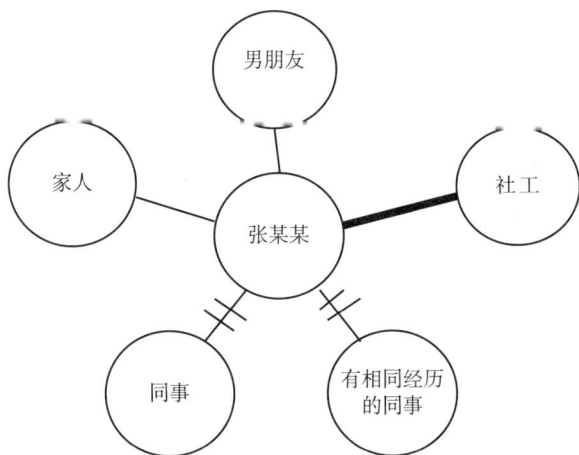

图 2-1 张某某的社会支持网络图

（四）第四次面谈

2017 年 2 月 10 日 9：00，这是服务对象最后一次来机构面谈，这次张某某面带喜悦、神采奕奕，并且还有男朋友陪同。这次面谈的主要目标是了解性骚扰事件的处理结果，完善张某某的社会支持体系，并且结案。

自从上次会谈结束后，服务对象张某某鼓足勇气首先跟家人和男朋友道出实情，家人和男朋友虽然很气愤，但是并没有做出冲动的行为，而是积极帮助小张处理问题，这给予服务对象极大的精神鼓舞。从 2016 年 12 月接案以来，服务对象的直属领导黄某虽然并没有在身体上对张某某有过性骚扰，可是偶尔还会以微信的形式骚扰张某某，甚至会发一些黄色图片，由于黄某发完之后就很快撤回，导致张某某没能拿到证据。在社会工作者小李的建议下，服务对象张某某联系到了黄某的司机和之前被黄某性骚扰的几个同事，尽管他们不愿意直接出面指正黄某，但是还是愿意以匿名的方式给予书面证词和微信截屏，这让张某某有足够的证据向单位有关部门举报。经过单位相关部门的调查与核实，黄某被处以道歉和降级的处分。最终黄某以提出辞职离开而告终，个案目标基本完成。

七、个案评估

(一) 对服务对象情况的评估

运用基线测量法和电话回访发现，在介入开始时对服务对象的状况进行测量，建立一个基线作为对介入行动效果进行测量的标准基线，以评估介入前后的变化，并以此判断介入目标达成程度。

通过介入前后对比可以看出，介入前服务对象张某某的情况如图 2 - 2 所示。

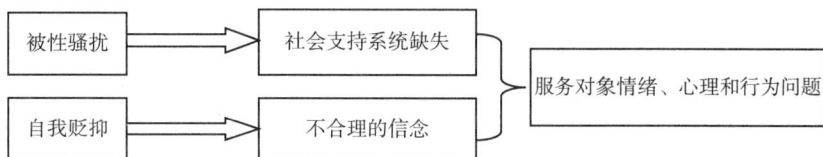

图 2 - 2　介入前张某某的情况

介入后服务对象张某某情况明显好转如图 2 - 3 所示。

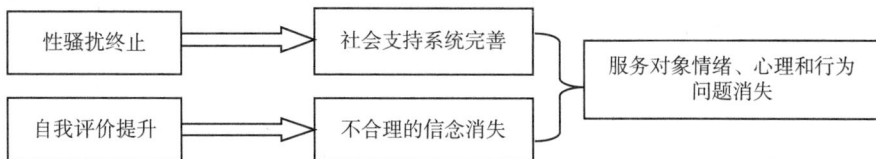

图 2 - 3　介入后张某某的情况

(二) 对服务过程的评估

在本案例中，社会工作者小李充当支持者、倾听者、资源协调者等角色，帮助其协调社会综合资源，解决服务对象的主要问题。社会工作者与服务对象张某某一共会谈4次，每次会谈的目标都很明确，所运用的理论和技术都很清晰，尽管案例介入阶段完成的目标和开始设定的目标稍有不同，但充分体现了对服务对象的尊重与自决原则。

八、个案反思

（一）个案理论使用的反思

在整个个案进行过程中，社会工作者一直把理论与实务相结合，特别是在增能理论使用的时候发现，当服务对象充满无力感时，需要聚焦于个人发展个人权力感和自我效能感的方式作为第一个阶段。第二个阶段是帮助服务对象建立人与人之间的合作，促成问题解决的经验，强调使个人可以有更多的影响他人能力的具体技术的发展。第三个阶段需要服务对象改变那些不利于实现自助的制度和规则，这也是个案发展的最高级阶段。增能取向的社会工作实践主要致力于协助经济不足或受到政治压迫的弱势族群，致力于增加服务对象的权能以增进其适应环境的能力，努力于改革压迫服务对象的环境或结构。增能并不是赋予服务对象权力，而是挖掘或激发服务对象的潜能。我们更提倡权力存在于服务对象之中，而不是服务对象之外。

社会支持网络作为一种方法和策略被重视并应用于中国的社会工作实务之中，社会支持理论认为个人问题的产生并非个人之过，而是社会大环境的问题，要解决问题，也必须针对其整个问题系统，利用各种资源帮助其解决，具体的策略和方法可利用"社会支持网络"。中国人因为受传统家族文化的影响，在需要帮助的时候，首先想到的是亲朋好友，而在本案例中，服务对象张某某在遭受性骚扰之后，没有选择跟家人沟通，反而首先选择社工作为其重要社会支持力量。可见，社会工作服务已成为社会重要的支持力量。针对服务对象存在的各种社会问题，社会支持理论指导社会工作人员提供社会工作服务，社会工作服务是一种正式的社会支持网络。在工作过程中可以发挥两个作用：一方面，是以其掌握的社会资源为服务对象提供直接的帮助，以满足受助者当前比较紧迫的需求；另一方面，帮助服务对象补足和扩展其非正式的社会支持网络，帮助服务对象提高建立和利用社会支持网络的能力。非正式社会支持网络是一块很大的可供挖掘和利用的潜在资源，这一资源一旦被挖掘、利用，就能在人需要之时，提供快捷和有力的帮助。

（二）对女性权益的反思

所谓女性权益，是指女性在政治、经济、文化、社会、家庭等领域享有与男性同等的权利，女性的特殊利益应受到保障的原则，作为国家维护和保障基本人权的一个重要组成部分，越来越受到政府和社会的关注。针对性骚扰问题，2005年我国的《妇女权益保障法》第40条规定："禁止对妇女实施性骚扰。受害妇女有权向单位和有关机关投诉。"第 39 条规定："妇女的名誉权和人格尊严受法律保护，禁止用侮辱、诽谤、宣扬隐私等方式损害妇女的名誉和人格。"而这两条规定既未给出明确的性骚扰定义，也未明确责任主体。在我国这个"男强女弱"性别刻板印象严重的国度，对女性性骚扰多发而投诉举报少的原因主要有四方面：一是有部分当事人觉得没有严重到要报案；二是受到较为严重的性骚扰后，当事人会因为性污名化带来的羞耻感而不愿说出来；三是当事人对处理机制不信任，觉得举报也没有效果；四是因为法律缺失，通常会以性侵案为标准，要求提供更多证据，而当性骚扰者拥有权力关系时，取证就变得十分困难。所以，性骚扰案件单靠当事人个人力量和社会工作者的力量是不够的，需要社会舆论的极大关注和法律的不断完善。

第三节　社区协助特殊单亲妈妈救子案例

■ 一、背景资料

单亲母亲家庭是与双亲家庭相对而言的一种特殊家庭结构类型，是由于离婚、丧偶、未婚妈妈等形成的只有母亲和子女的家庭。近几年来，我国人口粗离婚率逐年上升促使单亲家庭数量不断增多，而国家卫生和计划生育委员会首次发布的《中国家庭发展报告 2014》显示，"2010 年我国单亲家庭数量为 2396 万户，其中 70% 左右为单亲母亲家庭"。单亲母亲的贫困问题、心理和情绪困扰问题凸显，再加上情感缺失，使得这一群体的生存遇到严重的阻碍。如果这个单亲妈妈的子女同时又是心智障碍儿童，那么这个家庭遇到的困境是常人难以想象的。

■ 二、案例分析

（一）基本资料

马丽（化名），47 岁，大专学历，曾是某私企会计，离异 13 年，独身一人带着一个女儿，名叫小华（化名）。小华患有中度心智障碍，发育迟缓，无法与人沟通，生活更是无法自理。从小华出生后被查出问题到十岁，母亲马丽一直带着孩子四处求医，而前夫在和马丽商量抛弃孩子无果后，选择与马丽离婚。离婚后小华的医疗费和康复训练费用耗费了马丽的所有积蓄，并欠下十万余元的外债。2016 年初，在万般无奈下，马丽将小华送到前夫那里寄养，谁知数月后，前夫竟然将自己的亲生女儿送到边远山村一名农户家，为同样有心智障碍的家庭传宗接代。马丽心如刀割，后悔把女儿交给前夫，同时希望借助社区居委会和社工的力量帮助她找到女儿。

（二）主要问题

1. 情绪方面

由于前夫无情地将女儿送走，服务对象马丽好几个月都找不到女儿，感到十分内疚、担心、愤怒和难过。由于前夫早已再婚，前公婆也不愿马丽出现，甚至会恶语相向。经过马丽三番五次找前夫问询，前夫不是故意回避就是说谎欺骗。马丽感觉十分无助，每天以泪洗面。无奈之下服务对象马丽报警，警察找到马丽前夫，前夫拒不承认遗弃了女儿，谎称送到远方亲戚家，但马丽始终没有见到女儿，万般无奈下，无助的单亲妈妈来到社区向社区工作者求助。

2. 经济方面

1996 年，27 岁的马丽与前夫通过相亲认识并结婚，马丽是一名私企的会计，而前夫是一名公务员，两人收入稳定，生活虽平淡但也还很幸福。2000 年女儿小华出生，全家人沉浸在喜悦当中。但是好景不长，小华出生两年后，家人发现她仍然不会走路，并出现严重的语言障碍，甚至在感知觉方面表现出迟钝和缓慢。经过好几家医院的权威测评，马丽被告知小华患有严重的智力障碍。而比这件事更痛心的是，前夫决定不要小华，因为这个"傻儿"让整个夫家颜面尽失。马丽不愿放弃孩子，于是与夫家产生许多争执，一气之下便与前夫离婚。离婚后马丽独自一人带着女儿小华生活，而前夫答应每月支付 500 元抚养费，直至小华成人。单亲妈妈马丽并没有放弃孩子，每天坚持带女儿做治疗和康复训练。因为白天要陪女儿，所以马丽辞去原先私企会计的工作，只能在晚上做一些兼职维持生计。社区在了解到单亲妈妈的特殊情况之后，为马丽和女儿小华申请了城市居民最低生活保障。而马丽的前夫在离婚后三年便又再婚，直到小华七岁时，前夫便不再支付小华的抚养费。后来，单亲妈妈马丽只能靠低保、兼职和外债维持生活，迫切需要增加经济收入。

3. 家庭支持系统方面

马丽 1969 年出生，父亲在马丽六岁时因工伤去世，马丽和哥哥由母亲一手抚养长大，由于过度操劳，母亲身体状况一直不好。前夫是家中的独生子，父母均为公务员，从小家庭经济条件优越。前夫和公婆因为家有"傻儿"，而觉得很没面子，并且公婆仍希望前夫能为本家延续香火，故毅然决然地与马丽离婚。马丽和前夫离婚后，除了开始四年每月 500 元的生活费以外，不再与前夫家有任何联系。马丽一人陪护照看女儿，不仅无暇顾及家中老母，母亲全权由哥哥和嫂子赡养，而且哥哥还时不时接济生活困难的马丽。2016 年底，随着小华越来越大，正常的康复训练已经越来越难，每到季节更替，青春期后的小华会变得特别敏感易怒，在生气的时候力气大到可以单手砸坏一台电视机，单亲妈妈马丽实在无法应对，再加上前夫已将近十年对女儿不闻不问，一气之下，马丽便把女儿送到前夫家，让前夫照看女儿。可是，接下来的几个月马丽都无法联系上女儿，她又急又气，不断与前夫家发生冲突。服务对象马丽的家庭支持系统见图 2-4（□表示男性〇表示女性；长辈在上，晚辈在下；同辈关系中，年长的在左，年幼的在右。1-马丽的母亲；2-马丽的父亲；3-马丽的婆婆；4-马丽的公公；5-马丽的哥哥；6-马丽；7－马丽的丈夫；8－马丽的女儿。⌇⌇⌇表示关系矛盾------表示关系疏离——表示关系密切▬▬表示关系特别紧密✕表示去世)。

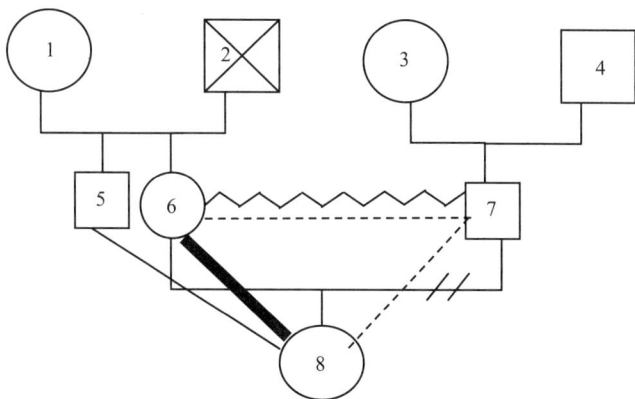

图 2－4 马丽原生家庭结构图

4. 社会支持系统方面

这里主要是指除家庭系统以外的支持系统，如同事、朋友、邻居、社区等方面。经过了解发现，服务对象马丽白天总是陪着女儿，并没有过多的时间可以与外人交流，平时虽然与邻居相处融洽，但是很少交流，在社区中只是偶尔带着女儿参加社区助残机构心智障碍家庭活动。服务对象马丽主要的工作是微商，在晚上的空闲时间通过微信平台挣钱。尽管收入微薄且不稳定，但是单亲妈妈马丽认为那是她每天最快乐的时光。虽然微信里的大多数朋友素未谋面，也不知道这位特殊的单亲妈妈的故事，可是马丽只有在这个平台上才有一个不被歧视的、没有压力的、属于自己的空间。所以，通过分析社工发现，单亲妈妈马丽在社会支持系统方面并没有可靠的支持体系。

三、需求分析

这位特殊的单亲妈妈无论是在家庭支持系统还是社会支持系统方面，都没有办法找到合适救助自己和女儿的办法，女儿已丢失好几个月，作为母亲每天以泪洗面，十分害怕自己的女儿遇到意外。在走投无路的情况下，马丽找到社区工作人员求助。经过分析，单亲妈妈马丽主要有以下几方面需求：

（1）帮助单亲妈妈马丽找到有中度智力障碍的女儿小华，调节极度紧张的情绪，重新回到身心平衡的状态。

（2）协助服务对象马丽解决自身经济困难，一方面，帮助服务对象马丽利用优势视角找到自身的优势和特长，另一方面，积极申请社区特殊救助服务，解决当前的经济困难，并且恢复社会交往。

（3）帮助单亲妈妈马丽找到一个合适的、可以全天照顾小华的社会服务机构，使马丽获得自己的空间处理家庭债务问题。

四、理论基础

（一）优势视角理论

优势视角理论来源于优势视角理念，早在 20 世纪初期就有了雏形，成为社会工作理论的基本理念。优势视角强调人类精神的内在智慧，强调即便是最可怜的、为社会所遗弃的人都具有内在转变能力。[①] 优势视角是一种关注人的内在力量和优势资源的视角。意味着应当把人及其环境中的优势和资源作为社会工作助人过程中所关注的焦点，而非关注其问题和病理。优势视角基于这样一种信念，即个人所具备的能力及其内部资源允许他们能够有效地应对生活中的挑战。它的核心理念是相信人们天生具有一种能力，即通过利用他们自身的自然资源来改变自身的能力。

在本案例中，社会工作者利用优势视角着重于挖掘服务对象马丽自身的优势资源，帮助服务对象认识其优势，从而达到解决案主外在或潜在的问题。从社会角度看，很多人认为心智障碍者是不正常的人，具有危险性，甚至会用有色眼镜去看待他们，长此以往这种标签会让心智障碍者的家庭更加无法融入社会。基于这个理论，社工需要帮助服务对象摆脱心智障碍带来的标签，不断发掘其自身优势。社会工作者利用优势视角发现：从个人方面看，马丽很擅长与人沟通，学习能力强，具备大专教育学历，有一定的经济能力和文化知识能够照顾好孩子。尽管马丽平时社会交往较少，但是马丽性格乐观，能够积极面对生活。从家庭方面看，马丽并不觉得有这样的女儿让她感觉很丢人，相反女儿的存在让作为母亲的马丽更加有生活的动力，并且马丽哥哥总能在马丽需要的时候给予帮助。从环境方面看，寻子事件已引起相关单位对这个家庭的关注，从市残联到市妇联再到区民政局都愿意为这个家庭提供帮助，马丽的社会支持网络不断扩大。

（二）危机介入理论

危机介入模式是社会工作常用的几大模式之一。所谓危机是指由于个人生活中的压力或突发事件使原有的满意状况有所改变，导致出现不平衡，或者失去稳定的一种状态。危机通常可以分为两类：一是成长危机，即每个人在成长过程中需要面对不同的任务而产生的危机；二是情境危机，即因生活情境的突然改变而引发的危机。[②] 社会工作者相信每个人在人生的不同时期都有可能发生危机，危机是正常的，而不是病态的，危机的出现是必然而随机的。

在本案例中，社会工作者所采取的危机介入是指对危机状态下的服务对象马丽提供一种短期治疗或者调试的过程。因为马丽女儿的突然失踪，马丽的情感遭受重大打击，社会

---

① 徐琼、郁文欣：《老年社会工作理论与实践》，东北大学出版社 2015 年版，第 161 页。

② 方青、董根明、汪志国：《社会工作概论》，合肥工业大学出版社 2006 年版，第 128 页。

工作者在整个个案中先罗列马丽的问题包括情绪困扰、经济问题、家庭支持缺失以及社会支持缺失，然后寻找出亟待解决的问题是帮助马丽寻找女儿，对服务对象女儿受到威胁的可能性和危险程度进行评估，并处理马丽的内疚、担心、愤怒和难过等情绪困扰，目的在于帮助服务对象走出情感危机，采取处理危机的行动，恢复特殊单亲家庭的社会功能。

（三）人本治疗模式

人本治疗模式来源于人本主义心理学，是人本主义心理学在治疗领域的运用和发展。人本治疗模式强调，人的本质是好的，人具有能力发展自己，并能够和谐地与别人合作逐渐变得成熟。人本治疗模式反对依靠外在的一些标准衡量、评估求助者，认为这样做只会把社会工作者自己的观察标准强加给服务对象，从而忽视服务对象独特的主观现象世界。[①] 在本案例中，社会工作者利用人本主义的理念，实质就是让服务对象领悟自己的本性，不再倚重外来的价值观念评判自己与自己的家庭。社会工作者需要让服务对象重新信赖、依靠机体估价过程来处理经验，消除外界环境通过内化而强加给自己的价值观，让人可以自由表达自己的思想和感情，增加服务对象以及其家庭的自信心。

五、服务计划

本个案工作介入的模式是危机介入理论和优势视角理论。根据服务对象的基本情况，社会工作者发现单亲妈妈马丽因生活情境的突然改变而引发了情境危机。考虑到服务对象马丽目前主要的需求是找到有中度智力障碍的女儿小华，调节极度紧张的情绪，重新回到身心平衡的状态。社会工作者运用危机介入理论，首先，迅速了解服务对象的主要问题。社会工作者需要将自己的注意力集中在服务对象最近的生活状况上，采用开放式的提问方式帮助服务对象整理自己的想法和感受。其次，迅速做出危险性判断。社会工作者需要对服务对象女儿受到威胁的可能性和危险程度进行评估，以便给予及时的介入和治疗。再次，有效稳定服务对象的情绪，与服务对象建立信任的合作关系。最后，积极协助服务对象解决当前问题。协助服务对象分析危机产生的原因，并制定以解决当前问题为主要目标的介入计划。社会工作者在帮助服务对象马丽解决寻子问题的同时，建立服务对象的社会支持网络，挖掘服务对象可利用的资源，运用优势视角充分发挥单亲妈妈马丽的潜能，协助服务对象解决自身经济困难，并且恢复社会交往，促使自身更好的发展。

六、服务实施及个案发展

（一）第一个阶段（2016 年 4 月 2 日~2016 年 6 月 28 日）

（1）2016 年 4 月 2 日上午马丽来到社区求助，希望社区社工能够帮助她寻找女儿

---

① 　于晶利：《社会工作概论》，山东人民出版社 2012 年版，第 14 页。

小华。社区的社会工作者了解到单亲妈妈马丽的基本情况后，立即启动危机介入模式，联系到前夫所辖派出所确认情况，派出所的警察也一直在积极介入和寻找马丽女儿的下落。可由于前夫一直说女儿被送到远房亲戚家，并且不愿意给联系方式和地址，警察也没有找到直接证据能证明前夫遗弃自己的女儿，所以案件一直由2月拖到了4月。社区社会工作者联系了本社区志愿服务的法律援助律师，律师向单亲妈妈马丽介绍了我国关于遗弃罪的相关条款。根据《中华人民共和国刑法》第261条规定，遗弃罪，是指对于年老、年幼、患病或者其他没有独立生活能力的人，负有抚养义务而拒绝抚养，情节恶劣的行为。但是根据我国法律的规定，遗弃行为必须达到情节恶劣的程度，才构成犯罪。也就是说，情节是否恶劣是区分遗弃罪与非罪的一个重要界限。根据司法实践经验，遗弃行为情节恶劣是指：由于遗弃而致被害人重伤、死亡的；被害人因被遗弃而生活无着，流离失所，被迫沿街乞讨的；因遗弃而使被害人走投无路被迫自杀的；行为人屡经教育，拒绝改正而使被害人的生活陷入危难境地的；遗弃手段十分恶劣的（如在遗弃中又有打骂、虐待行为的）等等。可是，到目前为止单亲妈妈马丽均未找到任何女儿被伤害的证据，所以律师建议社区与警方合作，一起帮助马丽找前夫问询。

（2）2016年4月5日社区社工就特殊单亲妈妈马丽的个案进行分析，决定首先用危机介入的方式，介入服务对象马丽寻子案例，并确定介入步骤。首先，及时处理。在不确定小华近况的情况下，尽可能减少对前夫的负面怀疑以及名誉的侵害，抓住有利的可改变的时机利用协商的办法问询到小华的下落。其次，限定目标。危机介入的首要目标是以危机的调适和治疗为中心，尽可能降低单亲妈妈马丽负面情绪的影响，减轻焦虑。再次，输入希望。调动服务对象的所有资源，帮助单亲妈妈马丽强化改变现状的愿望。最后，提供支持。社会工作者需要充分利用服务对象马丽自身拥有的资源，为服务对象提供必要的支持，培养服务对象马丽的自主能力。整个危机介入过程就是社会工作者帮助服务对象马丽增强自主能力面对和克服危机的过程。

（3）2016年4月15日，社区社会工作者找到前夫现任妻子刘某，经过社会工作者和法律援助律师的耐心劝导以及对遗弃罪的解释，刘某终于答应回家帮助马丽问询小华下落。次日，马丽前夫给社区社会工作者打来电话，告知小华被送到边远山村的一个农户家，并强调并没有遗弃女儿，只是帮助小华找到一个归宿。

（4）2016年4月28日，社会工作者帮助单亲妈妈马丽终于见到女儿小华，同时处理马丽的负面情绪。在一个破旧的房子里，农户家中没有过多的陈设，而女儿小华坐在炕上，脚腕上拴着一条粗粗的绳子。马丽希望能够带着小华离开，可是这家人并不愿意，他们希望小华能给同样有心智障碍的儿子当媳妇，帮助他们家传宗接代。对于小华脚上的绳子，他们给的解释是因为小华脾气大，怕她乱打人所以才拴起来的。单亲妈妈马丽看到如此情景，心如刀绞。最终，社会工作者与法律援助律师、当地派出所合力解救了智障女童小华，处理小华和单亲妈妈马丽的负面情绪。在2016年6月28日小华回到了单亲妈妈马丽身边。

（二）第二个阶段（2016 年 6 月 29 日～2016 年 8 月 20 日）

（1）社会工作者与法律援助律师共同协助单亲妈妈马丽追究前夫遗弃亲生女儿小华的责任，解决执行前夫拖欠的抚养费，以及解决马丽自身经济困难。该阶段介入的重点放在如何帮助服务对象马丽利用优势视角找到自身的优势和特长，解决当前的经济困难的问题上。通过咨询法律援助律师，马丽的前夫可能涉嫌遗弃子女罪。社会工作者充分尊重服务对象的自我决定的能力，与服务对象马丽共同商讨，让马丽自由选择和决定是否起诉前夫。社会工作者还通过社区的临时性救助帮助特殊单亲妈妈马丽在城市最低生活保障专项救助基础上获得更多经济支持。

（2）通过与马丽的深入访谈，社会工作者利用优势视角了解到：在个人方面，马丽很擅长与人沟通，学习能力强，具备大专教育学历，有一定的经济能力和文化知识能够照顾好孩子。尽管马丽平时社会交往较少，但是马丽一向性格乐观，积极面对生活。在环境方面，虽然单亲妈妈马丽的原生家庭中没有父母的支持，但是哥哥总能在马丽需要的时候给予帮助。寻子事件已引起相关单位对这个家庭的关注，从市残联到市妇联再到区民政局都愿意为这个家庭提供帮助。所以结合分析与实践，社会工作者联系到社区内的驻区企业单位，为马丽找到合适自己专业和兴趣的会计工作，让马丽依靠自己的力量去满足自己和女儿的基本生活需要。

（三）第三个阶段（2016 年 8 月 21 日～2016 年 10 月 11 日）

社会工作者与服务对象马丽进行深入沟通，了解马丽的个人需求，在市残联、妇联和区民政局的支持下，帮助单亲妈妈马丽找到一个合适的、可以全天照顾小华的社会服务机构，一方面让女儿小华获得更加专业的治疗和康复训练，另一方面使马丽获得自己的空间工作、生活并且处理家庭债务问题。

（四）第四个阶段（2016 年 10 月 12 日～2016 年 11 月 5 日）

社会工作者与服务对象马丽进入结案阶段。单亲妈妈寻子问题、情绪问题以及经济问题都基本得到解决，基本需求得到满足，原定目标已达到。社会工作者和服务对象同意结案。在巩固已有成效的基础上，社会工作者与服务对象马丽共同就前夫遗弃女儿小华和拖欠抚养费等事宜进行持续跟踪和回访。社会工作者适时地提供一些合理性建议，增强了单亲妈妈马丽对未来的信心。结案后，社会工作者不定期对服务对象马丽进行家访和电话回访，得知服务对象恢复了正常生活，有了自己的生活空间和社会支持系统，女儿小华也在慢慢学习和适应自己的新生活。

七、个案评估

（一）对服务对象情况的评估

服务对象马丽并不是第一次接受社区社会工作者的帮助，所以对社工较熟悉，其对社区社会工作者的信任度也较高。在实施每一步方案时，服务对象都给予积极地配合，逐步将制定的计划予以完成。社会工作者帮助服务对象马丽成功找到并解救了女儿，摆脱了负向情绪的困扰，女儿获得新的教育和发展的空间，经过一段时间的过渡期后马丽重新就业，恢复了正常的社会功能。尽管对前夫涉嫌遗弃子女罪和拖欠抚养费的诉讼还在进行中，但是马丽的基本经济问题已经得到解决，不仅获得社区的临时性救助，还找到了适合自己的工作，肯定了自己的价值。开始有了生活目标，服务对象对个案的辅导感到非常满意，个案开展较为顺利。

（二）对服务过程和效果的评估

在服务的半年时间里，社会工作者秉持接纳、尊重和同理的价值观，坚持"助人自助"的理念，利用人本治疗模式、优势视角理论和危机介入模式等专业技巧为服务对象开展服务。社会工作者对人充满信心，相信人的自我实现能力，坚信人的潜能无限。在整个服务过程中，单亲妈妈马丽遭遇到各种各样的问题，主要是因为单亲妈妈马丽后天环境的局限，人的潜能被外在因素限制住了。社会工作在服务过程中并不是一个重要因素，服务对象本身才是真正重要的因素，因此在人本治疗模式的引导下，社会工作者坚持为服务对象提供一种良好的专业氛围、以人为中心，不断引导服务对象的自我实现。在具体的服务过程中，社会工作者注重良好态度的表达，注重良好工作氛围的营造，注重平等关系的构建，表现出了明显的非技术化色彩，更多强调工作者本人无形的自我、态度、信念等的重要性，更多强调工作者对服务对象无条件的接纳、同感和尊重，更多强调服务对象本人自我的开放、自我的呈现以及自我的接纳。

八、个案反思

（一）对社会工作者特质的反思

在整个服务过程中，服务对象是真正的主体，而社工则处于被动者地位，社工的责任是协助服务对象发挥潜能、实现自我。整个服务过程更多体现出来的不是刚性的指导，而是柔性的关系重构。实际上，这种隐含的、内潜的社工地位对社工本人的专业特质要求很高，需要具备三种优秀品质：

1. 真诚

这被认为是在人本治疗模式基础上最重要的专业品质，因为种种原因，前来求助的当事人也就是服务对象往往会自我封闭，以便保护自我，逃避恐惧。这就要求工作者本人应该具有良好的自我概念，真诚地开放自我，主动地接纳服务对象，这是心灵之间的对话，外在的技巧无足轻重，更重要的是，社会工作者本人良好的自我会对服务对象产生无形的但却是巨大的影响。

2. 无条件的关怀

服务对象在遇到问题的时候，往往害怕失去他人的关爱和尊敬，因此出现了自我防御机制。相应地，社会工作者对于服务对象真诚的关怀、全心地热爱才会帮助服务对象卸下面具，打开心灵，展现自我。

3. 同感

同感也被称为同理心，指的是工作者对服务对象能够设身处地地予以理解和体察。对于服务对象来说，获得理解也是一种非常重要的支持，同感不仅可以帮助社会工作者理解服务对象，而且，同感还可以进一步帮助社会工作者与服务对象建立认同感，从而给服务对象带来最大限度的专业支持。

（二）对专业关系的反思

与传统的社会工作治疗模式比较起来，人本治疗模式并不太注重技术性的治疗方法，而是非常关心无形的专业关系的营造。良好的专业治疗关系本身就具有治疗效果，可以促进服务对象个人的改变，帮助服务对象个人成长。这种良好的专业治疗关系的建立需要达到下面五个基本要求：

（1）社会工作者和服务对象要有心理上的接触与沟通。这是社会工作者与服务对象建立良好治疗关系的重要前提，也是打破服务对象自我防御机制，推动服务对象自我成长的基本要求之一。

（2）社会工作者要有良好的自我概念。服务对象往往在自我概念上容易出现各种各样的问题，社会工作者自身良好的自我是对服务对象最直接、最生动的支持和帮助。

（3）社会工作者要真诚。对于社会工作者来说，真诚是最重要的，真诚既有助于消除服务对象各种消极的情绪困扰，同时，真诚也有助于创造良好的治疗氛围，有助于服务对象的自我觉醒与自我发展。

（4）社会工作者对服务对象无条件的关怀。关怀尤其是社工对于服务对象无条件的关怀可以更好地为服务对象创造良好的服务关系，这里无条件的关怀指的是工作者对于服务对象本人的关怀是不应该附加任何条件的，它就是关怀本身，因为你，所以，我关怀；绝不是我关怀你，只要你……此外，无条件的关怀并不意味着无原则地迁就服务对象。

（5）社会工作者的尊重和同感表达。推动服务对象自我变化的深层动因是社会工作者的认同感，而对于服务对象的心理沟通、真诚、关怀、理解、同感等行为的背后始终贯穿的就是对于服务对象本人的尊重态度。只有让服务对象感受到尊重，给服务对象以平等，才能体现出以服务对象为中心。

（三）对于案例目标设定的反思

在本案例中，社会工作者对服务对象马丽进行危机介入时，初期计划的目标主要是：首先，帮助单亲妈妈马丽找到有中度智力障碍的女儿小华，调节极度紧张的情绪，重新回到身心平衡的状态。其次，协助服务对象马丽解决自身经济困难，一方面，帮助服务对象马丽利用优势视角找到自身的优势和特长，另一方面，积极申请社区特殊救助服务，解决当前的经济困难，并且恢复社会交往。最后，帮助单亲妈妈马丽找到一个合适的、可以全天照顾小华的社会服务机构，使马丽获得自己的空间处理家庭债务问题。可是在案例实施过程中发现，单亲妈妈马丽的问题远比预想的要多，所以后期根据马丽自身的情况又随时调整了服务的目标，把对前夫涉嫌遗弃子女的问题和未尽抚养义务的问题增加进来，帮助马丽建立连接法院、律师、政府部门等更多的社会支持体系。通过案例我们可以发现，尽管在建立关系的同时社会工作者和服务对象要沟通、商讨并确定服务目标，可是这个服务目标并不是一成不变的，需要在服务实施的过程中不断调整，才可以满足服务对象的需要。

第四节　社会工作者协助产后女性对抗抑郁个案

一、背景资料

产后抑郁在当今社会的发展过程中已经不是一个新名词。所谓产后抑郁，就是指由于性激素、社会角色及心理变化所带来的身体、情绪、心理等一系列变化。随着妊娠、分娩等一系列的躯体和心理变化，虽然大多数孕、产妇适应良好，但也有个别孕、产妇出现适应不良。[①] 有些产妇对母亲角色缺乏认同，初为人母的角色改变，使其面临自身康复和育婴两大问题，对自己的母亲角色产生冲突和适应不良，无法克服作母亲和工作的压力，尤其是文化程度高的人由于面临的社会压力和精神压力较大，考虑问题多，情绪较复杂，易发生抑郁情绪。如果产后抑郁情绪得不到疏导，极易演变成产后抑郁症。

所谓抑郁症就是指长时间的显著的心境低落。2015 年新华网发布抑郁症"肆虐"全球一文指出，如今抑郁症已成为全球第四大疾病，目前世界上大约有 3.4 亿人患有抑郁症，而且越是发达国家抑郁症人数的比例越高，并且呈现低龄化。目前抑郁症在我国的发病率大约为 4%，而在一、二线城市这一数字上升到了 10% ~15% 左右，已与发达国家统计结果相近。在患有抑郁症的各类人群中，女性产后抑郁更是普遍，50% ~90% 的女性会患不同程度的产后抑郁症，10% 会发展为严重的持续时间长的产后抑郁症，0.1% 会患上产后精神错乱。轻微症状如果不影响社会功能并且由于哺乳等因素可以不服药，症状严重并伴有轻生想法的患者应及时送医院就诊，治疗需采取服药合并心理治疗。[②] 而从就诊情况来看，女性产后抑郁的患者并不是很多，原因是很大一部分患者情绪上虽然已经有了明显的抑郁倾向，但她还没有意识到自己的问题。

---

① 朱莉·霍兰：《情绪女人：生理本能中潜藏的心理秘密》，中国友谊出版公司 2015 年版，第 74 页。

② 许凤全：《中医特色疗法抑郁症》，人民军医出版社 2015 年版，第 2 页。

二、案例分析

（一）基本资料

服务对象贾女士，来自内蒙古，年龄 32 岁。2016 年，在亲朋好友的祝福中，和丈夫喜结连理。贾女士的丈夫做点小生意，家庭收入虽然不多，但贾女士文采较好，经常给出版社投稿，自己略有积蓄。2016 年底贾女士怀孕，全家都沉浸在欢乐的氛围里。贾女士希望为孩子多储蓄些积蓄，自己做主将家里积蓄全部用来投资，可是没想到因为担保公司经营问题，贾女士投出去的钱成为空头支票，资产无法兑现。因为是自己的投资失败所致，贾女士不敢告诉家里人，焦虑的情绪与日俱增，身心疲惫。2017 年初贾女士生下一个儿子，但产后一直情绪低落，时常发火。对于妻子生产前后的变化，丈夫及亲属虽然看在眼里，但都觉得这是生产后的正常现象。贾女士经朋友介绍求助到所在社区服务站，负责人了解情况后，将服务对象转介到辖区社会工作机构，社工就此接案。

（二）主要问题

1. 情绪的改变

服务对象贾女士最突出的症状是持久的情绪低落，表现为表情阴郁，无精打采、困倦、易流泪和哭泣。贾女士常用"郁郁寡欢""凄凉""沉闷""空虚""孤独""与他人好像隔了一堵墙"之类的词来描述自己的心情。服务对象经常感到心情压抑、郁闷，常因小事大发脾气。在很长一段时期内，多数时间情绪是低落的，即使其间有过几天或 1～2 周的情绪好转，但很快又陷入抑郁，情绪反反复复，有时几句幽默解嘲的警句，能使之破涕为笑，但有时一句无关紧要的话就会让她伤心落泪。服务对象本人也能够觉察到自己情绪上的不正常，但往往将之归咎于他人或环境。

贾女士常常觉得不能应付生活，经常因为害怕不懂照顾婴儿而感到焦虑，同时又担心婴儿的健康。服务对象贾女士还会对别人的儿女或自己的婴儿感到暴躁，而发泄对象通常是自己的丈夫。长久以来，贾女士会因为自己患病以及投资失败而增加家庭压力感到内疚，也会因用负面角度观看事物而自责。

2. 认知的改变

服务对象对日常活动缺乏兴趣，对于和孩子的互动或令人愉快的事情体验不到愉快，常常自卑、自责和内疚。常感到脑子反应迟钝，思考问题困难。遇事总向坏处想，对生活失去信心，自认为前途暗淡，毫无希望，感到生活没有意义，人生乏味，声称想死。

3. 意志与行为改变

贾女士意志活动减低，很难专心致志地工作或者写作，尽管贾女士产后孩子一直有母亲帮忙照顾，但还是很少脚踏实地去工作，甚至每当想参与社交的时候，还会因为缺乏社交的勇气和信心而退缩。贾女士产后处处表现被动和过分依赖，心理上的症结在于不愿负责任。

4. 生理症状

贾女士产后经常因为起夜给孩子喂奶而失眠或睡眠不佳，因此白天昏昏欲睡。头痛、身痛、头昏，开始以为是"月子病"导致，曾经为此向医生求助，但诊断后经过调理无明显加重或缓解。

三、需求分析

服务对象贾女士产子后抑郁和压抑的情绪已经影响到自己的正常生活，在与朋友交流后，朋友建议贾女士去找专业机构咨询，于是求助到所在社区服务站，负责人在了解情况后，将服务对象转介到辖区社会工作机构。经过社工与贾女士的深入访谈，社工与贾女士共同确认了服务对象贾女士的需求：

第一，疏导服务对象情绪，给服务对象提供一个情感宣泄的平台，促进交流，鼓励服务对象充分表达自己的思想和情感，提供支持和适当建议，使服务对象的生活回归到正常轨道。

第二，协助服务对象分析家庭里的正面和优势因素，寻找家庭的优势所在，从而增强家庭的修复功能，让家庭关系得以改善。与服务对象的丈夫建立联系，帮助服务对象缓解家庭矛盾，重塑对家庭的信心，获得情感支持，正面积极面对生活。

第三，对服务对象进行情感疏导，帮助其摆脱自杀念头，重新面对生活，让服务对象把焦点放在社会支持网络及写作上，发挥服务对象的社会功能及特长，重建自信心。整个过程中注重挖掘服务对象的潜能，发挥服务对象的功能，增强服务对象自我解决问题的能力。

四、理论基础

（一）萨提亚家庭治疗模式

萨提亚家庭治疗模式是一种注重家庭系统的体验式治疗模式，不仅关注每一个单独的家庭成员，也注重整个家庭系统，通过一些独特的治疗方法和技术，使两者从一种功能不良和紊乱的状态蜕变为一种功能健全、良性运转、令人满意的内部关系的状态。[①]在本案例中，社会工作者利用萨提亚家庭治疗模式，探索服务对象家庭的内部资源，并告知服务对象拥有改变的可能。社会工作者协助服务对象以及其家庭分析家庭里的正面和优势因素，寻找家庭的优势所在，从而增强家庭的修复功能，让家庭关系得以改善。

---

① 维吉尼亚·萨提亚等著，聂晶译：《萨提亚家庭治疗模式》，世界图书出版公司北京公司2007年版，第15页。

在案例中，社会工作者让服务对象贾女士感知了复杂的原生家庭关系，理解家庭中每个成员都会以父母为标榜，并会持续巩固和强化从父母那获得的经验与感受。社会工作者让贾女士认识到：首先，其丈夫因为童年缺失父亲，导致与母亲在情感上过度粘连，即使是自己结婚后仍没有改变，也不管贾女士是否愿意。其次，婆婆由于自己的老伴去世得早，便把本应投向老伴的感情投向儿子，家庭关系铁三角发生变化。因此无论儿媳贾女士婚后做得多么优秀，婆婆仍然无法把自己的感情从儿子身上移开，甚至产生"嫉妒"之情。这导致婆婆与儿媳之间长期产生"争夺丈夫"的拉锯战。再次，由于丈夫原生家庭的原因，致使贾女士与其丈夫的再生家庭关系受到影响。因此，社会工作者与服务对象贾女士的工作重点放在以下两个方面：第一，更新贾女士丈夫的体验，并将贾女士丈夫从童年习得的、受限制或是功能不良的应对模式当中解放出来。第二，社会工作者帮助服务对象与其丈夫建立情感连接，学会理解夫妻双方的固有沟通模式，正确表达自己的感受与期待，帮助服务对象缓解家庭矛盾，重塑对家庭的信心并获得夫妻双方的情感支持。

（二）冰山理论

萨提亚的"冰山模型"理论是指一个人的"自我"就像一座冰山一样，我们能看到的只是表面很少的一部分——行为或者事件，而更大一部分的内在藏在更深层次，不为人所见，恰如深海中的冰体。[①] 冰山理论是个隐喻，一般来说，我们都看见的只是冰山一角，那就是外在行为与事件，冰山一般由七个领域构成：第一个是行为，它表现为行动或事件；第二个是应对方式，它表现为个人在应对危机情况下的固有方式；第三个是感受，它表现为喜悦、兴奋、恐惧、悲伤等情绪体验；第四个是观点，它表现为信念、假设、主观现实；第五个是期待，它表现为对自己、对别人，来自他人的期待；第六个是渴望，它表现为人类所共有的、深层次的、不具可批判性的愿望；第七个是生命力，它表现为自己经过一个事件的内在能量的变化。

本案例中，社会工作者协助服务对象叙述背景事件，其实就侧面说明了服务对象外在的行为，也就是冰山露出水面的部分。这一部分比较容易显现，但基于这个理论，社工并不鼓励对此进行过多描述，而是专注于服务对象的内在体验并进行更深入的探索。这些内在体验就是冰山剩余的六个部分，如何挖掘这些深层的信息并通过它们更多地了解服务对象的内在体验是萨提亚所推崇的。萨提亚家庭治疗模式最大特点是注重提升个人的自尊，改善沟通及帮助人生活得更"人性化"，解开冰山的秘密。在这个案例中的家庭沟通的形式其实反映了家庭成员各自的自尊程度，沟通不良很大程度上并不是因为沟通技能的不足，而是因为家庭成员自尊程度的偏低，社工在这个案例中会让服务对象家庭成员看到每个人生命中的渴望、期待、观点和感受，看到真正的"我"。目的就在于帮助服务对象建立良好的自我评价，开展表里一致的家庭沟通。

---

① 维吉尼亚·萨提亚等著，聂晶译：《萨提亚家庭治疗模式》，世界图书出版公司北京公司 2007 年版，第 136～158 页。

（三）家庭沟通理论

萨提亚非常强调家庭的沟通，她认为，家庭沟通的形式其实反映了家庭成员各自的自尊程度，沟通的不良很大程度上并不是因为沟通技能的不足，而是因为家庭成员自尊程度的偏低，由此导致沟通过程中心偏离，也就是内心所想和行为所示的背离。自尊偏低的人正是因为想掩盖自我的不良形象，所以，就故意表现出相反的举动。很明显，沟通是一个多方传递的过程，涉及自我、他人以及情境三方面因素，良好的沟通应该是这三个方面之间的合理顺畅沟通，沟通中常常出现的错误有四种：讨好型、责备型、超理智型以及打岔型。社工的任务就在于帮助服务对象建立良好的自我评价，开展表里一致的家庭沟通。

五、服务计划

本案例主要采取萨提亚家庭治疗模式、冰山理论和家庭沟通理论。根据服务对象的基本情况，帮助服务对象描绘出个人的内在冰山，觉察自我的感受、期待、观点、渴望和自我能量，在家庭系统内相信无论个人碰到怎样的困难，个人和家庭都具有改变并且获得资源以达到健康状态的潜力。前期给服务对象提供一个情感宣泄的平台，促进交流，鼓励服务对象充分表达自己的思想和情感，提供支持和适当建议。中期待服务对象情绪平复后，协助服务对象分析家庭里的正面和优势因素，寻找家庭的优势所在，从而增强家庭的修复功能，让家庭关系得以改善。后期则让服务对象把焦点放在社会支持网络及写作上，发挥服务对象的社会功能及特长，重建自信心。整个过程中注重挖掘服务对象的潜能，发挥服务对象的功能，增强服务对象自我解决问题的能力。

六、服务实施及个案发展

从萨提亚家庭治疗模式内容及原则出发，社工通过以下步骤来协助服务对象走出困境，解除危机，最终增强服务对象自主能力。

（一）第一次会谈

2017 年初服务对象在社区介绍下来到社会工作个案室，虽然服务对象贾女士是主动求助社工帮助其处理问题，但是第一次与服务对象接触时，也需要社工与贾女士建立专业关系，取得服务对象的信任。贾女士第一面见到社工时，情绪表现出特别失落，说到自己的家庭，服务对象表现出消极和难过的情绪。社工这个时候并没有继续追问，递上纸巾，默默地陪伴在服务对象身边，并运用倾听、鼓励等技巧慢慢地让服务对象情绪稳定下来。整个过程，社工作为陪伴者的角色，给予服务对象鼓励和支持。在初期阶段，社工要理解服务对象的心情，真诚地接纳服务对象，取得服务对象的信任，进而引导服务对象主动述说自己的问题。

社会工作者："小贾，我这样称呼你可以吗？"

服务对象："可以。"

社会工作者："你觉得我们这样的距离你感觉舒服吗？需不需要调整？"

服务对象："不需要，谢谢"

社会工作者："那好，你来这里需要我帮你做什么呢？"

服务对象："我好长一段时间心情特别的糟糕，总会发脾气，有时还特别难过，我也不知道我到底怎么了，我心里难受却没人能理解。"（掩面哭泣）

……

社会工作者："我也曾经历过产后特别消极的阶段，特别能理解你感受到的失落和难过。"

服务对象："真的吗？你也有过这样的经历吗？"

社会工作者："是的，我当时特别无助，时常因为一点小事就发脾气甚至哭泣。"

服务对象："真的？那你是怎么走过来的呢？"

社会工作者："幸好我当时接受了专业的评估，把我自己的问题和家庭关系问题分析了一遍，这让我学会理解和接纳，慢慢的心情也舒缓了很多。你愿不愿也试试？"

服务对象："如果有效，我愿意试试。"

社工通过对服务对象贾女士陪伴与尊重，让服务对象愿意改变现在的状态，从认为"要获得安全感就需要维持当前的状态、面对变化的未来时会让人感到恐惧和焦虑"变为认为"安全感来自在变化和发展过程中所获得的信心，相信改变是持续、至关重要和不可避免的，因此欢迎和期待改变。相信不舒服或痛苦是需要改变的信号，是机遇也是挑战"。社工积极与服务对象沟通，通过萨提亚冰山理论分析贾女士的内在冰山。

社工在与贾女士沟通过程中发现，贾女士常用指责的方式对待自己的丈夫和婆婆，而遇到问题时婆婆和丈夫也会用同样的应对方式对待贾女士，又由于受到产后抑郁情绪和投资失败内心愧疚的影响，使得贾女士既悲伤、无助、内疚又感到愤怒，认为这一切都是自己丈夫导致的，自己也是没用的，也许有一天自己结束了生命就可以惩罚到丈夫和婆婆。期待自己可以摆脱负向情绪的困扰，能够和以前一样走出家门，融入社会，期待自己可以尽快投入工作，变得有价值。期待自己的丈夫可以理解自己，原谅自己投资失败的错误，在婆媳矛盾发生时能够站在自己这边，期待自己的孩子健康成长。社工在冰山期待部分特别让贾女士分析了丈夫和婆婆的期待，贾女士也承认丈夫和婆婆本质不坏，他们的期待也是希望自己快点好起来，孩子健康成长，通过社工的正向引导，贾女士看到自己其实很渴望被家人认可，被家人关注和爱。贾女士的内在生命力开始萌发，有了生活的动力。

（二）第二次会谈

社工在第二次会谈中主要目的是降低危机带给服务对象贾女士的焦虑感，保证服务对象安全。危机介入非常重要的一点就是要及时介入，确保服务对象的安全，社工要及时评估这种危险系数并采取相应措施。社工了解到导致贾女士产生自杀念头的主要原因是自己因为投资失败面对刚出生的儿子而产生的愧疚感，以及产后性激素、社会角色及心理变化所带来的身体、情绪、心理等一系列变化出现的适应不良。社工积极与服务对象沟通，通过萨提亚家庭治疗模式分析贾女士的家庭沟通模式。通过几次的电话及面对面交流，贾女士的丈夫慢慢能理解妻子的想法，夫妻关系得到一些缓解。通过几次沟通，社工让服务对象认识到每个人都是独特的生命体，自己是有价值的。

通过萨提亚家庭治疗模式的理论，社工让贾女士认识到个体症状的产生是个体与他人及环境相互作用的结果，尤其是原生态的家庭系统。社工让贾女士看到"问题本身不是问题，如何应对才是问题"，这句话要真正做到是不容易的，是需要一个自我成长的过程。当我们没有真正领悟这句话时，我们给予的帮助往往会变成对方无法接受的干扰。"问题"是无法选择的，"如何应对"是可以选择的。我们如何选择良好的应对方式，来化解问题呢？首先社工与服务对象贾女士共同感知了贾女士的家庭关系。

社工向贾女士分析了从我们来到这个世界的那一刻起，就成为某个最初的，或基本的三角关系的一部分：父亲、母亲和孩子（见图2-5）。

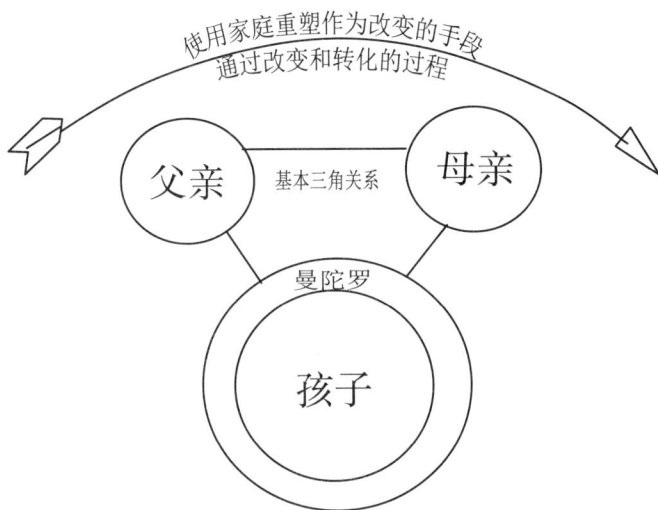

图2-5　贾女士的三角关系图

在众多由我们参与构成的体系当中，家庭既是最先接纳我们的，同时也可能是最具影响力的。而在这个基本三角关系当中，孩子既是改变的媒介，也是改变的体现者。在整个成长过程中，我们所学到的一切都来自我们自身之外，我们会以父母为标榜，并会持续巩固和强化从父母那获得的经验与感受，这会影响我们的基因特质，并建立我们的生理基础形成我们自己的独特性。当我们长大成人后会发现，过去的经历可能会持续影响到现在，而我们在自己家庭中学到的生存法则，并不总能在我们成年后进入其他人际关系中良好的运作。贾女士的丈夫小时候其父亲因为生病去世，临终遗言是希望其好好照顾自己的母亲，贾女士的丈夫从此尽心尽力地照顾母亲，即使是自己结婚后仍没有改变，但凡是母亲有事情，贾女士的丈夫就会义无反顾地去帮忙，不管贾女士是否愿意。与此同时，婆婆由于自己的老伴去世得早，便把本应投向老伴的感情投向儿子，家庭关系铁三角发生变化。因此无论儿媳贾女士婚后做得多么优秀，婆婆仍然无法把自己的感情从儿子身上移开，甚至产生"嫉妒"之情。这导致婆婆与儿媳之间长期产生"争夺丈夫"的拉锯战。由于丈夫原生家庭的原因，致使贾女士与其丈夫的再生家庭关系受到影响。因此，社工与服务对象贾女士的工作重点放在以下两个方面：更新贾女士丈夫的体验，并将贾女士丈夫从童年习得的、受限制或是功能不良的应对模式当中解放出来。

经过几次电话及面对面交流，贾女士的丈夫慢慢了解到自己的应对模式出现的问题，也体会到贾女士的不易，他从未站在妻子的角度考虑问题，于是带着深深的歉意，与贾女士诚挚的道歉。贾女士感受到自己丈夫的真诚，感动得泣不成声。社工在交谈的过程中随时观察服务对象的情绪，自从缓解了家庭主要矛盾，心理情绪得到缓解。从与服务对象的谈话中，评估到服务对象是一个坚强的女性，一直希望自己能被丈夫和婆婆认可，并且得到丈夫的爱。从这些信息出发，社工发现服务对象觉察到自己的渴望后不会出现自杀等危险行为。

（三）第三次面谈

从家庭沟通理论出发，社工帮助服务对象贾女士输入希望、提供支持并制定计划，帮助服务对象正确认识婚姻家庭关系，让贾女士和丈夫学会一致性的家庭沟通的模式。这是一种充分尊重自我、他人和情境，兼顾三者的有价值的沟通方式，以表里一致的方式进行反应是一种选择，它不是另一种规则，或是某种控制周围环境的方式。在意识水平上做出这种选择，需要我们充分的觉察、了解和接纳自我、他人以及情境，并为自己负责。在表里一致的三个层次中的第一个层次上，表里一致具体指的是承认并且接纳我们的内心体验（感觉、解释，以及随后对于这些感觉的感受），并且能够表达它们。第二层次的表里一致包括倾听我们的知觉和期望，并通过触摸我们深层的渴望，将这些期望和知觉转化为一种满足我们需求的可靠方式。在第三层次上，我们得以与自身的灵性精华，或者被萨提亚称为普遍生命力的力量达到和谐的状态。通过布置家庭作业的方式，让贾女士和其丈夫学会分享自我的真实感受，接纳他人、自我和情境，进行有价值的沟通。

（四）第四次面谈

从优势视角出发，社工发现服务对象贾女士有良好的写作才能，在写作中，贾女士能产生强烈的满足感和精神慰藉，缓解生活中的不良情绪。在第三次面谈中，社工引导服务对象认识到自身的优势，培养自信心，并协助服务对象做出现实的短期计划，即将变通的应对方式以可行性的时间表和行动步骤的形式列出来，并确保计划制订过程中服务对象的参与和自主性。社工和服务对象贾女士共同商定计划，涉及写作时间分配、家庭付出、定期向社工汇报自己的状态等。通过制定计划恢复服务对象的自主能力及克服危机的能力。

七、个案评估

本案例在社工和服务对象贾女士的共同努力下，达到了良好的效果，评估从三个方面进行：首先是对预期目标的成效评估；其次是服务对象满意度评估；最后是社工对此个案的自评。

（一）目标达成情况

经过社工与服务对象贾女士的多次沟通，服务对象能够正确认知家庭问题所在，察觉自我情绪的来源，使自我意识得到极大提升。社工经过多次与服务对象及其丈夫的沟通，缓解了家庭矛盾，解除了两人的误会，使服务对象积极面对家庭生活。社工帮助服务对象贾女士根据自身特长，重新投入写作当中，并且学会平衡写作与家庭的关系。整个服务过程中，社工对服务对象进行情感疏导，最终使其摆脱了自杀念头。

（二）服务对象评估

通过运用萨提亚家庭治疗模式，使服务对象心情得到释放，学会如何处理家庭矛盾，使家庭关系得到缓解。在个人成长方面，贾女士已经重新开始投入写作，积极面对新生活，能够认识到自己的价值。经过一个多月的危机介入辅导，服务对象的情况得到较大改善。其改善的方面表现在情绪、认知和行为方面。情绪：服务对象从过去的失落、悲伤、愤怒、焦虑的情绪转变成平静的情绪和自然的心态，可以进行正常的生活；认知：服务对象意识到自身及家庭问题所在，并能做出积极改变，主动改善夫妻关系。行为：服务对象主动与社工做出改变计划并看到了成效，且能重新投入写作中，积极生活。服务对象后期非常高兴地告诉社工，编辑部开始与她约稿，并且已经收到稿费。从以上三个方面评估，服务目标已经达到，正式结案。服务对象贾女士很感激社工为自己提供的服务。

（三）社工评估

社工在跟进过程中，一直保持积极、耐心的态度，给予服务对象足够的倾听和理解，让服务对象感受到关心和支持。服务过程中，面对服务对象的问题，社工能根据社工实务知识进行有效识别和解决。社工的努力获得了服务对象的认可，看到了服务对象的积极转变。

八、个案反思

（一）发挥服务对象主观能动性

社工在服务过程中，刚开始服务对象绝望、彷徨，到最后能和家庭成员有效沟通，并能重新投入写作，积极面对新生活，可以看出服务对象的改变是惊人的，这和服务对象的主观能动性是密不可分的。助人自助，社会工作者始终扮演着支持者和陪伴者的角色，发掘服务对象的潜能，协助服务对象从挫折和不幸中的逆境中解脱出来，最终达到的是一个增能的过程。

（二）建立健全社会支持系统

服务对象因为自身性格原因，家庭及社会支持系统并不完善，两者的相互作用，导致服务对象产生自杀念头。在社区工作中，可以通过举办讲座、访谈、小组等不同形式，使居民认识正确的家庭关系，建立健全社会支持系统，从源头上杜绝悲剧的发生。

（三）用积极方式对待产后抑郁问题

（1）本案例中经过评估可以看到，服务对象贾女士由于产后性激素、社会角色及心理变化所带来的身体、情绪、心理等一系列变化而出现的适应不良，并不是典型的产后抑郁症。如果遇到产后抑郁症必要时应当采纳药物治疗，如心理治疗无效和症状日趋加重须要药物治疗，帮助大脑对其生化结构进行重新调整。抗抑郁药物发挥作用一般需要 3～4 个星期的时间，这类药必须在体内蓄积达到一定的水平之后才能发挥作用。对此，社工应当转介给有资质的心理医生介入治疗。

（2）家庭的关爱对产后抑郁情绪的恢复有很大作用。产后忧郁的女性内心会有一种无助感，经常需要家人和社会的支持，特别是丈夫的体贴、理解十分必要。发现产后有抑郁问题的人要主动求助，多与亲人、朋友交谈，经常有户外活动。同时家人也要上心，及时开导并排解产妇的忧虑问题，能帮助其很快从抑郁状态中解脱出来。

（3）越想不愉快的事，心情就会越不好，心情越不好越容易钻牛角尖，心情就会越发低落，陷入情感恶性循环的怪圈中，所以要适当转移自己的注意力。将注意力转移到一些愉快的事情上，关照自己的喜好，不仅思维上移动，还可以身体力行参与力所能及的愉快活动。

（四）萨提亚家庭治疗模式的启示

萨提亚家庭治疗模式将家庭作为一个系统，通过使用各类技术方法对家庭成员之间的互动模式进行干预，从而提升成员的自我价值，帮助其挖掘潜在资源，有效地促进成长和应对个人问题。所以，利用萨提亚家庭治疗模式开展工作时应注意以下几点：

（1）对人的基本认识。萨提亚的人性观基本是乐观的。第一，她相信人性是善良的，人如果能够正常的发展，人性的善便会发挥出来。第二，人是由身体、心智、情绪、精神、感觉和互动等不同的部分组成。第三，每个人都有"生存、成长与亲近"的渴求，人的行为是满足这些欲望的表现。第四，人必须和家庭社会不断接触，从活动中逐渐建立自我观念和特定的行为模式。

（2）对困难的基本认识。人生不可避免会遇到很多问题，有人认为困难是造成人心理和行为病态的外在原因。萨提亚不同意这种观点。她认为，问题本身不是问题，如何处理才是问题。一个人如何处理他所面对的困难，是基于他对已发生的或正在发生的困难做什么样的解释。假如一个人过分执着于用以往的经验来解释当前的问题，就可能导致病态的处理方式。

（3）对家庭的基本认识。萨提亚将家庭视为一个影响力极大而且深远的重要系统。家庭成员之间的互动构成了家庭关系。家庭的功能在于满足成员生存的需要，让成员可以发展潜能，当家庭成员的需要存在差异时，家庭内就会出现矛盾和紧张。家庭处理成员间的矛盾和差异的方式有两种，一种是开放的，另一种是封闭的。这两种处理方式都是为了在家庭中维持平衡状态，但结果却不一样。开放式的处理方法对自我实现有帮助，封闭式的处理方式则会使人长期生活在焦虑和压抑之中。

（4）对工作者角色的认识。在萨提亚治疗模式中，工作者的作用至关重要。萨提亚不太强调工作者的技巧，而是注重工作者个人的品质对治疗效果所产生的影响。萨提亚工作者接受技巧训练的过程，同时也应是个人品质成长的过程，因此工作者在治疗中应充当以下几种角色：①解释者。让服务对象和他的家庭了解在他们中间存在的沟通问题。②示范者。通过表里一致的沟通形式向服务对象和他的家庭示范开放、诚实、直接的沟通方式。③引导者。引导服务对象和他的家庭成员学习改变、领悟新经验、达到彼此接纳和建立更好的关系。

第五节　社会工作介入青年女教师职业倦怠小组案例

一、背景资料

2018年1月20日，中共中央、国务院提出《关于全面深化新时代教师队伍建设改革的意见》（以下简称《意见》），对于高校青年女教师来说，意义重大。《意见》提出："到2035年，教师综合素质、专业化水平和创新能力大幅提升，培养造就数以百万计的骨干教师、数以十万计的卓越教师、数以万计的教育家型教师。教师管理体制机制科学高效，实现教师队伍治理体系和治理能力现代化。教师主动适应信息化、人工智能等新技术变革，积极有效开展教育教学。尊师重教蔚然成风，广大教师在岗位上有幸福感、事业上有成就感、社会上有荣誉感，教师成为让人羡慕的职业。"

作为高校主体的青年女教师，必须在发展过程中积极探索自身乐于接受的教育形式，采用丰富多彩的形式来正确引导青年女教师的心理健康。我国一般以年龄为标准确定青年教师，大都以35岁或40岁为界线划分青年教师。其中，教育部认定的青年教师是指年龄在40岁以下的教师群体。这些高校教师大多具有博士或硕士学位，对于自身职业发展具有较高要求。而大多数高校青年教师群体以女性居多，再加上女性独特的生理特征，在结婚、生子、家庭关系处理方面比男性要面对更大的压力，更使高校青年教师的职业倦怠感远远多于其他职业群体。所以，通过此次运用小组形式对青年女教师职业倦怠问题进行介入，期待作为高校主体的青年女教师能拥有健康的身心，更好地推动高等教育的发展。

二、需求分析

（一）高校青年女教师需要小组形式的学习

通过借鉴国内外青年女教师在教学能力、科研能力、职业规划三个关键方面的问题与压力，发现高校作为我国培养人才的重要场所，其教学质量决定了学校人才培养的质量。而青年女教师作为高校的主体人才，其教学能力、科研能力以及自身职业发展规划必将影响高校未来的发展状况。所以，小组形式的学习与研究可以帮助提高青年女教师的教学能力、科研能力以及职业规划能力，逐渐形成职前、入职、在职的一体化培养体系。这将是与我国高校青年教师发展状况相结合，建立高校青年教师自我的引力、助力和驱力体系的新路径。

（二）新时期高校青年女教师职业倦怠感较严重

我国青年女教师占高校青年教师的比例较高，在高校教育工作中承担着重要的责任，随着高校大量博士人才的引进，高校青年女教师的科研和教学压力已经越来越大。再加上青年女教师因为社会性别的影响而产生的繁重的家庭责任，更使得青年女教师容易产生严重的职业倦怠感。

（三）新时期高校青年女教师人际交往较少，需要社会支持系统

随着以互联网为主的新媒体技术的蓬勃发展，高校教育工作迎来了新的机遇和发展，特别是在高校党建与思想政治工作方面，微博、微信、微信公众号、订阅号等新媒体平台的建设和形态的构成，为高校青年女教师自身能力发展提供的立体的网络空间。随着碎片化、多元化的学习模式增多，高校青年女教师却越来越少拥有时间与同辈群体交流与互动。针对不同的青年教师需求群体，选择全国重点高校积极开展小组工作，在增进教师队伍人际交往的同时，解决高校青年女教师的个体需求。

三、理论基础

（一）社会学习理论

社会学习理论是建立在行为主义理论基础上的。行为主义关注的核心问题是人类行

为的学习过程，此处的行为不仅包括外显的可被观察的行为，也包括认知，情感反应方式等内在心理过程。社会学习理论强调人们通过观察和模仿他人的行为就可以获得改变，形成新的行为方式。① 在本案例中，社会工作者分析评估高校青年女教师的基本需求后，发现高校青年女教师的科研和教学压力已经越来越大，再加上青年女教师因为社会性别的影响而产生的繁重的家庭责任，更使得青年女教师容易产生严重的职业倦怠感。社会工作者利用社会学习理论，首先在高校青年女教师的小组中，让大家意识到人的行为、思想、情感反应方式和行为，不仅受直接经验的影响，同时也受间接经验的影响，即相同经历的群体行为与环境的影响。通过青年女教师在小组内部的观察和模仿学习，使该群体成员逐渐建立正确的认知并不断的自我调节，帮助青年女教师认识到职业倦怠并不是个人问题，而是相同经历的人都会产生的问题，通过组员们在活动中的交流和经验分享来自由地表达自己，也增强对他人的了解。其次，社会工作者帮助高校青年女教师认识到人是积极的、能动的，对环境中的刺激可以进行有选择的反应并且把所选择的刺激进行组织并转化。社会工作者利用社会学习理论强调人们通过观察和模仿他人的行为就可以获得改变，形成新的行为方式。在青年女教师的小组工作过程中，每个成员都是一个资源库，他们会在小组中真实地表现出各种适应性的和非适应性的行为，他们也会分享各自的想法、经验、感受。这样，小组就提供给每个组员一个丰富的行为汇总，组员可以结合自己的风格，在增进教师队伍人际交往的同时，解决高校青年女教师的个体需求，从如此丰富的表现和互动中寻找榜样，进行观察、模仿和学习，增加个人的适应性行为。

（二）小组动力理论

小组是一个直接或间接产生影响的动力性整体形式，主要包括小组的维持与发展、小组成员之间的关系、小组的领导等内容，在小组中个体间持续互动的过程就是小组"互动动力"。个体和他的环境构成心理场，小组与小组的环境构成了社会场，小组是一个不可分割的整体，组员在小组中通过相互依赖扶持，而提高内聚力。② 在本案例中，高校青年女教师小组是借助小组场工作的一种形式，形成一个物理学上所讲的场，当组员进入小组时就进入了一个由自身和不同力量组成的心理场中，个人行为会受到这些力量和变量组成的心理场的影响，进而形成社会支持力量。社会工作者利用这个理论，在小组中把有相同需要的青年女教师组织起来，通过小组互动，借助集体的智慧和力量，帮助青年女教师交流想法及感触，引导组员分享从业历程，给自己带来最大困惑的事件，分享家庭与工作压力，在同质性小组中寻找解决办法，帮助组员减轻职业倦怠感。

■ 四、服务模式

笔者针对高校青年女教师的特殊发展需要，建议开展发展性小组，在小组内运用鼓

---

① 刘梦：《小组工作》，高等教育出版社 2013 年版，第 56～57 页。
② 赵芳：《小组社会工作：理论与技术》，华东理工出版社 2015 年版，第 33 页。

励、认可、启发、挑战、表扬、幽默、同意等技巧，帮助组员宣泄个人的负面情绪、培养归属感、提高自尊、自我欣赏，促进组员的发展，从而减轻职业倦怠，建立自信。

五、工作计划

（一）本小组的目标可以分为中期目标和具体目标：

中期目标：在娱乐休闲的同时，达到培养青年女教师良好的情绪表达与疏泄。
具体目标：

（1）通过组员们在活动中的交流和经验分享来自由地表达自己，也增强其对他人的了解。

（2）把有相同需要的人组织起来，通过小组互动，借助集体的智慧和力量，来完成自身社会功能的改善。

（3）帮助青年女教师认识和分析在生活中的困难，解决存在的问题，增强对自我的认识，协助小组成员学会感知压力，并向小组成员介绍一些常用有效的减压方法，以便结束了此次小组活动，组员还能自我学会减压。

（二）活动计划

第一次活动主要目的是让组员了解社工工作手法，了解小组工作方法，进入小组活动状态并且通过绘画疗法，让组员认识自己及生活工作现状，引发思考，开启小组序幕，建立良好的小组氛围，第二、三次活动主要目的是帮助青年女教师交流想法及感触，引导组员分享从业历程，给自己带来最大困惑的一次事件，自己当时是如何处理的，给自己事后带来哪些困扰，分享家庭与工作压力，在同质性小组中寻找解决办法，帮助组员减轻职业倦怠感。第四次活动主要目的是共同探讨如何快乐工作幸福生活，平衡工作与生活之间的关系，帮助青年女教师发掘自身潜能，体会内在素养及外部环境因素的重要性，从而帮助其建立自信。

（三）具体活动计划

青年女教师职业倦怠小组具体活动计划如表2-8所示。

表2-8　　　　　　　青年女教师职业倦怠小组具体活动计划

日期时间	地点	目标	每节活动主题及主要内容	工作员的角色
5月10日	社工实训室	认识自我，熟知他人	我心中的画 ①小组目的确定 ②和组员一起确定小组规则 ③组员心理测试	引导者 分析者

日期时间	地点	目标	每节活动主题及主要内容	工作员的角色
5 月 17 日	社工实训室	相互学习减压的经验	①压力的影响 ②压力事件分享 ③理性情绪治疗理论	引导者 参与者
5 月 24 日	社工实训室	学习减压方法，及时为自己减压	①减压方法大比拼 ②组员给我的评价 ③我对自己的评价	教育者
5 月 31 日	社工实训室	发现长处，激发潜能	快乐工作，幸福生活 ①优点轰炸 ②谈谈幸福生活	教育者

六、服务实施

教师职业倦怠小组具体活动内容如表 2 - 9 ~ 表 2 - 12 所示。

表 2 - 9 第一次小组活动：我心中的画

活动时间	活动目的	活动内容/活动细节/注意事项	所需物资及数量
5 分钟	让组员及工作员之间互相认识	工作员及小组人员自我介绍	椅子 18 把
10 分钟	让组员清楚小组目的及内容。制定小组规范	①工作员介绍小组目的及内容 ②与组员一起订立小组规范	
10 分钟	让组员之间有初步认识	游戏：抢椅子 道具：椅子、任何可外放的音乐播放器，人数比椅子总数多一个 玩法：把椅子背对背放两排（如地方足够，可以朝外摆成圈），音乐响起游戏者排队绕椅子走，音乐停，大家就近坐到椅子上，没有座位者被淘汰；去掉一个椅子后继续，直到最后两个人中有一个抢到椅子者为胜	音乐，椅子若干
50 分钟	房树人测试	请你在这张纸上画一幅画，里面包括房子、树和人，数量不限，绘画过程中不要彼此交流，绘画完毕不可修改，社工告诉组员：房屋代表自身与外界的关系，人物代表自己，树木代表成长等，引导大家分享作画时自己的想法是什么，自己如何画出手中的作品	彩笔若干、A4纸若干
10 分钟	小节总结	认真听取组员的反馈，做记录以备接下来活动的参考。随时改进小组活动的内容，以符合组员的需求	

表 2-10　　　　　　　　　　　　　　第二次小组活动：压力的影响

活动时间	活动目的	活动内容/活动细节/注意事项	所需物资及数量
5 分钟	让组员知道本次活动的内容	工作员介绍本次活动的内容和流程，如新加入的组员并作自我介绍	
10 分钟	热身游戏融洽气氛	概要： 热身游戏：捉虫虫 ①组员站立围成一圈，每人向左右伸出手，左手握拳竖起拇指，右手拇指食指连成一个圆圈，套在右方组员的拇指上； ②主持人诵读一篇文章，当文章出现某一特定字眼（如"一"）时，右手要快速捉住右方组员的拇指，左手则要避免被人捉； ③捉得最多"虫虫"者获胜	
60 分钟	看看我们的压力	工作内容： ①引导组员分享最近一段时间工作中带来的困惑，这件事是怎么影响自己的，自己怎么应对； ②小结	
10 分钟	理性情绪治疗理论学习	①理论学习：理性情绪治疗理论，路径，十一种非理性情绪表现； ②讨论：结合刚刚的压力事件分享对理论的感受； ③家庭作业：RET 自我测量	笔若干，纸若干
15 分钟	总结	①组员分享感受； ②认真听取组员的反馈，做记录以备接下来活动的参考； ③下一次活动内容预告	纪念奖品

表 2-11　　　　　　　　　　　　　　第三次小组活动：减压方法大比拼

活动时间	活动目的	活动内容/活动细节/注意事项	所需物资及数量
5 分钟	让组员明确本次小组活动的内容和任务	①引导组员回顾第二次活动的内容 ②工作员介绍该次活动的内容	PPT
10 分钟	调节气氛	游戏：一只青蛙。参与者围成一圈，面朝中央。主持人念"一"，顺时针下一位念"只"，再"青"再"蛙"再"跳"再"进"再"水"再"中"再"扑通"；接着"两只青蛙跳进水中扑通扑通"……依此类推，跟不上节奏或出错者罚节目	
30 分钟	减压方法大比拼	①引导组员依次分享平时的减压方法 ②小结。注意对每个组员的减压方法给予评判和肯定	
40 分钟	手指操学习	①常用的减压方法 ②手指操学习	PPT

续表

活动时间	活动目的	活动内容/活动细节/注意事项	所需物资及数量
10 分钟	让组员表达对这次聚会的感受，提意见，使工作员能够更好地开展以后的活动	①邀请组员简单地分享对这次聚会的感受及意见；②下一次小组活动预告	

表 2 – 12　　　　　　　　第四次小组活动：快乐工作，幸福生活

活动时间	活动目的	活动内容/活动细节/注意事项	所需物资及数量
5 分钟	让组员明确本次小组活动的内容和任务	①回顾之前三次小组活动内容；②工作员介绍本次活动的内容	
30 分钟	优点"轰炸"	①每个组员发一张贺卡，从一个组员开始，其他组员分别依次分享他的优点，具体要通过一到两件事，把总结写在贺卡上；②根据其他人的分享，组员自己评价和总结	
5 分钟	总结	①总结安排此次活动的意义；②分享正向心理学：正向思维和乐观主义的区别	贺卡，彩笔
60 分钟	手工制作	手工花制作；邀请老师教组员学习制作丝网花	
10 分钟	让组员表达对这次聚会的感受，提意见，使工作员能够更好地开展以后的活动	邀请组员简单地分享对这次聚会的感受及意见	

七、小组效果评估

（一）评估手段

此次小组活动评估方式主要有过程评估和总结评估。过程评估是指在活动过程中及时评估；总结评估是指在小组完全结束后对小组的效果进行评估，主要方法是邀请组员对小组效果进行评估。本次评估运用小组评估问卷的方式进行，分为组员评估、工作员评估和主持人评估三部分，评估表见附录。

（二）评估结果

通过社工评估的反馈可以看到：第一次小组活动时，组员参与度较高，小组气氛融洽。小组讨论时，社工观察到有组员比较沉默，但还是能够在小组分享。在最后环节，明显感到组员们对讨论话题的积极性增强。社工发现有一名组员特别愿意发表意见，与人沟通，带动组内气氛，可以作为小组领袖。社工仍处于领导者、组织者的角色，通过

寻找相同情绪的方式，让组员在组内产生认同感，可以看到组员主动性加强，自我表露的意识开始萌芽。

第二次小组活动时，组员沟通模式由链状向网状转变，在分组讨论，组员相互之间交流增多。小组氛围趋于活跃，组员在投入完成活动任务的同时，社工发现小组领袖会抛出些话题，大部分组员会回应，沟通层面趋于个人生活。本节中，社工处于小组的引导者和辅导者，组员间可以自发地提出问题并互相沟通讨论，组员能明确提出自己对小组目标达成的需求，体现出对小组的接纳与信任度。

进入小组后期，组员对小组产生归属感和认同感，组员们都愿意表达自己的想法，小组气氛活跃。组员之间的沟通模式呈开放式。社工在整个过程中处于引导者和促进者的角色，小组主题由社工抛出，话题的分享中社工负责倾听，并在适时引导帮助组员思考发现其自身的能力。

最后一次小组活动，小组凝聚力大大增强，沟通更加顺畅，结构趋于稳定，关系走向紧密化。组员对小组表现出强烈的认同感和归属感，在最后环节所有组员都分享了自己的真实感受，组员表示小组内容给自己很大的启发。社工在小组中起到引导者和领导者的作用，帮助组员处理离别情绪，引导他们做好情绪表达，同时规划好小组结束的活动安排。

八、小组反思

（一）对职业倦怠感的反思

作为高校教育工作的主体青年教师，大多具有博士或硕士学历，对于自身职业发展具有较高要求。而大多数高校青年教师群体以女性居多，再加上女性独特的生理特征，在结婚、生子、家庭关系处理方面比男性要面对更大的压力，更使高校青年女教师的职业倦怠感远远多于其他职业群体。主要面临的问题有：

（1）情感衰竭：指没有活力，没有工作热情，感到自己的感情处于极度疲劳的状态。它被发现为职业倦怠的核心维度，并具有最明显的症状表现。

（2）去人格化：指刻意在自身和工作对象间保持距离，对工作对象和环境采取冷漠、忽视的态度，对工作敷衍了事，个人发展停滞等。

（3）无力感或低个人成就感：指倾向于消极地评价自己，并伴有工作能力体验和成就体验的下降，认为工作不但不能发挥自身才能，而且是枯燥无味的繁琐事情。

（二）小组工作对于处理青年女教师职业倦怠的意义

研究者认为职业耗竭产生于长期的工作压力，是工作压力的一种极端形式，是压力不可调和的产物。然而，事实上，工作压力只有在个体长期处于工作压力之下，而期间又没有缓冲资源或得不到支持系统帮助时，才会演变为职业倦怠。因此，职业倦怠与工作压力绝非对等关系，而是有着本质区别。工作压力和职业倦怠之间的具体区别表现如下：第一，工作压力是从单维度考察压力反应，而职业倦怠是多维度研究压力，不仅包括压力导致的情绪反应，还包括由工作压力引发的个体对他人和自我的态度和行为变化；第二，工作压力通常产生于个体所知觉到的工作要求与个体能力之间的不一致，而职业倦怠通常发生于个体知觉到工作投入与工作回报之间的不平衡时，其中情绪因素占重要地位；第三，工作压力是一种即时反应，而职业倦怠则是一个长期演变过程；第四，工作压力在行为方面通常表现为攻击性行为、厌食或暴饮暴食，在情绪方面表现为暴躁、忧郁、沮丧和愤怒等，在认知方面表现为注意力不集中、思维呆板、判断力下降等；而职业倦怠主要特征是疲乏、冷漠、理想幻灭、丧失胜任感和成就感降低，个人的资源与能量被耗尽。所以，当工作压力通过小组活动这种平台，给予青年女教师一定的缓冲资源或相应的支持系统帮助时，青年女教师的职业倦怠感就会相应的减轻，个人的生命力潜能也会被激发。

附录：

一、小组活动评估表

小组名称：		活动地点：	
活动主题：		出席组员：	
活动次数：		缺席组员：	
活动时间：		工作员：	
活动评估			
活动过程：			
活动效果：			
组员表现：			
工作人员表现：			
改进措施：			

二、小组工作记录表

小组名称：	
小组会期：	第　　次会期
聚会日期：	年　　月　　日　　时　　分～　　时　　分
活动地点：	
活动主题：	
活动内容：	
工作员：	
缺席组员：	

三、小组组员评估表

问题	完全同意	多半同意	一半同意	少半同意	完全不同意
（1）我觉得组员都很诚实地对待我					
（2）别人都能够充分的尊重我					
（3）我感到在这个小组中很安全					
（4）我觉得这次小组的成员彼此信任和坦诚					
（5）参加小组后我又认识了很多新朋友					
（6）在这个小组中，我很乐意与别人分享自己的经验					
（7）我觉得这个小组的气氛是很轻松愉快的					
（8）我感觉参加小组活动后心情较之前轻松了					
（9）在小组中，我学到了一些缓解压力的技巧					
（10）我对自己在处理压力带来的负面情绪方面有了进一步的提高					
（11）通过本次的小组活动，现在我的压力状况有所改善或消减					
（12）这个小组的活动内容安排的很有意思					
（13）这次小组活动的地点选择得体恰当					
（14）这次小组活动的时间安排得体恰当					
（15）我很喜欢小组工作人员的工作方式					
（16）除以上问题之外，你对此次小组还有什么意见和建议或者小组中还存在哪些方面的问题？					

注：此表由小组的成员填写。根据自己参与小组活动的情况，在相应的选项下划√即可，你的答案将会完全保密，请放心填写，谢谢合作！

四、小组工作员评估表

量化分析（极好为5分，较好为4分，一般为3分，较差为2分，极差为1分）

内容	工作员一	工作员二	工作员三	平均值
（1）工作员是否熟知本小组的目的与技巧				
（2）在小组开始第一次活动时是否已准备好了文字材料				
（3）对开始活动前招募工作的满意度				
（4）对本小组设计理念的满意度				
（5）小组开展的活动是否具有灵活性				
（6）对在小组中开展的游戏的满意度				
（7）对组员的出席率的满意度				
（8）对小组工作人员出席率与准时率的满意度				

量化分析（极好为 5 分，较好为 4 分，一般为 3 分，较差为 2 分，极差为 1 分）

内容	工作员一	工作员二	工作员三	平均值
（9）对小组活动通知和准备过程的满意度				
（10）小组工作人员在小组工作中是否具有良好的沟通技巧，形成该小组良好的活动氛围				
（11）小组工作是否具有缓解冲突、控制小组进程的能力				
（12）小组观察是否认真，勤记笔记				
（13）每次小组活动结束后是否针对下次活动工作略有调整				
（14）小组全部结束后是否还有后续跟进工作				
总分				
综合百分比				

注：此表在小组活动全部结束后由小组的所有工作员填写。

五、小组主持人评估

项目	分项	需要做更多	现在做得很好	需要少做一点
观察	确认紧张			
	注意对谁说话			
	注意谁被遗漏			
	了解对我的意见的反应			
	及时发现何时小组在逃避一个话题			
	确认角色			
	注意非语言行为			
沟通	主动参与（数量）			
	简短、简要的说话			
	有肯定的行为			
	主动地倾听			
	拘泥于某个主题			
	中断讨论			
	从聚会到聚会的桥梁			
	说话前先思考			
	对组员表达同理			
	使用有组织的架构			
	鼓励用"我的信息"			

续表

项目	分项	需要做更多	现在做得很好	需要少做一点
自我表达	以言语表达生气			
	表现幽默			
	说感谢的话			
	隐藏感情			
	分享个人的经验			
忍受情绪的情景	面对冲突或生气			
	允许沉默			
	接受负面情绪			
	对挑战做出反应			
	表现出没有防卫性			
与组员的关系	挑战或面质个人			
	创造一个安全的气氛			
	有控制地分享			
一般技巧	耐心的等待			
	邀请回馈			
	鼓励组员采取行动			
	对过程的评价			

注：此表是评估主持人的领导技巧的，请在最符合你在本次小组的技巧运用项目栏内划√。

第六节　关注女大学生身心健康小组案例

一、背景资料

进入大学成为个体人生发展过程中一个重要的心理与社会性转折阶段，大学新生面临着各种来自生活、人际、心理及学习的新挑战与影响，然而，大多数大学新生对于新生活缺乏必要的心理准备，面对新环境和新的人际关系感到无所适从，精神压力大，思想包袱重，严重影响到正常的学习和生活。调查发现，随着我国教育事业的迅速发展、高等学校招生规模不断扩大，在校女大学生数量日益增多。但由于受多种因素的影响，女大学生的心理健康水平呈下降趋势。作为社会工作专业方法之一的小组工作方法，帮助女大学生消除陌生感，制定小组契约，形成合作互动的氛围。再通过一系列特定游戏，促进成员之间的自我探寻，帮助成员相互熟悉，勇于在新集体中表达，从而进一步拉近同学间的距离，促进班级合作力与凝聚力的形成，同时建立初步信任关系，并在此基础上认识和接纳别人。以小群体为对象来解决具有普遍性特征的社会问题，使受助者在小组中通过个人影响及群体影响塑造能力，学习社交技能，发展个人潜能。

二、需求分析

（一）女大学生环境适应能力较弱

经过多年的寒窗苦读，刚进大学校园的女大学生常常自我评价过高，但是，经过一段时间的比较，发现大学中人才辈出，不仅自我的良好感觉一下子消失，还会产生强烈的失落感。特别是有些女大学生面对新的生活环境、新的集体、新的学习方式不能及时调整心态和习惯，就会产生失眠健忘、精神恍惚、沉默寡言等问题。长期的心情压抑、无精打采、情绪低落最终会产生抑郁、焦虑等心理疾病。

（二）女大学生人际关系协调能力较差

当代女大学生个性比较强，强调自我意识，不知道如何与人沟通，不懂人际交往的技巧与原则，处理问题常常以自我为中心，对别人要求严，对自己要求松。而由于女性心思细腻的特点，在与同学相处的过程中，更容易产生斤斤计较、妒忌、猜疑等心理。有的女大学生不愿与人交往，孤芳自赏，缺乏全局意识和团队精神，不善于同他人开展合作，人际关系协调能力差。有的女大学生由于不擅长协调人际关系，合作能力差，走入工作岗位后不受单位的欢迎，也得不到应有的重用。

（三）女大学生情绪调节能力较差

目前在高校就读的女大学生大部分是独生女，从小娇生惯养，没有经历过挫折。在进入大学之前，她们是老师喜欢的好学生，父母的掌上明珠。多数学生只能接受表扬和赞许，而无法接受来自身边人的批评。再加上男女大脑血清素分泌速度不同，男性分泌血清素的速度比女性分泌血清素的速度快52%，导致女大学生面临学业、生活、感情、就业等方面的压力、挫折时，相对于男性就会显得更加无所适从和不知所措。

三、理论与方法

（一）注意转移法

注意转移法即把注意力从消极情绪转移到积极情绪上。在本案例中，当女大学生产生不良情绪时，社会工作者可以帮助女大学生采取转移注意力的方法寻找一个新颖的刺激，激活新的兴奋中心以抵消或冲淡原来的兴奋中心，使不良情绪逐渐消失，如：听音乐，参加体育运动，进行自我娱乐，接受大自然的熏陶，参加有兴趣的活动等，使自己没有时间沉浸在因各种原因引起的不良情绪反应中，以求得心理平稳。

（二）适度宣泄法

情绪宣泄可分躯体和心理两个方面。躯体宣泄，如哭、击打非破坏性物件（如枕头、沙袋等）、体育运动、文艺活动等。这种方法可使心里的愤怒得以释放，减轻心理压力。心理宣泄是指通过借助他人来调整个体的情绪。向可依赖的人倾诉苦闷、写信、与朋友讨论等都是很好的方法。在本案例中，当女大学生遇到各种矛盾冲突，引起不良情绪时，应尽早进行调整或适度宣泄，使压抑的心境得到缓解和改善。长期压抑消极情绪，不仅使人生理功能出现紊乱和下降，也易引起消极情绪的泛化，所以为了身心健康起见，社会工作者在场合、身份、气氛适合的情况下，会鼓励女大学生的不良情绪做适当的宣泄。

（三）自我安慰法

自我安慰法又称自我慰藉法，关键是自我忍耐。在本案例中，当女大学生在遇到挫折，而经过主观努力仍无法改变时，社会工作者在小组中会尝试让女大学生进行适当的自我安慰，以缓解动机的矛盾冲突，解除焦虑、抑郁、烦恼和失望情绪，这样有助于保持心理稳定。

四、服务模式

笔者通过开展女大学生身心健康小组，利用社工、专家的专业技术支持，促进小组成员之间的互动与沟通，适应同辈群体环境。获得同辈群体的鼓励与支持，树立女大学生自尊、自重、自爱的价值观，培养健康向上的人际交往素质，学习正确的管理情绪和维护权利的方式方法。

五、工作计划

随着我国教育事业的迅速发展、高等学校招生规模不断扩大，在校女大学生数量日益增多。但由于受多种因素的影响，女大学生的心理健康水平呈下降趋势。通过开展女大学生身心健康小组，利用社工、专家的专业技术支持，促进小组成员之间的互动与沟通，适应同辈群体环境，获得同辈群体的鼓励与支持，树立女大学生自尊、自重、自爱的价值观，培养健康向上的人际交往素质，学习正确的管理情绪和维护权利的方式方法。具体内容如表2-13所示。

表 2 – 13　　　　　　　　女大学生身心健康小组工作计划

日期/时间	主题/目标	内容	物资
2016 年 10 月 17 日 9：00～11：00	主题：知心朋友 目标：使小组成员相互认识，对小组建立初步的认同感和归属感，澄清小组目标，制定小组契约	①自我介绍 ②澄清小组目标 ③游戏：水杯舞 ④制定小组契约 ⑤分享 ⑥总结	垫子、三张椅子、一个水杯、音乐
2016 年 10 月 24 日 9：00～11：00	主题：我最棒 目标：使组员自我认识、自我肯定，通过他人的评价认识自己，分享自己的优点	①回顾 ②破冰游戏：波罗乃兹舞蹈 ③游戏：照镜子 ④分享 ⑤分组活动和游戏：盲人雕塑家 ⑥分享 ⑦总结	垫子、音乐、布条、小礼品
2016 年 10 月 31 日 9：00～11：00	主题：向你学习 目标：培养组员控制情绪的能力	①回顾 ②破冰游戏：土豆谣 ③游戏：报纸变变变 ④分享 ⑤讲座：情绪与大脑 ⑥分享总结	垫子、报纸、剪刀、红纸、笔、小礼品
2016 年 11 月 7 日 9：00～11：00	主题：齐心协力 目标：培养组员在合作中处理各种问题的能力，学会相互理解，处理恋爱关系	①回顾 ②破冰游戏：藏人 ③游戏：快慢场景 ④分享 ⑤讲座：恋爱练习室 ⑥分享 ⑦总结	垫子、九个题目、白纸板、音乐

六、服务实施

（一）前期准备

首先学校社工协会在学校内部张贴招募启示，让学生自愿报名参加。

招募组员

亲爱的女同学们：

你想认识更多的朋友吗？你想和大家一起分享女生的秘密吗？你想和大家一起学习如何控制情绪吗？欢迎报名大学女生身心健康小组，我们将邀请知名心理专家为大家开启智慧之旅。

报名时间：2017 年 10 月 8 日～15 日　每天上午 8：00～下午 5：00

报名地点：社工实训室一楼 111 室

2017 年 10 月 7 日

学校社会工作服务中心

（二）需要资源准备

室内宽阔场地、垫子 27 个、活动需要物资若干、每次活动工作人员两位、笔记本电脑、音响

（三）预料中的问题及应对措施

（1）人员招不满。解决办法：在各二级学院内部发放宣传单。

（2）在分享过程中不愿表达。解决办法：给予"爱的鼓励"或者轮流表达。

（3）场地安全问题。解决办法：要求工作员在游戏前要提醒组员注意安全，并且及时清场，避免因杂物而造成不必要的伤害。

（四）提出预算

女大学生身心健康小组预算如表 2－14 所示。

表 2－14　　　　　　　　　　女大学生身心健康小组预算

物品	金额
小礼品 30 份	30 × 2 = 60 元
垫子 27 个	27 × 7 = 189 元
布条 27 个	15 元
彩笔 5 盒	5 × 10 = 50 元
手工红纸 10 大张	5 元
剪刀 27 把	27 元
总计	346 元

（五）每次活动具体内容

每次活动的具体内容如表 2－15 ～表 2－18 所示。

表 2－15　　　　　　　　　　第一次小组活动：知心朋友

环节/时间	目标	内容	物资
自我介绍（40 分钟）	组员之间相互认识，对小组有初步的认同感和归属感	①围成圆圈，从工作员开始作自我介绍（姓名，爱好，所在学院等） ②名字串串烧，依次说"我是××旁边的××"	垫子

续表

环节/时间	目标	内容	物资
小组简介（15分钟）	澄清小组目标，订立小组契约	①询问小组成员对小组的期望 ②介绍小组目标、内容和参与者一起制定小组规范	垫子
游戏：水杯舞（20分钟）	拉近组员之间的距离，通过游戏中的相互选择与不同的伙伴合作，由被动的互动变成主动的互动	①把组员分成两个小组，面对面站成两排 ②队前放三张椅子，坐在中间的参与者有选择权，做选择后，要以不同的身体姿势随音乐跳到队的另一头 ③两轮过后，加大难度，跳到对面再摆动作定格	三张椅子、一个水杯、音乐
我的T台秀（10分钟）		空开场地，两头各画一条线，每个组员设法通过这个"T台"要求组员和前面的组员动作和方式不同	两条线绳
分享（20分钟）	使组员感受同辈群体游戏的快乐，利用沟通达到对小组的认同，利用组员之间的赞扬实现成员间的相互鼓励	围坐一圈分享： 谁最有创新 谁跳的最好	垫子
小组回顾（15分钟）	使成员加强对小组及其目标的认识，引出下节主题"我最棒"，重申小组规范	①回顾小组目标 ②引出下节主题"我最棒" ③告知下节时间，并重申小组规范	垫子

表 2-16　　　　　　　　　　　第二次小组活动：我最棒

环节/时间	目标	内容	物资
回顾（10分钟）	回顾第一次活动内容，与本次内容形成衔接	回顾第一次活动内容	垫子
破冰游戏：波罗乃兹舞蹈（15分钟）	活跃气氛，增加组员的亲密感	①参与者两两做朋友 ②跟着音乐由工作员带领走圈	音乐
游戏：照镜子（15分钟）	认识自己的合作伙伴，相互配合。自我认识	两人一组，面对面 一人为人，一人为镜子，人做动作，镜子模仿 交换	音乐
分享（15分钟）	认识到同辈群体与自己不同	围坐一圈分享	垫子
分组活动：花开几瓣（10分钟）	通过游戏分组，让组员对数字产生认识的同时，分成三人一组，为下面游戏作准备	①围成一圈手拉手 ②一边转一边说"××花开，××花开"问"开几瓣"回答"开几瓣"就分几组	

续表

环节/时间	目标	内容	物资
游戏：盲人雕塑家（25分钟）	通过感知觉的快速反应，对环境敏感度的培养和合作精神的培养。从他人眼中认识自我	①三人一组，一人蒙眼一人摆姿势，蒙眼人通过造型者确定第三人造型 ②看结果，互相参观 ③三人交换	布条
分享（20分钟）	自我认识，自我肯定。通过他人的评价认识自己	分享： ①谁和谁配合得好 ②我的优点是什么	垫子
小组总结（10分钟）	工作员引导组员认识自我价值	①回顾本次小组游戏 ②总结体验 ③对表现优异者给予小礼品	垫子、小礼品

表2－17　　　　　　　　　　　第三次小组活动：向你学习

环节/时间	目标	内容	物资
回顾（10分钟）	回顾第二次活动内容，与本次内容形成衔接	回顾第二次活动内容	垫子
破冰游戏：土豆谣（10分钟）	启发组员的语言表达能力，培养节奏感，活跃气氛，注意观察他人	①朗读土豆谣："土豆土豆丝丝，土豆土豆皮皮，土豆丝，土豆皮，土豆丝皮" ②加入身势，"土豆"拍腿、"丝"拍手、"皮"拍地 ③所有人动起来	
游戏：报纸变变变（30分钟）	培养创造力，通过他人的表演得到启发并学习榜样	①准备一张报纸 ②用报纸想象为一件物品 ③看看哪个想得多	报纸、垫子
分享（20分钟）	认识到他人的优秀之处	围坐一圈分享	垫子
讲座：情绪与大脑（20分钟）	让女大学生首先应正确认识自己，认识女性生理与女性心理	①情绪怎么产生 ②男女两性大脑的不同 ③女性的特点	冥想音乐
分享（20分钟）	分享身边男女生的不同，学会接纳自我	①分享自己的不同 ②我是可爱的	
小组总结（10分钟）	引导向榜样学习，学会沟通、表达	①回顾小组内容 ②告知怎样向他人学习，学什么 ③对表现优异者给予奖励	小礼品、垫子

表 2 - 18   第四次小组活动：齐心协力

环节/时间	目标	内容	物资
回顾（10 分钟）	回顾第三次活动内容，与本次内容形成衔接	回顾第三次活动内容	垫子
破冰游戏：藏人（15 分钟）	使组员之间相互亲近与沟通，组员相互配合，培养合作精神	①分成三个小组 ②一个人在中间，其他人把它藏起来 ③看哪组做得又快又好	垫子
游戏：快慢场景（20 分钟）	培养音乐节奏感与联想力，在有主题的表演时要相互合作	①分成两组，面对面站着。根据节奏跳舞 ②联想。在哪里是快的，哪里是慢的 ③选择主题扮演，要求相互配合 ④看哪个组表演得好	音乐、白纸板
分享（15 分钟）	使组员认识到合作精神的重要性，认识到组员遇到问题，自己要如何解决	围坐一圈分享	垫子
讲座：恋爱练习室（30 分钟）	女大学生做到爱惜自己，在恋爱关系中，树立"四自"精神——自尊、自信、自立、自强；最后学会保护自己	①婚姻与恋爱的关系 ②恋爱五个原则	垫子
分享（20 分钟）	告知组员保护自己的重要性	围坐一圈分享	垫子
小组总结（10 分钟）	让小组成员自我反思，回顾小组目标的达成状况。结束小组，通过相互送祝福处理离别情绪	①回顾整个小组过程 ②重申小组目标 ③填写《小组意见反馈表》 ④相互赠送祝福，结束小组活动	垫子

七、小组效果评估

（一）评估者：带领小组的工作人员及观察员

（二）评估对象：小组组员

（三）评估方法：利用填写问卷的方法进行评估

（1）记录：活动中安排一名社会工作人员，对小组活动的过程，组员参与状况进行记录。

（2）分享：在每次小组活动都会安排组员分享游戏或成长体验，通过每一次的分享，了解组员对此次活动的意见。

（3）填写《小组意见反馈表》：在小组活动整个结束时进行反馈表的填写。由于参与者年龄较小，并且能力参差不齐，反馈表由工作人员讲解。参与者用表情图代表个人的满意度，最低1分，最高5分，1分用一个表情图代替。

（四）附件

女大学生身心健康小组意见反馈如表2－19所示。

表2－19 　　　　　　　　　　　女大学生身心健康小组意见反馈

这份反馈表旨在了解此次活动以及工作员工作的成效，请根据实际情况，以表情图评分。最低1分，最高5分。您的信息将会被保密，请放心填写。

姓名： 　　　　　　性别： 　　　　　　年龄： 　　　　　　年级：

序号	项目	1分 ☹	2分 🙁	3分 🙂	4分 😃	5分 😁
1	工作员表现优异					
2	工作员能够调动你的积极性					
3	工作员的活动对你有帮助					
4	本次小组活动次序安排很妥当					
5	你喜欢跟大家一起游戏，大家在一起很快乐					
6	你能够向组内其他参与者好的方面学习					
7	如果你的朋友需要帮助的话，你会向她推荐我们的服务					

评分准则：

小组意见反馈表包含七个题目，总分最低7分，最高35分。7分～21分表示此次小组活动不合格，21分～35分表示小组活动合格。

（五）整体目标达成情况

1.目标完成情况

小组组员大多数是独生女，通过四期的小组活动，由开始的不信任、不配合到最后的齐心协力、相互学习，组员之间能够良好地互动与沟通，适应同辈群体环境，并且建立互助关系。在小组活动中，组员学会欣赏其他人的长处，选择正确的方法去竞争，同时也建立了自信心。

2.服务成效

通过小组意见反馈表，以及观察员的观察，可以看到此次小组活动中工作员受到组员的欢迎，活动很有新意，同学们很喜欢，希望这种活动能多多举办。从反馈和分享还可以看出，游戏不仅使同学们学会欣赏他人，而且在游戏中树立女大学生自尊、自重、自爱的价值观，培养健康向上的人际交往素质，学习正确的管理情绪和维护权利的方式方法。

八、小组反思与改进

（一）小组反思

1. 情绪调节对身心健康的影响

根据大学生的心理特点和世界心理卫生协会所提出的心理健康标准，我们把大学生的心理健康标准确定为 5 个方面，即情绪稳定性标准、焦虑标准、人际关系和谐性标准、对现实感知的充分性标准、心理适应性标准。一个心理健康的女大学生一般心境良好、愉快、乐观、开朗、满意等积极情绪状态占主导，但同时又能随事物对象的变化而产生合理的情绪变化。所谓合理的情绪变化是指，当有了喜事时感到愉快，遇到不幸的事时产生悲哀的情绪。此外，还能依场合的不同，适当地控制自己的情绪。

情绪是心理因素中对健康影响最大，作用最强烈的因素，强烈的负性情绪会影响到女大学生的学习、生活和健康。现代医学证明，精神状态不佳、情绪不稳定，可能导致不少疾病，如头痛、神经衰弱、消化不良等。情绪问题不仅会使女大学生身体上出现病症反应，还会导致学习能力降低，如不能有效地记忆、想象和思考等。

当女大学生的情绪处于良好状态时，身体各器官功能协调，有益于身心健康。当女大学生处于内疚、悲伤、愤怒、厌恶、恐惧等负性情绪状态时，身体内部各器官功能紊乱，引起消化系统、神经系统等方面的问题，使女大学生身体健康受到损害。

研究表明，情绪调节对心理健康的影响较大，积极的调节能提高女大学生心理健康水平，而消极调节则会降低女大学生的心理健康水平，且消极调节对心理健康的消极影响更为显著。所以在女大学生身心健康小组中，应引导女大学生认识自己的情绪特点，尝试进行情绪自我调节。

2. 进行情绪调节的启示

情绪是生理、心理相互作用的产物，女大学生的一些情绪特点与其生理特点有一定联系。研究表明，由于月经周期的变化，女性体内的荷尔蒙含量也会发生变化，这种变化会影响到女性的情绪发生波动。一般来说，排卵期和经期的荷尔蒙含量降低，而负面情绪反应最多。许多女大学生由于经期的不适而变得情绪紧张、低落，而致使抑郁、烦躁、易怒、敌意甚至攻击性等负性情绪时有发生。女大学生首先应了解自己的生理特点，正确对待自身经期前后的身心变化，保持良好的情绪。如果有月经不调等问题，应及时就医，而不是羞于开口，甚至把女性的生理变化或妇科疾病看成是见不得人的事情。同时，还要对女生进行性道德和性知识教育，使她们克服性无知带来的性困惑，树立正确的恋爱观，认识婚前性行为的危害，保持性行为的严肃和性意识的健康。只要进行正确的引导，由生理原因造成的不良情绪是可以得到适当调控的。

3. 小组活动可以缓解女大学生压力

大学阶段是一个人人格发展、世界观形成的关键时期。女大学生作为一个特殊的群体，传统文化和传统性别角色与现代意识之间的矛盾，加剧了她们内心的矛盾与冲突。她们面临着大学生活的适应、专业知识的学习、交友恋爱、择业应职等一系列重大的人生课题。由于女大学生身心发展尚未完全成熟，情绪的自我调节和自我控制能力不强，复杂的自身和社会问题，往往容易导致女大学生强烈的心理冲突，从而产生较大的心理压力，甚至产生心理障碍和心理疾病。因此，研究女大学生情绪调节及情绪调节策略，帮助女大学生进行负性情绪的自我调节，缓解女大学生的心理压力，提高身心健康水平，具有一定的现实意义。

4. 女大学生情绪的特点

（1）丰富性和复杂性。从人的生理发展分段来看，女大学生正处于青年期（14～25岁），这一时期是人生面临多种选择时期，学习、交友、恋爱等人生大事基本在这一阶段完成。女大学生作为特殊群体，生理基本成熟而心理尚未完全成熟，处于心理断乳期，易受到外界的干扰。对人、事、社会等各种现象特别关注，对友谊与爱情执着追求，对新鲜事物十分好奇，对学业和未来充满信心，朝气蓬勃、积极进取，拥有许多积极情绪。但大学并不是伊甸园，也有竞争与压力。考试不及格、朋友误解、恋爱失败甚至天气变化等都可以导致消极情绪的产生。可以说女大学生情绪极其丰富又极其复杂。

（2）波动性和两极性。社会、家庭、学校及生活事件，都会对女大学生的情绪产生影响。社会的变迁、体制的变革，社会面临新与旧的更替，正义与邪恶的较量，在社会转型过程中，女大学生面对复杂的社会现象易产生困惑和迷茫，价值的判断，认知的取舍，前途的选择，心理会有许多矛盾；家庭的变故，家庭成员关系的亲疏以及学习、交友等个人生活事件都会影响大学生情绪。使女大学生情绪摇摆不定、跌宕起伏，时而热情激动、时而悲观消沉，表现出极大的波动性。这种情绪的极端形式就是情绪的两极性，从一个极端跳到另一个极端。

（3）阶段性和层次性。大学阶段由于不同年级培养目标和培养重点不同，教育方式和课程设置有所区别，各个年级面临的问题不同，情绪、情感特点也不同，呈现出阶段性和层次性特点。大学新生所面临的是环境适应、学习方法的改变、新的交往对象熟悉、了解以及新的目标确立等问题。新生自豪感和自卑感混杂，放松感和压力感并存，新鲜感和恋旧感交替，情绪波动大。二、三年级经过了一年级的适应过程，能够融入校园生活中，情绪较为稳定。毕业班学生面临毕业论文（毕业设计）及择业等多方面的重大问题，压力大情绪波动大，消极情绪多。即使同年级的学生，由于社会、家庭及自身要求、期望不同，能力、心理素质的差别，也会体现着不同的情绪状态，表现层次区别。

（4）外显性和内隐性。女大学生的情绪情感随着她们生理的变化，各种现代观念和思潮的影响以及现代社会社交的扩展需求的增加等因素，往往表现得强烈而丰富。她们刚刚走进大学，生活中充满了憧憬和希望，这就使她们很容易产生满足与幸福的情感，但是当她们遇到困难与挫折时又极易产生挫折感和失败感。因此，她们情绪的两极波动性及外显性特点突出。但是女大学生毕竟不同于青春初期的女孩子，较大的不同即在于她们控制能力的增加，因此她们极力把自己的真情实感掩藏起来，以表面的平静掩盖内心的激动、兴奋或苦恼。形成情绪情感上内隐性的特点。这种内隐性的特点加大了人们了解她们内心世界的困难，因为她们除了自己的知心朋友并不轻意向别人述说心事。此外，由于女性特有的细腻、羞涩、依赖性强等心理特质，面对学习竞争中的巨大压力，面对失意等感情失落，面对相对复杂的人际关系，都会或多或少产生孤独感、无助感、情绪抑郁等心理不适，甚至个别严重者还会产生自杀之念。

因此，了解女大学生的情绪特点，帮助一些有心理疾患的女同学宣泄精神苦恼，调整自我结构，恢复被伤害的自尊心、自信心，让她们以更积极乐观的态度去看待人生，是我们每个高校教师及社工机构应该重视的问题。

（二）小组改进

此次小组活动在女大学生心理健康问题上，让女大学生们做到"三步走"，女大学生首先应正确认识自己，认识女性生理与女性心理；其次做到爱惜自己，学会恋爱与科学识性，树立"四自"精神——自尊、自信、自立、自强；最后学会保护自己。在自我保护意识上，女大学生应有自我防范意识和防卫能力；在人际关系上，学习与父母、同学和谐处理关系，恰当地认同和接纳别人、经常和朋友在一起聊天散步以及向别人表达你的爱。在如何保持健康心理上，应保证充足的睡眠和休息、加强体育锻炼和保健意识、培养多方面的爱好和兴趣。在目标理想上，要有一定的追求目标、保持高度的自信心、有幽默感、勇于面对和接受现实等。所以，针对女性大学生成长小组应该在小组活动中突出自我保护的内容，增加自我反思与觉察，学会接纳自己，并且对女性心理健康问题提出良好建议。

第三章 老年社会工作

截至 2018 年，我国 60 周岁及以上人口 24 949 万人，比上年增加 859 万人，占总人口的 17.9%，其中 65 周岁及以上人口 16 658 万人，比上年增加 827 万人，占总人口的 11.9%。根据中商情网讯：2019 年 1 月 21 日，国家统计局公布 2018 年中国人口数据，我国已经进入快速老龄化阶段。而且我国人口老龄化表现出特有的国情特色：一是老龄人口绝对数量大，增长快。二是未富先老，在我国还只是一个发展中国家的时候，老龄人口增长迅速。三是地区间发展不均衡，城乡倒置。四是独居老人和空巢老人增速加快，比重增高。我国人口老龄化的现状已经严重影响我国社会、经济等各方面的发展。

老年社会工作就是运用特定的知识体系和专业的工作方法与技巧，帮助老年人增强个人能力，并解决其所面临的各种现实问题，以使老年人安度晚年，实现社会的和谐与稳定。本章共编写六个案例，聚焦的都是当今社会老年群体中受到广泛关注的热点问题。例如，20 世纪 80 年代第一批进城务工的农民工，很多已经步入老年，但他们经济拮据，农村回不去，城市不好留，他们的养老问题怎么办？当今社会，子女与老人分居异地已是非常普遍的现象，可老人一旦进入失能、半失能状态后，老人的养老问题如何解决？很多老人退休之后，面临生活节奏的变化，心理落差也随之出现，所以退休后尽快适应新角色也是需要社会关注的问题；当今社会子女成家后普遍不与老人一起居住，甚至子女与老人在不同的城市生活也已比较普遍，因此"空巢老人"现象也已成为社会问题；老人退休之后活动范围最多的还是居住的社区，我国近几年在大力倡导社区居家养老模式，而现在社区还不具备全面承担养老的功能，那么社区目前能做些什么，如何发展才能实现老人居家养老的目的；老旧小区设施简陋、空间狭小，无法给老人提供休闲活动的场所，将老旧小区周围的公园打造成为老年主题公园是一举两得的事情。本章将运用社会工作的专业方法逐一探索出解决以上六个方面问题的思路，以期为我国养老事业发展做出一点贡献。

第一节 20 世纪 80 年代进城务工的农民老了、病了

张某是一个尿毒症患者，与妻子儿子一家三口租住在 X 市近郊的平房。80 年代初

张某即进城务工，就是人们说的第一代农民工。目前户口还在农村，但农村的耕地因他们离家多年在二轮土地承包时已经分给别人，张某在农村没缴纳医疗保险和养老保险。张某进城务工三十多年来一直以打零工为生，没买任何商业保险，且需一周做三次透析。妻子王某从小因小儿麻痹落下右脚内弯的残疾，但不影响走路，王某是本市人，市毛纺厂退休职工，退休工资每月 2 000 多元，目前也有老年性高血压等疾病，但不算严重。张某需一周做三次透析。他们的儿子小张虽然已到谈婚论嫁的年龄，但由于文化程度低，又没有一技之长，身体也比较瘦弱，所以一直没找到一份稳定的工作，目前在一家饭店打工。

一、案例背景及评估

（一）案例背景

1. 案例来源

本案例是社区转介而来。X 市民政局社工科工作人员到张某一家租住的社区进行业务宣传，社区工作人员将张某一家情况反映给社工科干部，希望能帮助到张某一家。民政局社工科干部便将张某一家情况转介给 X 市 X 区社工服务机构。

2. 案主家庭成员

案主：张某，1958 年生，小学文化，系相邻市 X 村农民，二十岁出头即来 X 市打工，绝大多数时间都在建筑工地干活。慢性肾病十余年，2016 年查出患有尿毒症，每周需透析三次。

妻子：王某，1960 年生，初中文化，X 市毛纺厂退休职工，退休前工作是毛纺厂质检员。患有老年性高血压，原本性格还算开朗，近一两年因家中状况导致越来越封闭自己，基本不和邻居交往。

儿子：小张，1990 年生，高中文化，身体比较瘦弱，没有任何特长，高中毕业后一直没有找到一份稳定的工作，到处打零工，目前在一家饭店打工。

3. 家庭情况

张某患肾病已有十多年，两年前转为尿毒症，花光了家里的积蓄，卖掉了仅有的一套 50 多平方米的楼房，如今一家人租住在城市近郊的两间平房内，全家人仅靠妻子王某的 2 000 多元退休金和儿子打零工的收入为生。张某一周做完三次透析之后，家中的收入所剩无几，基本生活几乎无法保障。妻子王某自己身体也不太好，原本还算开朗的性格因生活的重担也变得越来越封闭。但是一家人感情并没有受到影响，妻子王某想尽办法减轻丈夫的痛苦，儿子也很听话孝顺。

张某一家也曾努力想办法解决家中的问题，比如，曾找过张某户籍所在地想缴纳当地的养老保险和医疗保险，但因没有钱缴纳保险费而将入保险的事搁浅。也曾问过现在租住的社区，能否给予他们家一些困难补助，但由于张某妻子、儿子的户口所在社区和实际居住社区不一致，得到的答复是无法享受困难补助。

（二）案例评估

1. 本案例涉及的问题分析

（1）家庭经济问题。张某患肾病已有十多年，家里的积蓄都已花光，家中仅有的一套住房也已卖掉，一家人现在租房居住。张某近两年转为尿毒症无法工作，没缴纳养老保险，所以两年来张某无任何收入。张某一周至少需做三次透析，却因没有医保，看病完全是个人负担。妻子王某退休工资仅有2 000多元，而且因为要照顾张某无法外出打工。儿子小张文化不高，没有一技之长，身体比较瘦弱，一直找不到一份稳定的收入高一点的工作，靠打零工挣的钱除了供养自己也贴补不了家里多少。所以对于张某一家来说，经济问题是最大的问题。

（2）张某的医疗保险和养老保险问题。张某现在必须在他的户籍所在地缴纳医疗保险和养老保险。张某年轻时在农村没有缴纳保险的政策，他也没有购买商业保险的意识，只想着多挣点钱就可以解决所有问题。直到近两年患尿毒症花费非常大，自己不能工作没有任何收入，才迫切想要解决保险的问题。两年前儿子小张曾经回到老家替父亲咨询过两项保险的问题，村干部告诉小张保险的办理手续比较简单，只是因为张某年纪大了，入两项保险的费用总计需两万多元，张某拿不出。而且，张某的老家也有对于贫困户的困难补助和大病医疗补助，如果条件符合一年两项补助最高也有一万多元。但因张某离开原籍已有三十多年，和原籍没有任何联系，所以这些补助也无法享受到。

（3）张某儿子小张的就业问题。小张文化程度不高，没有一技之长，身体又比较瘦弱，所以一直没有一份收入高一点的稳定工作，只能靠打零工维持生计，无法补贴家里，小张意识到需学一门手艺，他本人对面点制作很感兴趣，但因为家里拿不出学习的费用，这个想法拖了几年都无法实现。

（4）张某家的住房问题。张某一家因租不起市区的楼房所以在近郊平房租住，但是近郊的平房已经纳入市政府的拆迁改造计划，一两年内都将被拆除建成楼房。张某一家以后很难在近郊租到平房。但如果再去更远的地方租房，张某治病会非常不方便。

张某所在的X市近两年盖了几批廉租房，凡符合条件的常住居民均可申请。张某一家符合申请条件。张某的妻子也打听过廉租房的问题，但听说住廉租房也需要每月交几百元的租金，王某就退却了，没再认真考虑申请廉租房的问题。

（5）张某妻子王某的问题。通过与张某一家三口了解，得知王某原来性格比较开朗，而且很要强，虽然脚有些残疾，但不影响基本的生活和工作。在丈夫张某检查出尿毒症之前，王某还一直在外面打工。由于丈夫张某的疾病问题以及困难的家庭状况，导致王某变得很自闭，不愿与他人交流。王某也曾和社工说起如果可能她还是想打工，她可以去原来单位也就是毛纺厂附近的成衣店打工，她对布料很内行，在服装店做过销售，服装店的老板愿意聘用她。

2. 张某一家的优势资源

（1）张某一家不拒绝社工的帮助，非常感谢能有人帮助他们，他们愿意配合社工的工作。

（2）张某一家人的感情很好，没有因为家庭的状况互相埋怨。妻子王某想尽一切办法想给丈夫看病。儿子小张很孝顺，也在尽力打工贴补家用。

（3）王某退休前是单位的质检员，对各种布料非常了解，退休后曾在西装专卖店打过工，老板很中意王某的专业特长。

（4）近几年国家的惠民政策。近几年国家颁布了很多项利好民生的大政策，例如，城镇、农村养老、医疗保险的全覆盖政策；城市的廉租房政策；政府对弱势群体的帮扶政策；社会上的志愿者、爱心人士对弱势群体的帮助等。

（5）张某的儿子小张一直有学习一门技术的想法，愿意为改变家庭状况做出努力。

3. 社工机构自我的综合评定

社工机构经过综合分析机构的业务范围及张某家面临的困难，一致认定可以完成这次帮扶项目。

二、服务计划及实施

（一）服务计划

1. 服务目标

（1）总目标：帮助张某一家解决目前最主要的困难，让张某一家人重拾信心，积极地去面对未来的生活。

（2）具体目标：按评估出的张某家的问题实施具体计划。

①帮助张某联系他的户籍所在地，解决张某的医疗保险和养老保险的问题。这是一块非常大的稳定的收入和保障，有了这两项保险，张某看病就能报销一大部分，还能增加一部分固定的收入，这样家里的经济负担就可以大大减轻。

②给小张联系一个公益性的培训项目，这样小张不用自己掏培训费即可实现学得一技之长的愿望。

③整合社会资源，协助张某家申请廉租房，让张某看病方便一些，同时有一个稳定的住处也让张某一家感受到来自政府的民生关怀，对未来增加信心。

2. 服务策略

（1）运用专业理论进行指导。

①优势视角理论。优势视角理论来源于优势视角理念，"优势视角"，强调人类精神的内在智慧，强调即便是最可怜的、为社会所遗弃的人都具有内在转变能力。[1] "优势视角"是一种关注人的内在力量和优势资源的视角。意味着应当把人及其环境中的优势和资源作为社会工作助人过程中所关注的焦点，而非关注其问题和病理。优势视角基

---

[1]　徐琼、郁文欣：《老年社会工作理论与实践》，东北大学出版社 2015 年版，第 161 页。

于这样一种信念，即个人所具备的能力及其内部资源允许他们能够有效地应对生活中的挑战。它的核心理念是相信人们天生具有一种能力，即通过利用他们自身的自然资源来改变自己的能力。优势视角着重于挖掘案主自身的优点，帮助案主认识其优势，从而达到解决案主外在或潜在的问题。

从优势视角反观本案，张某一家家庭关系非常和谐，妻子王某非常关心丈夫，一心一意要尽力减轻丈夫的痛苦，虽然自己身有残疾，但还是很积极地准备打工赚钱贴补家用，儿子也很孝顺，有学习的愿望，总是替家里着想，帮助父母排忧解难。社区、居委会、民政等职能部门一直非常关心张某一家，努力在帮助他们解决问题。而且张某也赶上了一个好的时代，国家将改革的成果惠及民众，大力发展民生事业，关心弱势群体，国家近几年出台了很多政策帮助弱势群体。这些都是张某一家的优势资源，张某一家应该相信自己，相信政府，他们的问题只要符合政策，一定很快能够得到解决。

②赋权增能理论。"增权可以看作是一种理论或实践、一个目标或心理状态、一个发展过程、一种介入方式。……增权并不是赋予案主权利，而是挖掘或激发案主的潜能。在介入过程中，社会工作者并不拥有可以赋予案主的权利。权利存在于案主之中，而非案主之外。"①

赋权增能理论与社会工作的价值理念是一致的，社工的价值理念是助人自助，即帮助一个人，最终还是要让受助者自己有积极的人生态度，达到自助，自己坚强起来，从根本上解决问题，这样才能长久地坚持下去。本案中张某一家也是如此，问题其实并不复杂，只是经过张某病情发展恶化之后，一家人失去了信心，很多问题没有非常积极地解决。社会工作者对于案主的帮助仅限于此，给案主指明解决问题的方向之后，再出现的问题需要案主一家自己应对。

③"增权"或"倡导"理论指导。"'增权'或'倡导'理论是从马克思主义变通而来的一种社会工作理论。马克思主义希望通过大规模的社会变革来解决现存的各种社会问题。然而现实中许多可行的社会工作却是与个体、家庭、群体，或小型社区有关的。为了能给这些小规模的社会工作实践以理论上的指导，将这些小规模的社会工作实践与社会变革的大目标协调起来。……这种理论主张在宏观的社会变革未发生之前，社会工作者应协助服务对象为了他们的利益向现存的社会结构争取权利，促使现存的社会结构做出一些有利于服务对象的制度或政策安排。"②

本案例中造成案主张某一家的问题最根本的原因是张某没有稳定收入来源，也没有医疗、养老保险，最后因病返贫。而这一问题不是张某个人的原因所致，是历史遗留下来的问题。我国20世纪80年代改革之初，大批农民进城务工，到现在已经有30几年的时间，这期间很多地区农村重新划分土地时把这批人的土地划给了别人，这批人在农村没有地，在城里因为一直没有稳定的工作单位所以也没有缴纳养老和医疗保险。后来

---

① 徐琼、郁文欣：《老年社会工作理论与实践》，东北大学出版社 2015 年版，第 21 页。
② 王思斌：《社会工作概论》（第二版），高等教育出版社 2013 年版，第 66 页。

我国实行养老和医疗保险全民覆盖政策，保险费缴纳本着自愿原则，不强制执行。这批人因为年龄大需要缴纳的保险费用高因此有人负担不起，所以这次的保险也没有缴纳，本案例中的张某就是这种情况。国家到目前为止对这部分人没有统一的管理政策。因此张某的问题要想根本解决需要中央统一出台政策，各地拿出具体措施统一解决这一批人的共同问题。

（2）链接资源。张某一家人因为不了解国家政策，而且一家人都忙于给张某治病，无暇去联系当地政府获得资源。所以社工机构帮助他们链接资源，去解决这些问题。

（二）计划的实施过程

1. 与服务对象建立服务关系

与张某一家面谈告知他们社工的工作性质和工作职责，社工机构帮助张某一家的初步想法以及预期能达到的效果，取得张某一家的信任，与张某一家建立服务关系。

2. 逐一解决张某家的问题

（1）解决张某的医疗保险和养老保险问题。社工通过面对面或电话访谈的方式向张某夫妇，相关业务部门详细了解案主张某的医疗及养老保险的问题，协调有关部门，帮助张某解决他的养老保险和医疗保险的问题。以个案访谈方式解决案主张某养老保险和医疗保险问题如表3－1所示。

表3－1　　　　　　个案访谈——解决案主张某养老保险和医疗保险问题

联系人（机构）	预期解决的问题	方式	访谈收获
张某夫妇	了解清楚张某家乡医疗和养老保险的政策，张某没有解决的原因	面谈（张某家）	①了解到张某家乡户籍在册的所有人都可以缴纳医保和养老保险，个人因年龄不同，需缴纳的医保和养老保险的保费也不同。张某需补齐保费总计两万多元即可以享受农村的医保和养老保险补贴政策 ②张某因为无钱缴纳保费没有办理两项保险 ③张某的户籍所在地每年针对困难人群都可以给予大病医疗和困难补助，但因为张某离家多年没能享受到当地的大病医疗补助和困难补助 ④张某家已经没有办法解决张某两万元的保费
张某原籍村委会	了解张某的医保和养老保险问题如何解决	电话连线	①张某可以在原籍缴纳医保和养老保险，需缴纳一定数额的保险费 ②张某缴纳养老保险之后即有机会享受当地大病医疗补助和困难补助一年最多一万多元，张某属于大病医疗补助的范围，困难补助需每年年底评定
张某夫妇	保险费的解决	电话连线	①社工告知张某夫妇：社工和张某原籍村委会的联系结果 ②张某夫妇希望社工联系妻子王某户籍所在地社区居委会，帮助解决一部分困难补助 ③剩余部分张某夫妇打算和亲戚借

联系人（机构）	预期解决的问题	方式	访谈收获
王某户籍所在地社区居委会	争取困难补助	面谈（X市X区社区办公室）	①社工和王某户籍所在地社区居委会详细说明了张某家的情况，希望社区居委会给王某一家争取到今年的困难家庭补助 ②居委会经向上级部门申请，将王某一家作为今年的困难家庭，提前预支困难补助5 000元，到年底评定结果出了之后再给王某家多退少补

经过社工的努力协调和张某一家自己的努力，张某的保险费用凑齐，张某缴纳了医保和养老保险的保险费，之后张某就可以享受医保的报销和每月领取1 000多元的养老保险金。年终张某可以享受原籍的大病医疗补助及一年评定一次的困难补助，两项补助最高可以享受到10 000多元，这样张某就可以还清一大部分借款。张某的保险问题得到解决。

（2）经过社工与市民政局社会救助管理科联系，经社会救助管理科协调，联系上多年做公益的餐饮机构，帮助小张解决了面案培训的问题，而且解决方式令张某一家非常高兴，不用交培训费，每月还有800元收入，以个案访谈的方式解决小张的公益培训问题如表3-2所示。

表3-2　　　　　　　　个案访谈——解决小张的公益培训问题

联系人（机构）	预期解决的问题	方式	访谈收获
小张父母	了解小张的情况	面谈（张某家）	①小张从小体弱多病，也没有用功读书，高中毕业，父亲就病了，没让他继续学习就直接打工 ②小张很细心，而且心灵手巧，一家人想到让他学点技术，但是因家里拿不出培训费，小张自动放弃了 ③小张很孝顺，一直帮着母亲照顾家，挣钱贴补家用
小张	详细了解小张的想法和愿望	面谈（社工机构办公室）	①小张非常想找一份收入高一点的工作帮助家里，但因为个人的条件很难找到 ②必须去学一门手艺，没有实行是因为交不起学费 ③自己想学中餐的面案手艺
X市民政局社会救助管理科	帮助小张了解公益培训项目	面谈（X市民政局社会救助管理科办公室）	①没有饭店的面案培训这样的公益项目 ②X市一家餐饮连锁店一直在做公益培训 ③民政局社会救助管理科当时就与这家餐饮店电话协调，详细说明小张家里的情况，以及小张个人的想法。餐饮店同意小张可以和他们面谈
某餐饮连锁店总店	帮助小张联系面案的学习事宜	面谈（餐饮店总店办公室）	小张在餐饮店学习面案手艺，免交培训费，学期一年，餐饮店包一日三餐，小张帮忙洗碗及在面案边学习边打下手，餐饮店每月给小张800元补助

3. 中期评估

案主张某的养老保险和医保问题得到解决，小张学习饭店面案的想法实现。至此，张某一家遇到的最棘手的问题——经济问题基本得到解决。社工机构决定进行中期评估，对前一段工作的成效做个总结，也便于制定下一步更合理的帮扶方案。

参与人：社工机构督导、负责本案例的社工，X市民政局社工科工作人员，张某一家

评估内容：前一阶段社工机构对张某家帮扶的成效。

评估方式：采取小组面谈的方式，让以上参与人坐在一起，面对面交谈，当面发表意见，由负责本案例的社工最后撰写评估报告。

结论：

（1）张某一家非常满意社工前段时间的工作，非常感谢社工的帮助，张某一家表示张某及儿子的问题解决之后，家中最主要的问题已经得到解决。如今，张某看病高额的花费医保能给报销大部分，家里的收入有张某的社保金、妻子的退休金和儿子的收入，加起来有四千多元，儿子一日三餐都在餐饮店解决又省了不少钱，这样算起来除去各种开支外家中还能有一点结余，张某夫妇表示："想也没想到有这个时候，太感谢社工了，太感谢政府了。"

（2）市民政局社工科的工作人员高度评价了社会工作专业的工作方式，社工通过链接资源，协调相关部门关系就将张某一家原本多年没有解决的棘手问题得以解决，而且还没给政府增加负担，都是在政策范围内合理解决。他们表示，社会工作运用自己的专业方法服务案主，工作效率很高，下一步X市应该加大扶持社会工作发展的力度，同时应该大力宣传社会工作，让越来越多的人认识社会工作，了解社会工作，之后全社会形成推动社会工作发展的合力，共同促进我省社会工作的发展。

（3）社工机构总结自己最核心的工作方法是链接资源并且将资源进行整合。社工机构接案后，首先在机构内部做整体分析，统筹安排，凡是问题涉及的部门都去协调，采取各个击破的方法，将问题彻底弄明白，再逐一想办法解决。而之前社区和民政部门也帮助过张某一家，问题之所以没得到彻底解决，是因为各部门、各行业只做了本部门能够做的事，只帮助张某家解决暂时的问题。

（4）社工表示接下来准备继续帮助张某一家解决住房的问题和张某妻子王某的打工问题，还希望民政局相关部门能够继续帮助社工机构协调。

4. 解决张某家的住房问题及妻子王某的打工问题

张某家的住房问题需要尽快解决，一是因为张某一家现在是租住在这里，市政府已经在2017年年初做出规划，准备将这一片儿的平房拆除，改建楼房，改善这里居民的居住环境。二是因为张某住在这里，离医保报销指定的医院也很远，每次做透析，交通费用也是一笔不小的花销，张某夫妇需要考虑租一个离张某看病较近的房子。三是因为现在市区周围很少有平房了，近几年我国推进城市化建设，城市近郊的平房都基本拆除改建成楼房。国家解决城市低收入人群的住房问题的方式是建廉租房。

社工首先做了充分的了解，目前本市廉租房的申请条件中硬性条件要求：夫妻双方

至少有一方是本市户口，家中无自己独立的住房，符合这两个条件就可以申请，其中享受低保的家庭会优先考虑。社工认为张某一家符合申请条件，因此决定接下来帮助张某一家申请廉租房，同时帮助王某解决打工问题。解决廉租房的整个过程如表 3-3 所示。

表 3-3　　　　　　　　　　社工帮助张某一家解决廉租房的过程

联系人（机构）	预期解决的问题	方式	成果
张某夫妇	详细了解张某一家的居住意愿和张某家现在的承受能力	面谈（张某家）	①详细了解到张某夫妇的意愿，他们一家其实希望申请到廉租房，个人承担费用低一点 ②张某夫妇打听到本市已经建成的廉租房有两处，其中一处离一家医院较近，他们希望申请到这一处，以便于张某去医院做透析 ③廉租房根据住房的面积缴纳一定的租金，租金很低，另外水、电、煤气、暖气等基本费用需住户承担。张某一家之前没有申请的原因是家里根本负担不起这些费用，现在张某解决了医保社保的问题，家里收入可以负担这些费用
市房产管理局办公室	帮助张某家申请廉租房	面谈	房产管理局告知社工，张某家基本符合申请廉租房的条件，但申请廉租房需要根据申请人的申请条件打分，按分数名次决定能否分到廉租房
张某夫妇	告知张某夫妇申请廉租房的条件和程序	电话连线	张某夫妇了解了申请廉租房的条件和程序后，他们很快将材料送到市房产局相关部门打分排队，等待分配
市房产局办公室	了解张某家申请廉租房的结果	电话连线	根据张某家的条件能够申请到最小面积一户 52 平方米的房子，月租金 400 元，其他费用自理
王某	详细了解王某的自身条件及工作要求	电话连线	建议王某将自身专长及找工作的要求电脑打印，再将退休前在单位的获奖证书及技能等级证书复印一起装订成一份求职简历，可以动员志愿者帮助王某在她原来打工的服装店附近进行发放
社工机构志愿者	帮助发放求职简历		志愿者将王某的求职简历发放到几家品牌西装厂的专卖店
市区某品牌西装厂办公室	陪同王某与服装厂相关负责人面谈	面谈	①西装厂旗下的专卖店正好需要一位懂服装布料的营业员，与王某详细交谈之后决定录用 ②王某上半天班，可以同时兼顾照护丈夫。月收入底薪加提成约有 2 000 多元

5. 结案

社工将张某夫妇、市民政局社工科干部组织在一起进行最后一次会谈，告诉张某夫妇和民政局干部，张某一家的问题基本得到解决，社工打算结案。

社工首先总结了帮扶张某一家的所有工作，张某的医保、养老保险问题已经解决，张某看病的钱大部分能够报销，而且张某还多了一份固定收入，这就解决了张某一家最棘手的经济问题，全家因此重新燃起对生活的希望。社工接着帮助小张完成了多年梦寐以求的愿望，学一门自己喜欢的手艺，将来多挣些钱，既能帮助父母，也可以考虑解决自己的问题。接下来社工还帮助张某一家了解了廉租房的相关事宜。张某夫妇已经将申请材料交给市房产局，正在等待审核。社工和房产局办公室进一步了解本市的廉租房申请条件，张某一家的条件基本符合，因为张某是重大疾病患者，妻子王某是残疾人，分到廉租房的可能性很大。

至此张某家的问题基本得到解决，社工感觉张某夫妇的脸上终于开始有了笑容，妻子王某的话也多起来了。儿子小张在餐饮店的表现也很好，用张某邻居的话说："一家人总算又活了起来。"所以社工考虑结案。

最后还有一个问题，就是王某打算安顿好丈夫后再找一份工作，挣点钱补贴家用。这个问题社工的建议是：王某不必太心急，夫妇俩这几年因为家里经济压力大，长期营养不良，身体都需要调理，把家里都安顿好之后再考虑打工赚钱。之前和王某交流得知她对布料很内行，之前在西装专卖店打过工，和老板处的也不错，关于她打工的事，就留给她自己去解决了。

民政局社工科的干部非常感谢社工机构对张某一家的帮助，也感谢社工的工作给政府减轻了很大负担，而且通过这次全程跟踪了解社工的工作方法和工作过程，他们认为，社工的工作非常专业，工作策略也很有效率，接下来社工科准备大力支持和推广社工的工作，推动本市甚至本省的社工工作能尽快发展起来。

张某一家非常感谢社工对他们的帮助，张某说："没有社工这次的帮助他的命可能都快完了。"妻子王某很激动，满眼含泪和社工大大拥抱了一下。

社工则表示，他们只是做了自己该做的事，张某夫妇不用说这么多感谢的话，安慰张某夫妇坚强面对疾病，面对生活。

此个案工作终结。

三、案例评估及反思

（一）案例评估

本案例的责任社工书写了详细的自评报告，对案例的服务效果进行了自评。通过与服务对象张某一家三口的面谈让服务对象对帮扶效果进行了评估。最后委托张某一家租住的社区居委会对本案的帮扶效果进行了第三方评估。

1. 社工机构自评

本案的责任社工对本案的帮扶工作进行了自评并写了详细的自评报告，结论概括如下：

（1）本案例并不复杂，涉及的问题比较简单，服务对象也非常配合。因此在很短的时间内基本达到了预期效果，责任社工及机构对最后的成果都比较满意。

（2）本案例的预估比较准确，计划的制定也切实可行，实施过程严格遵守约定，及时与案主进行交流沟通，听取案主的想法。

（3）在实施过程中深刻感受到国家近几年对民生问题的大力关注为社工的帮扶工作营造了很好的氛围。因此在与相关部门接洽的过程中，各部门也积极配合和支持社工的工作。

2. 服务对象的评估

通过与服务对象——张某一家三口的面谈了解了服务对象对帮扶效果的满意度，张某一家对社工的帮扶工作非常满意，几年来让他们全家一筹莫展的问题基本都得到了解决，他们全家都非常感谢社工的工作。其实之前他们也求助过很多部门，有些部门也给予了很大帮助，例如，他们一家现在租住的社区居委会曾经给他们家组织过捐款，有任何好的政策都及时通知他们，包括这次与社工机构的联系也是社区居委会及时介绍的。但是之前联系的单位更多的是公事公办的态度告知张某一家本单位业务的规定，没有哪个单位能深入张某家详细了解情况，能主动帮助张某家切实解决问题。只有社会工作机构详细了解张某一家的情况，接着制定周密的计划，然后按部就班认真执行计划，耐心听取张某一家的想法。

张某一家还认为社工的工作很专业，很多不好理出头绪的工作，社工很快就理出了头绪，因此工作效率很高。其实之前张某一家也回老家了解过张某的医疗和养老保险，但因为交不起保险费就将此事搁浅，没再继续努力进一步解决保险费的问题。儿子小张虽然早已经意识到应该学些技术，但因为交不起学费就不了了之。没有想到应该打听公益事业方面的信息。

3. 第三方社区居委会的评估

社工机构委托张某一家租住的社区居委会作为第三方对社工的整个帮扶工作进行了评估。居委会通过与张某一家三口对话了解以及对张某家邻居的了解，得到的信息是张某一家非常满意社工的帮扶工作。邻居们也反映张某一家最近欢声笑语多了起来，张某的病也好像轻了很多，有时还会和邻居家凑到一起说笑一会，聊聊家常，张某夫妇经常说她们遇到了好心人，国家的政策也越来越好。

社区居委会评论认为，社工机构有很大的存在价值，社工机构是专业的帮扶机构，工作人员大多数学过专业知识，文化高、专业水平高，做起工作有方法，效率高。国家应该大力发展社会工作。

总之，经过三方对本案例的评估，最后总结，本次社工的帮扶工作，专业流程正确，各环节工作做得准确到位，因此，高效率地达到了预期的目标。

（二）专业反思

1. 同理心

在此次服务过程中，社工意识到，在与服务对象的接触中，要认真对待服务对象的每一个问题，对服务对象提到的实际困难应该换位思考，用同理心接纳服务对象，不能因为事情难办就回避问题。而是要认真扮演好社工的多重角色，帮助走访多个地方和部门，以真诚的态度了解相关信息，切实帮助服务对象解决实际问题，而不是在形式上走过场。

2. 链接、整合资源

在此次服务过程中，社工链接整合了多方资源，充分发挥了相关职能部门的作用。最终通过张某原籍村委会的努力帮助，张某缴纳了医疗和养老保险。通过市民政局社会救助管理科的努力，帮助张某一家申请到了困难补助，帮助小张找到了满意的培训机构。社工在工作中发现很多问题服务对象可以自己解决，只是因为他们不了解各部门的具体职能，或者不了解国家最新政策导致在办事的过程中会走很多弯路，甚至会碰钉子，最终选择了放弃。因此，社工机构希望以后政府职能部门能够利用互联网平台明确标识自己部门的职责，简化工作程序，优化服务质量，让民众能提高办事效率。

3. 助人自助的专业反思

在此次服务过程中，社工过多采用了自己奔波和联系的方式，而且服务对象也有一种社工出面比他们自己出面更有效果的思想，凡事自己退却，导致很多很简单或者服务对象自己努力也能办的事都让社工出面解决，导致社工经常为一些小事耗费了很多精力。在以后的工作中需要推动政府职能部门采取措施提高帮扶弱势群体的效率，同时继续践行社工的工作理念——助人自助，应该更多关注服务对象自身能力的提高。

第二节　只有一个孩子在身边，我的养老怎么办

我国目前七十岁上下的老人在生育子女的过程中赶上了国家的计划生育政策，绝大多数家庭只有两个孩子，因为生老三的家庭就会受到处罚，降一级工资或者降级使用，再或者该提拔的时候不予提拔。在当时，无论哪一种处罚都是极其严重的，严重影响家庭的收入和个人的发展前途。因此人们都非常自觉地响应国家计划生育政策，家里已经有小孩的都选择不再生育，这就是我们现在看到的，如今七十多岁的老人家里两个小孩的居多。

改革开放以后我国人口流动政策放宽，内蒙古地区属于人口流出比较严重的省份。上述年龄段的老人，他们的子女大多数是 20 世纪 60 年代中到 70 年代末出生，这些人高考只要考到比较发达的地区，就很少有人再回到家乡发展的。最后的结果是这些年逾古稀的老人身边有的只有一个孩子，有的则一个孩子都没有，一旦处于半失能、失能状态，他们的养老则成了非常棘手的问题。

一、案例背景及评估

（一）案例背景

1. 案主情况

案主陈姨，72 岁，初中文化，国企退休职工，平时不爱锻炼身体，非常爱看小说。身体状况一般，50 多岁开始有高血压，不算太严重，一直服用降压药，68 岁那年，检

查出有轻微脑梗，没太当回事，2017 年 9 月中旬，脑梗第二次发作，因为是半夜，延误了最佳抢救时间，留下后遗症，右半边身体基本失去功能，言语功能也受到很大影响，说话含混不清，和陈姨沟通必须面对面看着她的口形和她勉强交流。从 2017 年得病到现在，陈姨的情绪一直不稳，经常发脾气，也变得很爱哭。

2. 家庭背景

陈姨家庭成员中还有老伴文叔，74 岁，初中文化，和陈姨同一单位退休。文叔身体还算不错，只是近几年左耳稍有点耳背。陈姨老两口感情一直很好。陈姨儿子文刚，49 岁，高中文化，结婚多年，育有一子，22 岁，2017 年当兵服役期满，在市里一家小企业打工。文刚夫妇有一辆出租车，全套手续和车都归自己所有，夫妻俩白天晚上轮班开出租车维持生计。陈姨女儿文玲，46 岁，硕士学历，在 180 公里外的另一座城市做大学老师，丈夫工作也非常稳定，夫妻两人收入都比较高。育有一子，正读高三。

案主陈姨夫妻俩一直是普通工人，陈姨这个年龄段的人在岗和退休都没赶上国家大幅度涨工资，因此多年来也没攒下多少钱，夫妻俩只有一套 60 多平方米的老式住房。陈姨的儿子文刚原本是企业的集体工，1998 年前后国有企业改制，文刚所在的大集体解散，陈姨出钱给文刚买了一套出租车手续和一辆出租车，文刚夫妻俩以开出租车维持生计。因为陈姨女儿文玲从上大学开始一直在另外的城市，所以陈姨夫妻俩就全力帮助儿子文刚一家。这也导致文刚很依赖父母，甚至缺乏作为成年人的担当，陈姨家里有事还得把在异地工作和生活的女儿文玲叫回家。

3. 社会关系

陈姨老两口都是 20 世纪 60 年代从外省招工来到本市，亲戚很少，平时来往的基本是同事、老乡和朋友。

（二）案例评估

1. 本案例涉及的问题分析

（1）陈姨的心理及身体状况。陈姨心理上不能接受自己半身不遂的现实，情感异常脆弱，经常哭。医生叮嘱像陈姨这样的病人情绪不能太激动，不能哭，需心情平静，配合医生做康复，加强锻炼，恢复到最理想的状态是不用拐杖走路，生活完全能够自理，语言表达虽然含混，但基本能和别人简单交流。但是如果不配合医生做康复，病情肯定会恶化，最坏的状况可能就要卧床，生活都很难自理。

（2）陈姨家庭照顾条件不足。老伴文叔有些耳背，有一次过马路差点被车撞到，原来陈姨身体没发病的时候，外出买东西一般都是陈姨自己去或老两口一起去。现在文叔自己出门买日用品都受到限制。文叔在家和陈姨沟通也很费劲，文叔耳朵有些背，陈姨基本无法表达，经常会出现陈姨有事想让文叔帮忙，但文叔根本听不到的情况。而且文叔自己身体也越来越差，从 2017 年 9 月份陈姨发病到现在大半年的时间，尽管有儿子儿媳帮忙，但多数时间都是文叔在陪着陈姨，导致文叔的身体已经大不如前。

陈姨的儿子文刚和陈姨在一个城市，两家离得也不算远，但儿子、儿媳和孙子都在外打工。儿子儿媳开自家出租车，儿媳开白天，儿子开晚上，维持生计没有问题，但是一旦闲下来就一分钱收入都没有，而且夫妻俩也考虑到自己的儿子已经二十多岁，将来成家他们总得帮衬一把，所以也想多出车多挣点钱。这样儿子、儿媳忙碌一个白天或晚上很难再拿出大块时间照顾老人。

女儿文玲在另一座城市，虽然距离不远，自己驾车需要两个小时左右就可以回家，但毕竟不在一个城市，文玲和丈夫平时的工作也都比较忙，孩子也正是关键的高三年级，照顾母亲根本不可能，即使是经常探望都很难做到。

（3）陈姨家没有多余开支雇佣保姆。陈姨家由于经济方面的限制，无法雇佣保姆。陈姨老两口退休前都是普通工人，工资不高，加之多年来心疼儿子赚钱辛苦，老两口一直帮助照看孙子，贴补儿子家用。因此没有多少存款。固定财产也只有陈姨现在住的这套比较旧的两居室住房，陈姨老两口的退休金加起来有 6 000 多元。陈姨得病之后一家人也想过雇一个保姆，但如今市场人工费用很高，依陈姨这样的情况，单单雇一个白天只照顾陈姨，帮助做康复的保姆一个月就要 2 500 多元，家里还要管保姆吃饭，即使这样，保姆也不太好找。现在中青年劳动力短缺，稍微年轻一点，身体好一点的，都愿意做点别的赚钱，不愿意做"伺候人"的活。陈姨老两口则考虑，雇一个保姆就需要花这么多钱，陈姨还要看病，以后不知道还要花多少钱，老两口都老了，以后万一都病了花钱的事情还有很多，想一想，保姆还是不能雇，自己先将就吧，实在不行再说。

2. 陈姨拥有的资源

（1）陈姨老两口都有退休工资，基本生活开支没有问题；都有单位的医疗保险，看病 60%、70% 都能报销。

（2）陈姨儿子、女儿都很孝顺。儿子一家在身边，有事全靠儿子一家照应，陈姨得病之后，跑医院接送基本都是儿子帮忙。女儿是大学老师平时不用坐班，陈姨病倒之后，女儿经常回家帮忙做家务，而且女儿家境不错，也能在经济上资助老人。

（3）陈姨所在的城市近几年发展非常快，各方面条件都在发展完善，其中医疗条件、养老机构、社区发展、志愿者队伍发展、社工发展近几年在省内是走在前列的。

3. 社工机构的自我综合评定

这个案例不是很复杂，就是一个老人进入半失能状态后，如何面对养老的问题。这样的案例很常见。案例当中难度最大的是做陈姨的心理工作，如何能让陈姨在心理上战胜自己，尽快地面对现实，坚强地面对生活。从目前陈姨的表现来看，问题不是非常严重，经过综合评定，社工机构可以接手这次帮扶项目。

二、服务计划与实施

（一）服务计划

1. 服务目标

（1）总目标：帮助案主陈姨克服心理障碍，面对现实，客观正视自己的病情，积极进行康复训练，争取恢复到最佳状态。帮助家人调整心态，正确面对现实，想好应对策略，想好解决老人后顾之忧的方法。一家人克服困难，齐心协力，调动一切资源解决好陈姨的问题，帮助老人安度晚年。

（2）具体目标：

①给案主陈姨做心理工作，尽快配合医生做康复，不能延误最佳治疗时期，争取恢复到最佳状态。

②解决照顾陈姨和老两口的基本生活问题。

③帮助陈姨联系专业的康复机构，让陈姨的身体尽快恢复。

2. 服务策略

（1）运用专业理论或方法指导帮助案主。

本案例中运用到的首先是赋权增能理论。这一理论的内涵在第一个案例中阐述过。本案当中，案主陈姨的生活态度是关键，医生已经说过，陈姨只要保持情绪稳定、积极配合医生进行康复治疗，她的病情会有很大好转，至少基本自理没有问题。只要陈姨能够做到基本自理，家里的其他问题也就很好解决了。而陈姨要想克服心理障碍，保持情绪稳定最关键的是陈姨自己能振作起来，乐观面对病情，积极面对以后的生活。因此在本案中社工最关键的是想办法帮助案主陈姨挖掘自身潜能，增强信心，运用自己的意志力配合医生做好康复治疗，争取能恢复到生活自理。

本案例中其次运用到的是理性情绪疗法。理性情绪疗法的创始人是美国心理学家阿尔伯特·埃利斯，他通过处理自己的问题以及对理论的研究，认为：人不是被事情本身所困扰，而是被其对事情的看法所困扰。[①] 在埃利斯的理性情绪治疗 ABC 理论模型中，A 是指激活事件或起因事件，包括现实世界的事件、人类生活事件以及人们的思想活动；B 是指信念或思维、思想、认知；C 是指情绪和行为结果。ABC 理论模型认为 A 只是 C 的间接原因，B 即个体对 A 的认知和评价而产生的信念才是直接的原因。埃利斯认为人的信念与思维倾向是引发不良后果的主要原因。埃利斯的理论论证的状况在生活中非常普遍，同样经历一次挫折，有人认为命运不公，从此一蹶不振，而另外的人乐观地认为这正是磨炼意志的机会，因此总结经验教训，以后取得了更大的成绩。可见引起不同后果的不是事件本身 A，是一个人对待事件的态度、想法 B。在本案例中，陈姨的病情并不严重，同样发病的人，陈姨的症状是比较轻的，医生几次告诉陈姨，只要配合医生做好康复治疗，陈姨达到自理没有问题。可是陈姨因为失去信念，意志消沉，不积极治疗，反而情况越来越严重。所以社工必须帮助陈姨正确看待自己的病情，树立信心，相信通过自己的努力能够让自己生活自理，同时给家里人减轻负担。

（2）链接资源。

①与医院联系，解决案主陈姨的心理疏导问题和康复问题。

②与社区联系，安排志愿者帮助案主一家。

---

① 阿尔伯特·艾利斯、黛比·约菲·艾利斯著，郭建中、叶建国、郭本禹译：《理性情绪行为疗法》，重庆大学出版社 2016 年版，第 25 页。

3. 服务程序

（1）通过和案主家庭成员的访谈，了解案主陈姨的状况和问题所在，家庭成员各自的想法。帮助协调家庭关系。

（2）和医院联系，解决案主陈姨的心理疏导问题和康复治疗问题。

（3）和社区联系，商讨如何帮助案主陈姨一家。

（二）服务计划的实施

1. 与服务对象建立服务关系

与案主陈姨一家面谈告知社工的工作性质、工作职责和工作方式，帮助案主一家的初步想法以及预期达到的目标，需要案主一家如何配合工作，与案主一家进行充分沟通，并取得案主一家的信任，与案主建立服务关系。

2. 实施计划的过程

（1）社工与案主陈姨的老伴文叔、女儿文玲、儿子文刚逐一进行个案访谈，详细了解陈姨目前的状况；家里各方面的条件；家里人的想法。以个案访谈方式了解案主及案主家庭情况如表 3-4 所示。

表 3-4　　　　　　　　　　　个案访谈——案主及案主的家庭情况

访谈对象	预期了解的问题	访谈结果
文叔（案主老伴）	①陈姨的情绪、病情恢复及日常饮食睡眠如何 ②平时谁在照顾陈姨，家里还有哪些问题需要帮助解决	①陈姨的情绪还是不稳定，经常发脾气，经常哭，医生严重警告病人及家属，病人情绪如果不尽快恢复正常，非常影响身体的恢复，特别是语言功能的恢复。陈姨不吃苦，还是有点娇气，医生说她康复的效果不算好。平时吃得不多，睡眠不好，夜里要醒两三次，有时醒来很长时间睡不着 ②平时在家大多数是文叔照顾，陈姨确诊刚开始的两个月，儿子文刚几乎每天来家帮助母亲做康复，儿媳一周也来三四次帮着做家务。后来逐渐来的少了。但每周也来一两次，至少带着买点菜。文叔每天能照顾老伴吃饭。但是没有能力帮老伴做康复，并且陈姨家住 5 楼，如果没有儿子来帮忙，文叔没办法自己扶着老伴下楼。经常在家闷着，不利于陈姨恢复，对陈姨的心情也不好 ③文叔很体谅儿子儿媳也不容易，儿子跑夜车，白天再睡不好觉，也容易出现安全问题，也想有个人给自己搭把手，但雇保姆的话，花很多钱不说，还让家里多个人，很不方便。感觉很矛盾 ④文叔说到雇保姆，还是感觉到家里的经济条件有点不足。雇保姆的费用很高；陈姨的康复费用报销的比例很少；文叔老两口觉得他们老了，还要留一些钱应对紧急问题
文刚（案主儿子）	①感觉母亲的状况怎样，应该如何解决 ②自己家的情况怎样？能否照顾父母 ③对父母以后生活的安排有何想法	①母亲接受不了现实，情绪很不好，康复的效果不太好。文刚的想法是，母亲在家里做康复效果不好，还是应该找专业的康复机构 ②文刚对自己家的情况也很有压力。他们夫妻俩靠着一辆出租车养家，这两年受到私家车、网约车的冲击，开出租车挣不了多少钱。儿子还没有稳定的工作，夫妻俩想着辛苦点多挣些钱帮儿子立业、成家 ③父母的问题他需要和妹妹商量一下，父母目前紧迫需要解决的问题：第一，父母需要租个电梯房，便于母亲下楼活动；第二，母亲需要找专业的康复机构尽快康复；第三，父母需要雇个人搭把手，文刚自己的空余时间有限，不能拿出大块时间照顾父母

访谈对象	预期了解的问题	访谈结果
文玲（案主的女儿）	①对母亲的病情康复有什么想法 ②对父母以后的生活安排有什么想法	①感觉母亲最重要的问题是尽快恢复情绪，配合医生做康复治疗，不能把病情拖得严重 ②父母年龄越来越大，母亲又是这样的状况，需要和哥哥商量一下父母的照顾问题。文玲认为自己不在父母身边，对父母照顾少一些，平时都是哥哥在照顾，她也觉得很无奈，对不起父母，所以她可以出一些钱表达自己的心意

社工经过和案主的老伴、儿子、女儿的访谈详细了解到案主陈姨目前的病情状况，家里需要解决的问题，以及案主家人各自的态度。①案主陈姨个人的问题。陈姨个人的心理问题是陈姨病情康复的关键。需要尽快解决。陈姨的康复需要找专业的康复机构或者康复定点医院做，这样才不会延误陈姨的最佳康复时机。②文叔和陈姨老两口的生活需要人帮忙照顾，这是个长期的问题，文叔和子女应该商量问题该怎么解决。陈姨需要经常在户外活动，这样对陈姨身体的康复有极大好处，也可以让陈姨的心情好一点。这个问题的解决方式就是给陈姨老两口租个带电梯或一楼的房子。对于家里其他问题的解决，社工建议，文叔父子三人可以在社工参与的情况下，坐在一起商量。

（2）社工和文叔父子三人组成小组，商量解决案主陈姨的问题以及陈姨老两口家里的生活问题。①陈姨的心理调适问题，这是一个很专业的问题，病人自己很难克服，需要借助专业的方法，社工可以帮助解决。家里人对陈姨一定要耐心，文刚和文玲应该多抽时间陪伴，帮助病人度过这一段心理不稳定时期。②文叔父子三人商定：陈姨去医院做康复治疗，一周四次，接送由文刚夫妇负责，全程由老伴文叔陪同。③把陈姨自己的房子租出去，再租一个电梯房以方便陈姨上下楼出门活动，房子就租在儿子文刚家的小区，方便文刚一家照顾。文叔还是不想雇保姆，最后决定，家里雇一个钟点工，每天给陈姨老两口做一顿中午饭，费用一个月一千元，比雇保姆少很多。文刚的儿子也已经22岁，也应该学着照顾奶奶爷爷，他是正常班，一周应该抽出几天晚上在奶奶家帮忙照顾奶奶，让爷爷好好休息几天。文刚夫妇负责一周给陈姨老两口买两次菜和临时事情的处理。在母亲做康复的这段时间，文玲也克服一下困难，至少两三周回家一次，陪伴母亲，也帮父母做一些家务。另外，文玲也提出，她平时照顾父母少一些，决定每月给父母1 500元贴补家用。

（3）社工帮助解决陈阿姨的心理恐惧问题。①社工首先来到陈姨看病的医院找到主治医生，询问了陈姨的情绪不稳定、心理障碍的治疗方法，医生建议最好找他们医院的心理医生给予帮助，病人的心理不稳定很大程度上是基于对自己疾病的恐慌，担心病情严重下去自己生活不能自理，会一直拖累老伴和孩子们，所以这是一种病理性的心理不适，需要了解病情的心理医生给陈姨做心理疏导，而这家医院的心理医生能直接和陈姨的主治医生经常沟通，非常了解陈姨的病情，可以很有针对性，并且容易让病人信服。而且医院的心理医生对这方面的病例了解的比较多，心理疏导的经验也比较丰富。

②经主治医生推荐，社工联系到医院的心理门诊，找到做过类似病人心理疏导的医生给陈姨做心理疏导。心理医生看过陈姨的病例又和陈姨的家里人面谈之后，给陈姨制定了科学的治疗方案。

（4）中期评估。在案主陈姨家里的事情安排妥当，陈姨的康复治疗和心理疏导做了四周之后，社工看到案主陈姨的问题基本得到解决，社工决定进行中期评估。

参与人：社工机构督导、本案例的责任社工、案主陈姨一家。

评估内容：前一阶段社工对案主一家帮扶的成效。

评估方式：评估参与人座谈，最后由责任社工撰写评估报告。

结论：

第一，案主陈姨及其家人已经接纳社工的工作，并对社工前期的工作成绩给予肯定。案主陈姨目前的状态比较稳定，能遵医嘱进行身体康复治疗，生活态度比以前乐观了很多，情绪也基本稳定，现在很少哭了。家里的问题基本理顺了，一家人也不像陈姨刚开始得病的时候手足无措，现在家里人的情绪也基本平静了，文刚一家和文玲都能正常工作，还能抽出时间帮助陈姨老两口。

第二，责任社工也表达了自己在前期做出的努力和达到的目标。

①协调案主陈姨家里人的关系，组织一家人坐在一起面对面商量陈姨老两口以后的生活问题。在社工介入之前，陈姨一家人其实都很焦虑，文叔确实老了，自己耳背，越来越力不从心，照顾陈姨很吃力。文刚一家人都没有稳定工作，生活压力很大。文玲生活条件虽然很好，但远水解不了近渴，没办法经常照顾父母。但是陈姨老两口和文刚兄妹谁都不好意思明确表态，这个事情到底如何面对，最后却弄得一家人都很疲惫、很焦虑，老人的问题也没有得到很好地解决。所以社工建议陈姨夫妇和儿子女儿一家四口坐在一起，面对面商量一下这个问题如何解决（当然这样的解决方式最好有第三者能给协调一下）。经过社工的协调，一家人开诚布公表明了各自的想法和自己能做的事以及自己家面临的困难。最后商定了文中上述阐明的解决方案。全家人都比较满意，情绪恢复到正常状态，开始正常的工作、生活，以及对老人的尽心照料当中。

②给案主陈姨做心理疏导工作。社工意识到陈姨的情绪恢复是病情好转的关键，这个判断是正确的。社工开始准备运用自己专业的方法和对心理学的粗浅知识给陈姨做心理辅导。但是社工督导提醒责任社工陈姨的情绪不稳定看似不是非常严重，但是解决起来却不是很容易，因为陈姨的心理障碍和她的身体疾病缠绕在一起，互相影响，而社工对陈姨的这种病的康复治疗并不是很了解，帮助陈姨进行心理疏导效果不大，而陈姨的身体康复需要抓住最好时机，不能延误。所以责任社工接受督导建议，将案主的心理疏导进行转介，由案主所在医院心理门诊的资深专家进行。现在从陈姨的表现来看，社工的决策是正确的。陈姨的情绪基本稳定，全家人的情绪也放松了很多。

③帮助陈姨进行康复治疗。社工和陈姨老伴及子女商议之后果断决定，陈姨的康复应该由专业医院来做，协调了家里人的安排照顾，也帮助联系医院，陈姨很快接受了专业康复，身体恢复效果确实明显。

以上是社工在前期工作取得的成果。但也有一些问题没有得到很好的解决，比如，陈姨应该经常外出活动，一方面有利于身体康复，另一方面也能让陈姨接触到正常的生活，对舒缓她的情绪和增强对生活的信心有很大帮助。但是白天文刚一家都要工作，家里只剩文叔一个人，带陈姨外出活动也很有限。这个问题需要继续解决。

第三，案主陈姨生活的城市近几年公益活动开展得有声有色，有很多志愿者经常深入社区做公益。还有一些高校的社会工作专业和社区签订课程实践协议，希望来到社区进行课程实践。如果能够通过社区建立志愿者和陈姨老两口的联系，将陈姨作为服务对象，这样双方的问题也就都解决了，是一个非常好的办法。这将是下一步社工的主要工作。

（5）社工链接社区资源，帮助案主陈姨进一步解决问题。

社工来到社区办公室，了解社区对于老人的服务工作。社区主任介绍，社区没有正式编制，留不住人，工作人员严重不足，无法做到入户服务，只能对需要帮助的老人协助她们申请困难补助；或者偶尔帮助行动不便的老人购买生活必需品；帮助孤寡老人联系一家医院。对于像陈姨这样的老人，老伴能照顾，还有子女在身边，社区一般不会管。

社区近几年经常有志愿者联系为老人服务，但是如何与志愿者组织合作为老人服务，社区既没有法律、政策的依据，也没有这方面的经验可以借鉴。而且有的志愿者组织本身不严密，组织非常散乱，他们也很难保证人员能够很规律、很稳定地提供服务，所以社区无法安排和这些公益组织长期性的合作。还有就是社会工作专业的社会实践。2016年年初市里一所高校的社工专业负责人来到社区联系建立实习基地，而且还挂了牌子，签了协议。其中也可以做老年服务工作。但是社区考虑大学生毕竟还是以学校上课为主，不能保证服务的时间，学校也没有和社区商量明确的实习方案。2016年和2017年学生每年来过八九次，没有入户做服务，只是在社区范围内做过入户调查，组织过宣传活动和针对老年人的娱乐活动。还在社区的"四点半"课堂帮助小朋友检查过作业，和小朋友做游戏。其中入户调查和针对儿童的社会工作这一块效果很不错，但是针对老年人的活动效果不好，老年人的参与度很低，场面很尴尬。

社工和社区办的领导协商的志愿者入户为老人服务的思路，社区领导认为想法很好，他们也会支持，只是需要社工从专业的角度拿出可行的方案。其实将社区、社会组织和社会工作三方力量结合起来即三社联动为群众服务的政策，我国已经开始倡导推行。推动这一政策落实的关键确实是需要明确的项目策划，政府实实在在的资金支持，有组织的社会组织队伍执行。所以到目前，我国各地区、各城市都在探索当中，没有形成成熟的模式。我区的社会工作发展比较晚，社会组织的发展也非常缓慢，所以各地的三社联动服务民众的工作开展的不是很多。但是非常可喜的是陈姨生活的城市无论是社会组织的发展，还是社会工作的发展近几年都比较迅速，服务社会的成效基本都走在了全区的前列。

基于此，社工与社区领导商量，建议社区抓住国家政策导向的时机，逐渐加强三社联动，提高社区服务层次这块工作，争取我们这个社区三社联动这块工作能尽快做出些成绩，对提升社区形象，提升工作人员业绩都有非常有利的影响。社区应该与社会组织和高校社工专业建立长期规范的合作制度，保证社区服务的长期稳定，这样就可以安排服务人员上门为社区居民提供一些服务。例如，在本案中社区可以安排志愿者帮助陈姨的老伴文叔带陈姨出门活动。其实在社区中最需要服务的也就是老人和小孩儿，所以，只要社区能够将志愿者服务制度规范起来，给案主陈姨这样的老人提供服务是完全可行的。

（6）询问陈姨一家是否愿意社区志愿者介入。

从社工帮助陈姨一家开始，到现在时间已经过去 3 个月，社工准备进行一次家访，观察陈姨恢复的状况并与陈姨的老伴文叔和陈姨的女儿文玲商量陈姨老两口是否愿意接受社区志愿者的帮助。①陈姨的情况。陈姨自接受社工的帮助开始，就开始认真接受专业的康复治疗（每周四次，每次一小时）和心理疏导（每周一次，每次依采取的方式确定时间，并且没有告知病人自己医疗的目的）。时间过去三个月，案主陈姨情绪已经恢复正常，最近一个月再没看到陈姨哭。康复治疗效果也很好，陈姨已经能够拄着拐杖慢慢行走。言语功能恢复不算好，医生也说，言语功能恢复很困难。但是陈姨很爱说，家里人也已慢慢学会通过陈姨口型和场景与陈姨交流，所以也基本能够简单交流。陈姨日渐好转的状况也让一家人都越来越轻松。②社工和陈姨老两口、女儿文玲讲述社区志愿者服务的事情，给他们讲述了三社联动的国家政策，本社区志愿者服务的规章制度，社区对志愿者服务的管理等，也给陈姨一家讲述了志愿者服务有可能对陈姨一家的帮助。经过社工耐心的讲解，陈姨一家决定接受志愿者的帮助。

（7）社工最后通过个案访谈的方式详细了解案主陈姨的康复状况以及陈姨一家的生活现状（见表 3–5）。

表 3–5　　　　　　　　个案访谈——案主的康复状况及案主一家的生活现状

访谈对象	了解的问题	访谈收获
案主老伴（文叔）	①对社工的工作是否满意②陈姨的情绪和身体康复怎么样③现在文叔觉得照顾陈姨还累吗④还有什么需要帮助解决的问题	①对社工的工作很满意，以前没听说过社工，这次和社工接触，觉得真是好，都是大学生，素质高，服务态度好，帮大忙了②陈姨的情绪没有问题了，现在能吃能睡，心情也好了，治疗很积极，康复效果也很明显，现在自己能拄拐慢慢走了③家里雇了钟点工，儿子、媳妇、孙子也过来帮忙，陈姨也不像以前那样难照顾了，所以文叔感觉自己轻松了不少，每天只要天好就推着陈姨下楼转转④对目前的状况非常满意，以后努力越来越好
案主女儿（文玲）	①对社工的工作是否满意②感觉母亲的情绪和身体康复怎么样③对父母现在的生活状况满意吗④还有什么需要帮助解决的问题	①对社工的工作很满意，这次接触社工之后，感觉社工的工作很贴近老百姓，也非常专业，政府应该大力发展②感觉母亲心情和身体的恢复都特别好，没想到恢复这么快，感觉还是专业治疗的效果好③感觉父母的生活现在挺好的，眼前的问题基本都解决了，父母老了，以后只能这样走一步看一步④社工已经帮了很大的忙，以后的问题需要自己家人慢慢适应

续表

访谈对象	了解的问题	访谈收获
案主儿子（文刚）	①对社工的工作是否满意 ②感觉母亲的情绪和身体康复怎么样 ③对父母现在的生活状况满意吗 ④还有什么需要帮助解决的问题	①对社工的工作很满意，以前没听说过社工，这次看到社工的工作，感觉很专业，服务很到位，希望以后还能得到社工的帮助 ②感觉母亲心情和身体的恢复越来越好，以后继续配合医生做康复治疗，母亲年龄不算太大，还应该能更好一些 ③父母的生活现在挺好，自己真的轻松了很多 ④暂时没有需要帮助解决的问题，非常感谢政府、社工的帮助
案主的主治医生（张大夫）	①病人恢复的怎么样 ②病人的情绪正常吗 ③病人以后还需要注意什么 ④家属需要在护理方面注意些什么	①病人恢复的效果不错，在同类型的病例中算恢复好一些的，后来这段时间病人康复做得很好 ②病人这段时间的情绪基本正常了，找专业医生做心理疏导效果还是很好的，另外感觉家里人也很关心她 ③病人以后也应该继续坚持锻炼，包括语言神经也应该加强锻炼，练习的越多，恢复的越好。另外情绪要平静，不能太激动 ④病人家属之前做得很好，也很辛苦。以后还需继续多关心病人，保持病人情绪的稳定，帮助病人多练习说话，多锻炼身体机能。病人的身体好起来，心情也自然会好起来，家人的心情也就会好起来
案主新社区的马主任	①陈姨自住进新社区身体、情绪怎么样 ②陈姨家里人对她护理的怎么样 ③对失能半失能老人社区能帮助他们做什么，以后会在这方面有更多投入吗	①陈姨现在比刚住进来时情绪和身体都越来越好 ②家里人平时照顾陈姨的主要是老伴，儿子一家也常过来看望陈姨，但陪不了很长时间，女儿也常回来帮忙做家务 ③对失能半失能老人，现在社区做不了什么，主要是社区人手少。以后想请示上级部门，多拨些经费，推动三社联动，动用社会组织的力量给老年人多提供一些服务

3. 结案

社工通过和案主家人、案主的主治医生、案主所在社区的主任进行详细的个案访谈，了解到案主陈姨各方面恢复得都不错，对案主老两口的生活安排得很合适，案主的问题基本得到解决，和案主及家人商量结案。

三、案例评估及反思

（一）案例评估

本案例的社工书写了详细的自评报告，对案例的服务效果进行了自评。通过与服务对象陈姨的老伴、儿子、女儿的面谈让服务对象对帮扶效果进行了评估。最后委托案主的主治医生张大夫对案主的帮扶效果进行了第三方评估。

1. 社工机构自评

社工机构的督导及责任社工对本案例进行了自评：社工及督导在接案环节工作细致

周到，准备充分，因此之后对案主家庭问题的预估是比较准确的，计划的制定也是切实可行的，实施过程严格遵守约定，及时与案主进行交流沟通，遵从案主自觉的原则，听取案主的想法。社工发现案主的心理焦虑问题社工机构无法解决时，及时建议案主亲属看专业医生，从而让案主的病情得到最佳的治疗。

2. 服务对象的评估

通过观察案主陈姨最近的身体恢复效果，陈姨老两口的生活状况以及与陈姨的老伴、儿子、女儿三人的面谈，了解到案主陈姨的恢复效果确实不错，陈姨已经能够借助单拐独立行走，生活也基本能够自理，陈姨的情绪也基本恢复正常，已经很长时间没有再流过眼泪。陈姨老两口也不像最初见到时那样焦虑和疲惫，老两口的生活基本恢复正常。案主陈姨一家对社工的帮扶工作非常满意，他们尤其赞赏社工的专业水平，是社工及时建议通过专业医生医治陈姨的心理焦虑问题，才最终使陈姨的问题得到解决。

3. 案主的主治医生张大夫的评估

社工委托案主的主治医生张大夫对案主陈姨的状况进行了评估。张大夫通过比较社工介入帮助案主陈姨前后，陈姨的身体和情绪的变化诉说了社工的帮扶效果。张大夫认为，社工介入之后及时说服陈姨家人带陈姨进行心理治疗，同时找专业康复机构对陈姨进行康复训练，因为问题估计准确，策略得当，而且社工的专业理念非常好，积极耐心的帮助案主一家的同时，激发案主的主观能动性，所以后期案主能积极配合，抓住了病情的最佳治疗时间，所以案主陈姨的恢复状况是非常好的。

总之，经过三方对本案例的评估，最后总结，本次社工的帮扶工作基本达到了预期的目标。

（二）专业反思

（1）社工的作用不是万能的，如果发现有解决不了的问题必须及时采取措施。本案例当中，案主陈姨对自己康复的信心等心理状态是决定社工帮扶工作是否能取得成效的关键因素。在刚开始，社工听从案主女儿文玲描述母亲的状态，社工对案主状态的分析、把握有点简单，真正接触到案主陈姨及她的主治医生之后，了解到案主由于对自己的病情认知不够，康复信息也不足，因此心理极度脆弱，而解决案主的心理问题需要对案主的病情有非常深入的了解和专业知识才能真正说服案主，从而解决案主的心理问题。显然，社工在这方面是非常欠缺的，而且案主的病情不能延误，所以社工及时建议案主家属找专业医生解决案主的心理压力问题。

（2）社工在本案例中担当了非常好的支持者、引导者和组织者的角色。本案例中，案主陈姨突发疾病，而且案主的病情康复效果不好的话可能导致以后生活不能自理，所以一家人面临这种突发状况一时间非常慌乱，尤其是案主自己，由于不能面对现实而使情绪异常失控，对未来甚至失去信心，社工介入之后，担当了很好的支持者、教育者、组织者的角色，支持陈姨一家人重拾信心，冷静面对问题，引导陈姨家人带陈姨找专业医生治疗陈姨的心理症结和身体康复。组织陈姨家人坐在一起面对问题，共同商议，分工合作，以最好的方式尽快帮助陈姨康复及解决老两口的生活问题。

第三节 光荣退休之后——老年角色适应

李某，男，61 岁，退休前是一名大学教授，兼任学校职能部门处长，教学及行政工作都做得非常出色。退休后与老伴赋闲在家，老伴与李某同龄，退休前是一所中学的教导主任。李某有一子，33 岁，大学毕业后留在外省工作，已成家，孩子 3 岁，一年中只有节假日回家几次。李某退休后，每天就是帮着老伴做做家务，也不愿意出门，除了看看专业书，也没有其他爱好，一段时间后，李某渐渐觉得日子很是无聊，时间过得真慢，心中有说不出的失落感，常常自己坐在家里发呆、叹气，最近越来越不爱说话，饭量也小了，身体状况大不如前。

一、案例背景及预估

（一）案例背景

1. 李某个人基本情况

李某，男，61 岁，大学学历，退休前是一名大学教授，同时兼任学校职能部门处长。身体状况良好。因为在学校各项工作干得都很出色，最重要的是业务能力很强，课讲得很好，所以在省内也有一些名气，经常有单位慕名邀请去作讲座或作专业评审。这也导致李某很忙，除了工作外也没有其他业余爱好。

2. 李某家庭情况

李某家庭条件很好，老伴和李某同龄，现在也已退休，退休前是一所中学的教导主任。老伴知书达理、性格开朗，身体也不错。退休后夫妻俩收入虽远不及在岗时多，但也算退休老人中高收入群体。双方原生家庭都没有经济负担。李某育有一子，大学毕业后留在外省大城市工作，也已结婚生子，孩子 3 岁，大城市生活节奏快，李某的儿子儿媳工作都比较忙，孩子又小，近两年回家的次数越来越少。

3. 李某的社会关系及生活环境

李某参加工作以来一直在高校工作，高校的业务是一个相对独立的体系，对外联系和对接的基本是相关的业务部门，因此高校教师的社会交往面相对比较窄。李某长期担任一线教师，只是在临近退休前几年才担任职能部门领导，因此，多年以来，李某形成了一种专注于自己的业务，做好自己本职工作的作风，社会交往非常少。日常生活经常是单位和家两点一线，工作刻板规律，工作之外的社会活动李某极少参与，社会关系非常简单。

近几年我国学历教育发展迅速，年轻人都抓紧时间提高自己的学历，尤其在高校，近几年入行的门槛都比较高，全日制本科院校聘用一线教师要求拥有博士学历，这些年轻人进入单位就业起点高、成长快，40岁左右评为教授，继而成为行业领域专家的大有人在。所以，如今一个有教授职称的教师退休之后，除非在专业领域中名气很大，专业水平非常高，否则，不会像十几年前那样还继续能在一些行业中延聘或经常被作为专家聘请。

社会发展对老年人的影响还不仅仅是年轻人的成长越来越早地代替了老年人的位置，而且社会没有充分提供老年人继续成长和发展的机会和服务，社会政策通常更多的是注重于为老年人提供基本的物质生活保障，对他们的心理和精神生活需求关注的则比较少。

同时受我国传统文化影响很多老年人仍然向往儿孙绕膝、共享天伦之乐的生活。可是随着我国社会的变迁，家庭结构也发生了很大变化，大家庭解体，逐渐变成现在的小家庭。子女结婚之后大多数选择自己居住，不愿意和父母住在一起。很多人的家族观念逐渐淡薄，除了自己的父母和子女，与其他亲戚交往也越来越少。加上人口流动政策放宽，年轻人越来越多地选择到大城市、更广阔的天地发展，不再过多地受"父母在、不远游"的传统思想影响。老年人共享天伦之乐的想法落空，加上身体的疾病，远离工作状态，普遍都会感到孤独、寂寞、空虚。

4. 社区为老人提供的服务有限

我国社区作为连接政府和群众最基层的部门，承接上级政府下达的各项业务，因此业内有一种说法"上面千条线，底下一根针"，说的就是社区的工作状态。可见社区工作又多又繁杂，但是社区工作人员普遍没有编制，以合同制聘任。年轻人普遍以工资待遇低、没有保障、工作没有发展前途为由不愿意去社区工作，所以社区的工作人员很多都是40~50岁的人员，即使是这个年龄段的人很多也不安于长期留在社区，结果是社区工作人员数量少、年龄大、文化程度低，他们面对繁杂的工作任务基本处于疲于应付的状态，根本无暇开发更多的服务项目，为个别有需求的人提供帮助就更不可能。

(二) 案例评估

社工机构接到李某老伴的求助之后，即详细了解了李某退休前的工作、生活状况，退休后的种种表现，经过社工与督导讨论之后，对李某的问题做出评估。

李某的问题是比较常见的因对退休生活不适应而引起的心理焦虑，也有人称退休综合征，如果症状轻微，经当事人自己心理调适会逐渐恢复正常。如果症状严重，就需要求助专业人士给予帮助，尽快从压抑的情绪中走出来，否则听任不良情绪长期在心中郁积可能导致抑郁甚至更为严重的后果发生。本案例中李某的情况属于比较严重的类型，需要在社工的帮助下尽快做出改变。社工综合分析了李某的问题及他拥有的优势资源。

1. 李某的问题

（1）李某的思想需要转变。

人们随着年龄增长和环境的变化，思想必须随之改变。每个人都有逐渐衰老和退出工作岗位的一天，应该从思想上接受，继而适应新的角色。李某已经退休，但是从思想上不愿意接受现实，不愿意接受自己的工作已经由更年轻的老师接手，不适应没有校外单位找他指导工作的现实。更难让李某接受的是，前几年儿子还经常打电话向他请教工作、生活中的很多问题，近两年也逐渐少了，于是李某认为自己没用了，已经是朽木了，因此情绪越来越低落，身体也越来越差。究其原因是李某的思想没有及时转变，没有从思想上接受新角色，适应新角色。

（2）李某需要积极应对退休生活。

人生的每个阶段要想过得充实又快乐，必须未雨绸缪，以积极的态度去应对。退休生活对每个人的心理都是很大的挑战，因为从工作岗位退下来，生活圈子窄了，工资收入低了，原来的地位和待遇也没有了，尤其像李某的情况，退休前是业务专家，还是单位职能部门的处长，退休之后各方面的落差会更大，更需要李某以积极的态度去应对，尽快适应退休生活。

（3）李某夫妇和儿子的关系需要调整。

李某的儿子非常优秀，高中毕业考到南方城市读大学，毕业后留在当地发展，之后按部就班结婚生子。刚参加工作那几年经常打电话向父亲请教工作、生活的问题，近几年自己也成熟了很多，结婚之后有事可以和妻子商量，所以打电话向父亲请教的次数越来越少。此外，近两年因为孩子小，李某的儿子回家探望父母的次数也少了很多。李某夫妇因为不适应南方的气候去儿子家的次数也很少，因此一年下来李某和儿子见面的次数很少。李某退休之前因为工作繁忙无暇顾及儿子一家，但是退休之后随着空闲时间越来越多，李某开始想念儿子，有时甚至胡思乱想，认为儿子觉得他不中用了，儿子对家的感情越来越淡了等。这些问题近来越来越频繁地困扰着李某，有时甚至让他烦躁不安。

2. 李某拥有的优势资源

李某是一个高级知识分子，学识和阅历都能够让李某思想转变很快，学习一些新东西也应该很快。而且李某自己多年在工作中积累的教学经验和学识，在生活中一定还有用武之地。李某夫妇经济条件很好，家庭没有任何负担，夫妻双方都是知识分子，关系和谐，尤其李某妻子，性格开朗，能很好地开导和帮助李某，应对生活中的问题。李某的儿子也很省心，很独立，自己打理自己的生活，凡事不用李某操心，儿子也很孝顺，尽量不给父母添麻烦。李某所处的社会环境也有很多资源。我国步入老龄化社会之后，政府近几年出台很多措施关心老年人，探索多种养老模式，社区拿出实际行动关爱老年人，帮助老年人解决生活中的困难等等。

二、服务计划及实施

（一）服务计划

1. 服务目标

（1）总目标：帮助李某完成角色转换，重新发现自我价值，恢复社会功能，发现自己的兴趣点，找到生活的乐趣。

（2）分目标：①帮助李某排解非理性情绪，树立正确的理性认知。②发现李某的兴趣点和价值所在，挖掘李某的潜能。③缓解李某社会隔离，建立社会支持网络，鼓励与周围人交往，发现志同道合的伙伴，一起活动、玩乐，寻找生活的乐趣。

2. 理论支持

（1）角色理论：角色理论认为，每个人在一生中扮演各种角色，角色是个人与社会相互接纳的一种形式。个体通过角色形成自我概念，获取相应的社会地位和社会回报；社会通过角色赋予个人相应的权利、义务、责任和社会期望。可以说，角色是个人以自身对社会的贡献来满足自身物质需求和精神需求的一种形式，满足程度随角色的变更而提高。①

本案例中，案主退休之后，角色发生变化，要求案主迅速转变观念，适应新的角色，结果案主思想一时难以转变，无法适应新的老年角色，给生活带来不快，因而需要社工给予案主帮助，尽快解决其角色失调问题。

（2）归因理论：归因就是追究行为发生的所有原因，一般分为外归因和内归因。归因理论对于科学地认识个体的行为和心理活动规律，改进个体的行为有很好的作用。

本案例中，外归因是案主退休，儿子常年不在身边，自己的身体日渐衰老，社会的文化环境以及国家社会服务状态。内归因则是案主的性格特征，案主性格不是十分开朗，平时做事比较正统刻板。而且，案主缺乏积极的生活态度，造成退休后消极的行为。

3. 服务策略

（1）运用心理社会治疗模式的直接治疗中的非反思性治疗方法，通过社会工作者的"支持、接纳、同感"减轻服务对象的不安，给予服务对象必要的肯定和认可。

（2）运用心理治疗模式的直接介入技巧，社会工作者通过直接表达自己看到的问题和对案主的意见，直接指出服务对象的某种行为可能导致的不良后果，促使服务对象的态度和行为发生变化，修正偏差行为。

（3）运用家庭支持系统，指导家庭成员鼓励和帮助案主克服不良情绪，战胜困难，积极改变目前的生活状态，尽快投入到积极向上的生活。

（4）运用心理社会治疗模式的间接治疗的服务方式，整合社会资源，和服务对象原单位、社区一起解决服务对象的实际问题，建立更加完善的社会支持系统。

4. 具体工作方案

（1）个案会谈。

与案主最亲近、平时接触最多的人，如案主老伴、案主儿子、案主原工作部门同事等会谈，详细了解案主退休前和退休后的变化，案主情绪不佳的表现、原因，帮助案主走出困境的具体措施。

---

① 于晶利、刘丽艳：《家庭社会工作实务》，格致出版社2012年版，第24页。

（2）链接资源。

链接李某身边的资源，帮助李某达成心中的一些愿望，如果李某的生活过得充实，自身的价值还能得到体现之后李某的心情自然就会变得开朗。

（3）发挥社区作用。

在社区内开展一些有关退休话题的活动项目。一方面让案主逐渐感知自己的现实状态，直面退休问题。增进案主与同龄人的交流，广交朋友，多参加活动，培养自己的兴趣，开辟新的活动领域，找到自己的精神寄托。另一方面也让家里人认识到案主遇到的问题在生活中比较常见，需要亲人帮助缓解压力解决问题。

（二）实施过程

1. 建立关系及约定时间等事宜

与李某夫妇面谈告知他们社工的工作性质和工作职责，社工机构帮助李某的工作方法和工作流程以及预期达到的效果，取得李某夫妇的信任，与李某建立服务关系。并且和李某夫妇商定，社工预计用一个月的时间帮助李某。

2. 帮助李某解决问题的过程

（1）个案访谈，主要了解李某的基本情况。

与李某的亲人、退休前一起共事的同事沟通，通过个案访谈的方式，充分了解李某退休前和退休后的不同，李某退休后状态不好的表现，分析其中的原因。个案访谈四人，具体的工作内容及收获如表3-6所示：

表3-6 个案访谈——搜集资料

工作时间	参与人员	工作内容	访谈收获
2018年4月2日上午	社工，案主	和案主聊天，聊案主退休前在工作中的表现，案主取得的成绩，退休后的想法，心里的郁闷，等等	进一步和案主熟悉，取得案主的认同。了解到案主的基本状况及存在的问题。也了解到案主已经认识到自己的问题并且有改正的强烈想法
2018年4月2日下午	社工，案主老伴	了解案主退休前的生活、工作状态；案主退休后的心理变化和日常表现、对待人际关系的态度，特别是和儿子的关系有何变化；案主是否意识到自己退休后表现出的问题，是否主动和家人、朋友诉说自己的苦闷并且想办法解决	详细了解了案主的情况，案主不良的状态及原因
2018年4月5日（清明节）下午	社工，案主的儿子	利用案主儿子清明节回家祭祖这一时机，约谈。了解案主儿子的工作生活状态；对父母退休后生活的想法，是否意识到父母退休后生活、心态会有变化；是否想过如何解决这些问题；是否了解父亲退休后的变化；是否想过要帮助父亲解决	了解到案主儿子的生活现状及对案主的态度。取得案主儿子的信任与支持

工作时间	参与人员	工作内容	访谈收获
2018 年 4 月 6 日上午	社工，案主原来工作部门的同事	了解案主工作时的各种表现；是否了解案主退休后的变化；单位是否想过帮助案主解决	进一步了解案主的信息，并获得案主原工作部门的支持

通过与案主、案主老伴、儿子、案主原工作部门同事进行个案访谈，了解到案主性格不是非常开朗，工作生活态度刻板认真，比较有事业心，工作业绩比较突出。但平时没有其他兴趣爱好，生活比较单调。刚刚退休，案主李某突然从繁忙的工作中退离，一方面大把的时间不知道该如何打发，另一方面也是最主要的问题，李某一时难以接受原来在岗时领导重用、同事尊重、学生爱戴、其他相关行业作为专家拥戴的情形和现在的落差。李某总认为自己还可以发挥余热，还想做些事情，但自己却不好意思主动提出，退休近两年以来，这样的情形日积月累，李某就有点想不开。

家庭中李某对儿子一家的思念与牵挂等情感不能得到及时的慰藉也加剧了李某的不良情绪。但李某还不愿意将自己的不良情绪让儿子知道，不愿意增加儿子的负担，所以随着生活中空闲时间越来越多，李某对儿子的思念越来越强烈，心情就越来越糟糕，经常会食欲不振，身体自然越来越不好。

但经过与李某及李某老伴的深入访谈，了解到李某已经意识到自己有些问题，只是碍于面子无法果断地去解决。社工综合了解到李某的所有情况之后分析，李某的情绪和身体问题都不是很严重，属于刚退休时的常见问题，并且了解到李某具有的优势资源，社工机构通过一段时间的努力，李某的问题基本可以得到很大程度的解决。

通过做个案工作，建议李某认真规划退休生活，把退休前因为工作繁忙而没有实现的愿望梳理出来，定一个计划，考虑逐一实现这些愿望。李某老伴应该做好辅助和督促的工作。

A. 每天要锻炼身体。

B. 每年拿出一段时间旅行

C. 每年安排一段时间去儿子家团聚

D. 培养一个兴趣爱好，与志趣相投的人交朋友，平时就可以经常在一起活动。

（2）链接李某身边的资源，帮助李某完成一些心愿。

①纠正儿子的错误认知。社工以个案的方式与李某的儿子交流，建议李某的儿子要逐渐明白现实问题：自己成熟了，父母老了，自己应该反过来把父母当小孩了。经常给父母打电话与父母交流，关心父母，和父母说说自己家的情况，特别是汇报自己孩子的情况，以此慰藉父母，并和父亲交流工作上的想法。

社工和李某的儿子交流之后，如今，李某的儿子每周六或日安排一次和父母的视频通话时间，关心一下父母的身体、生活状况，特别要和父亲聊聊自己的工作状况。让孙子和爷爷、奶奶视频一段时间。李某的儿子还和父母约定，南方季节好的时候，父母去自己家住一段时间，孩子寒暑假时回到爷爷奶奶身边住一段，这样一年下来，一家人在一起的时间也会很多，满足老人共享天伦之乐的愿望之余，也随时能了解父母的状况，帮助解决父母遇到的问题。

②建议原工作部门能发挥李某余热，安排李某做力所能及的工作。其实高校扩招之后师生比一直是一个比较严重的问题，学校无论是教学还是管理工作教师数量都远远满足不了学生的需求。李某在高校有30多年的教学和10余年的管理经验，退休之后完全放弃之前的工作，不仅是李某个人难以接受，对于学校和国家也是巨大损失，所以我们建议李某原工作部门能深刻认识到这一问题，为李某这样的退休教师链接学校与社会资源，给李某提供机会，继续发挥他们的余热，为国家发展和人才培养继续做出他们的贡献，同时也满足李某的愿望。

在社工与李某原工作部门交流之后，部门领导意识到他们没有将退休人员的工作做好做细，之后专门开全院大会讨论此事，决定以后学院、教研室多关心退休教师，并且寻找机会给退休教师安排一些工作。其实学校一直有退休教师延聘的制度规定，并且将这一工作交于二级学院实际操作。延聘的教师根据岗位发放劳务工资。

近日听说，李某所在学院将在新学期继续聘用李某给本科生和研究生各开一门专业选修课，李某在岗时一直是这两门课的主讲教师，授课效果非常好。

（3）促进社会支持网络的完善。

建议原工作单位退休办公室，能将学校的活动中心在平时其他教职工工作的时间充分地利用起来为退休教师服务，定时安排各种活动，可以在学校师生中招募有一定水平的玩家做志愿者，教授初学者，尽可能将有兴趣的退休教职工组织起来，参与集体活动。

经过了解得知，李某原工作学校的退休办（退休办公室的简称）给退休老师做了很多工作，学校的活动中心平时工作日都向全校教职员工开放，活动项目也比较丰富，有台球、乒乓球、羽毛球、老年门球等各种球类以及各种棋类、扑克牌。但是退休教师参与的热情不是很高，每天去的人比较少。经过了解得知，棋类比如围棋，球类比如乒乓球、台球，很多老人不会玩。学校退休办准备采纳社工的建议，利用学校内部资源，在师生中招募志愿者，安排具体时间培训零基础的退休教师，并且定期举办比赛，发放奖品，吸引更多的退休教师参与，丰富退休员工的老年生活。社工说服李某老伴参与到这些活动中，不离开学校这个氛围，李某的失落情绪就会有很大的缓解。并且在这个过程中，李某能逐渐培养自己的兴趣爱好，增加自己的生活乐趣之余，能结交志同道合的朋友。

（4）促进社区工作实施。

建议社区充分利用国家近几年关爱老年人的利好政策以及现有的资源，组织本社区的退休老人能多出门活动，多结交朋友，快乐充实地过好自己的退休生活。例如：社区可以定期邀请专家或资深社工给社区内的退休人员作讲座，讲述有关适应老年角色，安排退休生活等问题；还可以组织退休人员，定期座谈，形成朋辈群体，他们之间互相关心、互相帮助；也可以给老人提供活动室。近几年国家关注养老问题，每年都有专项政策和资金用于为老服务，社区可以抓住时机在社区内申请活动场地，平时在工作日期间，基本都可以提供给老年人使用。社区可以组织各种老年人活动，比如各种棋类、牌类活动，舞蹈、唱歌、戏曲、器乐团体活动，各种小手工制作活动等，其实适合老年人的活动很多，只是需要社区很好地管理和组织，社区目前的困难在于工作人员比较少，没有多余的人力专门为老人服务。于是社工建议社区将老人的自主性调动起来，发挥老人的优势，在老人中选出代表管理老人们自己的事情。老人们自己组织，自己设计活动项目，社区工作人员负责把关，负责协调关系，申请资金等。

社工特别向李某所在的社区办公室推荐李某，因为李某刚退休，年龄不算太大，身体条件也很好，文化高，退休前在大学做过多年管理工作，社区应该和李某充分沟通，调动起李某的积极性，让李某辅助社区工作人员管理社区的为老服务工作。

社区办公室工作人员采纳社工的建议邀请李某参与管理社区为老服务工作，李某非常感谢社区看重自己。但是因为学校在新学期给李某安排了课程，李某考虑到自己毕竟已经60多岁，精力有限，准备先把学校的工作干好，那是自己投入大半生的事业。不过李某也表示以后有机会一定会支持社区的工作，为老人们做点事情。虽然没有在社区做工作，但社区的邀请让李某非常高兴。

（5）中期评估。

通过社工做李某个人、李某老伴、李某儿子的工作，以及走访李某原工作部门、原单位退休办和居住的社区，协商对李某的帮助。前后时间约有20多天，李某经过这段时间的持续锻炼已经在学校活动中心参与了几次活动；老伴耐心的陪伴，儿子一家经常电话关心；李某原工作单位和社区积极配合社工，有针对性地采取措施，对李某的帮助效果非常好，李某的精神状况基本恢复正常。社工进行了中期评估。

评估采取的方式是案主自评和第三方：案主老伴、案主的好朋友也是案主原工作部门同事评估。

①评估的项目。社工设置了一些问题，例如A：案主李某最近饭量、睡眠如何，每天锻炼身体吗，和谁去，锻炼时间？B：案主在家都做些什么，生活规律吗？C：案主和老伴在家经常交流吗，话题是什么，情绪如何？D：案主常和儿子一家通电话吗，通话情绪如何，时间长？E：案主常出去活动吗？出去的时间长吗，和谁去，活动时的情绪如何？F：案主回原工作部门吗，回去做些什么，情绪如何？

评估以个案访谈的方式进行，社工就以上问题对案主老伴和案主的好朋友进行访问，了解到案主逐渐清晰认识到自己的问题，并且非常认同社工的工作方式和工作态度。很积极配合社工的工作，给自己制定短期计划，坚持锻炼身体，主动去学校活动中心参与学校退休办组织的活动，已经和另外两个男老师相约共同学习乒乓球，以后组队参加离退休干部联谊赛。已经开始准备新学期的工作。和儿子一家打电话的频率也多了不少，一周至少通一次电话。李某很高兴能经常和小孙子说说话。

②社工总结。前期帮助案主李某做的事情确实有一定效果。对于帮助案主排解非理

性情绪，树立正确的理性认知；发现案主的兴趣点，培养案主的兴趣爱好以丰富案主的生活；缓解案主的社会隔离，建立社会支持网络，鼓励与周围人交往，发现志同道合的伙伴，一起活动、玩乐，寻找生活的乐趣等在前期制定帮扶案主的分目标基本都已取得很大成绩。但是社工帮扶案主李某的总目标即帮助李某完成良好的角色转换，重新发现自我价值，恢复社会功能方面，做得并不到位，有些措施例如，李某所在部门暂时聘用李某给本科生、研究生代课，这件事是暂时的，待师资够用时，李某就不再被聘用，而且学院也只是计划等待时机给李某安排他力所能及的工作，这些都不确定。李某希望重新发现自我价值，恢复社会功能的想法并没有真正实现。这也是下一步社工帮扶工作的重点。

（6）第二阶段社工的工作。

第二阶段工作的重点应该是两个方面：①帮助李某从思想上深刻认识退休的真正含义。②帮助李某找到真正实现自我价值的方式。完成这两个目标，主要是做案主李某的工作，李某自己就是一个学识渊博、阅历丰富的大学教授，解决这两个问题还是需要李某自己在思想上认识清楚，家人则应该继续鼓励支持。因此首先，社工和李某本人、李某的老伴、李某的儿子进行深度访谈。访谈的内容及收获如表 3 - 7 所示。

表 3 - 7　　　　　　　　　　　　个案深度访谈——解决问题

工作时间	参与人员	访谈内容	访谈收获
2018 年 4 月 23 日上午	社工，案主	社工和案主已经非常熟悉了，所以开门见山直接谈到主要问题 社工询问案主对前段时间的工作是否满意，感觉这样的生活是否是案主自己希望的 案主明确表达对社工的工作非常满意，感谢社工帮助他。案主表达去学校活动中心学习乒乓球也很高兴，但是不想玩太多，达到锻炼身体的目的就可以。能去学院上课也很满足，但心里清楚这是学院在照顾他，并且上课不是个长久之计。自己还是应该想一件持续做下去的事 社工表达观点：明确和案主说明：鉴于案主的学识和阅历，打算直接和案主述观点，不用委婉，案主赞同 社工观点：希望案主能面对现实，人的生老病死是规律，每个人都要老去，离开工作岗位，回家颐养天年，要接受这一规律 人在不同的年龄阶段价值是不一样的，李某可以将自己多年积累的知识和教学经验写成专著，甚至出版，留给后人，意义深远 每个人在退居二线时不必要心理不平衡。社会发展就是代代相传，退休并不是人走茶凉，没有价值了，有更年轻的人做工作是社会的进步。退休的同志还有新的舞台 李某表示很认同社工的观点，李某说到，经过前段时间和学校及社区退休的同志在一起，其实也意识到这个问题	和李某的交流很顺畅，李某非常认同社工的观点，退休之后还有更广阔的舞台，李某打算思考一件能让自己长久做下去的事情
2018 年 4 月 24 日上午	社工、案主老伴	案主老伴非常认同社工对案主情况的分析，老伴其实也多次劝说李某把心态放平和，但老伴很了解李某是一个坐不住的人，总想找点事干，所以老伴支持李某把前几年的理论和教学研究继续下去	社工的判断得到李某老伴的认同，接下来李某老伴全力支持李某

续表

工作时间	参与人员	访谈内容	访谈收获
2018 年 4 月 25 日上午	社工、李某的儿子（电话访谈）	李某儿子首先表达对社工的感谢，对父亲的帮助非常及时，他也感觉到父亲这段时间开朗了许多，他和父母的关系也拉近了很多 社工和李某儿子解释了这次和他沟通的目的以及对李某问题的分析，以及下一步帮助的重点，征求李某儿子的意见，李某儿子非常认同社工的做法，他也认为，父亲身体很好，年龄也不算大，有那么多年的知识积累和工作经验，突然都放弃了实在可惜，应该再找一些事做，他也赞同父亲可以考虑写书、写文章，可能的话发表出来，对于父亲来说也是人生价值的体现。他也表示以后会经常鼓励父亲	社工和李某儿子的沟通非常顺畅，取得李某儿子的支持

社工经过和李某、李某老伴、儿子的访谈，大家达成一致：李某应该把专业的理论和教学研究继续下去，可以写成文章、专著，这些工作对于李某从事的专业发展将会是非常宝贵的财富，尤其是教学研究，李某从事一线教学 30 余年，将多年在教学中的体会和发现的问题写成文章、专著公开发表、出版，对于高等教育的发展贡献是非常大的。李某也非常高兴，和社工表示会很快投入这项工作的计划和实施。

（7）社工和李某最后一次访谈，准备结案。

社工认为李某最关键的问题还是应该找到一件很有意义的事情去做，这样李某才有精神寄托，也才能够体现他的人生价值。这个问题解决了，其他问题都不是大问题，也就跟着迎刃而解了。李某现在找到了这样的方式，社工鼓励他一定要坚持做下去，家人也表示一定全力支持他。李某的问题基本得到解决，社工和李某商量考虑结案了。

三、案例评估、反思与回访

（一）评估总结

社工已基本完成了工作计划并且达到了预期的目标，即案主的情绪已恢复正常，投入积极的生活状态，积极锻炼身体，参加单位举办的活动，与朋友、邻居沟通交流，积极寻求更能体现人生价值的事情去做。与家人的关系也协调得很好，家庭关系更加和谐。社工经与案主商量准备结案。

总结案主的进步与不足，做案例的结案评估。社工建议案主自己写一个自评报告，将这段时间自己心态的变化，经过与社工共同面对解决，案主对待退休生活甚至对待人生都有更加深刻的认识。对社工的工作态度、工作方法的综合评价，都可以写在评估报告当中。社工与李某的老伴和李某原工作部门的领导进行了结案访谈，希望他们就李某的变化，社工的工作做一个评估，写成书面评估报告，作为第三方评估，最后是社工的自评报告。

（二）结案反思

选择这一案例作为典型案例介绍有两个原因：第一，退休之后角色转化中出现的不适应问题，在近几年越来越普遍，我们有必要深入关注一下，全面分析一下原因，运用社会工作方法很好地加以解决，一方面让这些老人能轻松愉快地安度晚年，另一方面，也让闲不下来的老人能找到适合自己的另一个舞台，能发挥余热，为国家做出应有的贡献。

这一案例引起社工重视的第二个原因，是案主的身份，案主是一位高级知识分子，退休前是大学的教授，原本在大众的意识中总认为这样的人一般不会出现心理问题，或者即使出现了问题，应该很快能够自我调节。但是在实际生活中，闻道有先后，术业有专攻，知识分子在心理出现问题时也需要求助专家解决。而且，更为棘手的是，给知识分子解决他们的心理问题，难度更大一些，因为他们往往认为自己有文化，自己做出的决策和方法应该是正确的。本案例中，案主以及案主的家人、朋友都是高级知识分子，社工一直采取和他们共同商议的方式制定解决问题的策略，开展实际工作，工作进程还比较顺利。其中也有不足的地方，对专业理论的运用不是特别熟稔，这是需要以后不断改进的。

（三）回访

在结案后的一段时期内拜访案主及家人，了解案主现实的状况，案主工作推进的情况，案主还有哪些问题需要解决。强调案主取得的成绩和积极向上的态度，鼓励案主增强信心，巩固已有的变化，继续努力完成自己的计划。

第四节　我住在老旧小区——打造老年主题公园

目前中国的老人，只要生活能够自理，基本都选择居家养老，老人们年龄越大，越有恋家的倾向，走到哪里都不如自己的家舒适。所以我国社区居家养老模式至少应该是今后很长一段时间最普遍也是最受老人欢迎的养老模式。这种养老模式首先需要社区能够提供老人锻炼身体、休闲娱乐的场所。但是，在住房商业化之前，大多数人都住在自己单位的福利房里，例如在 H 市，20 世纪 90 年代末之前的住房，也就是老百姓通常说的老旧小区，基本都是某个单位的福利房。这些老旧小区面积不大，基本是几栋住宅楼围起来，装一个大门，门口盖一间屋子俗称门房，雇一个看门的大爷，就成了一个小区，小区楼宇间的空地搭建完一个自行车棚后基本所剩无几，根本无法给老人提供活动空间。

这些老旧小区的老人通常选择去周边的公园活动，久而久之，公园就成了老旧小区老人活动、娱乐的场所，平时闲置的公园也就被这些老人充分地利用起来。

我们希望当地政府不妨就此利用现有条件，将公园打造成为老年主题公园，既能凸显公园的特色，充分发挥公园的价值，又能节省在每个社区给老人们打造休闲娱乐场所的费用。

一、项目背景及评估

（一）项目背景

1. 项目来源

在上《老年社会工作》课，带学生进行课程实践的时候，我曾带学生数次走进 H 市 C 公园，C 公园周边基本是建于 20 世纪 80 年代末 90 年代初的老旧小区，这些小区里都没有可供老人活动的场所，所以老人们大多数都来到 C 公园锻炼身体、休闲娱乐，久而久之，C 公园成了 H 市远近闻名的老年活动公园，有的老人甚至坐公交车从很远的地方来到这里参加活动。因此我们以课程实践的方式要求学生将 C 公园规划设计成为一个老年主题公园。以后我们计划将此设计方案申报为老服务项目。

2. 相关背景资料

（1）公园概况：C 公园，地处 H 市中心，出行非常便利，周边交通也很方便。公园占地 17.4 公顷，全园绿化率达 70%，公园内桃树品种很多，每年四月份桃花盛开的季节，这里都要举办桃花节，吸引众多游客前来观赏桃花，公园也因此远近闻名。

公园内地势平坦，设施和建筑非常少。公园西北角有一处比较大的喷泉池，但近几年没有蓄水。公园正北边中心地带是公园原来的大门，公园的名称牌匾就在此处，牌匾下方有两间平房，是公园管理人员的办公场所，公园中心靠南的地方有公共厕所和公园清洁员工的休息室，公园西南角是一栋两层楼的建筑，这是一个体育馆，外观看还比较新，楼内一楼有室内篮球室，靠边侧有两个乒乓球台，打篮球和乒乓球是收费的，三小时 10 元，收费很便宜，因为设施少，来之前要预约。二楼有四个房间，来了几次都上着锁，有的房间空着，有的房间摆着桌椅。楼内有无障碍卫生间，但破旧不堪，无法正常使用。体育馆是政府为周边居民建的一处休闲活动场所，从体育馆的设施状况推断，这里缺乏维护管理，没有很好地开发利用，特别是二楼基本没有利用起来。园内靠近喷泉的地方有一处空地，放置着乒乓球台、单双杠、攀爬球等几件简单的运动器械。园内还有一处更大的空地在公园大门的正前方，这里有一座英雄纪念碑，在纪念碑的周围都是空地，这里是人群最为聚集的地方。天气暖和的时候，这里有老人跳广场舞，周围还有老人下棋、打牌、弹奏乐器。园内无山无水，也没有儿童娱乐设施，公园中心石子甬道的两侧有几处木制的长椅，公园大门口处有两个长约 5 米左右的长廊，这是公园内部唯一一处能让老人遮风挡雨的地方。

（2）游园人群状况：因为公园面积不大，园内无山无水，也没有儿童娱乐设施，所以很少有年轻人和儿童来这里游园。经常光顾公园的几乎都是居住在周边的老年人，情况如下：

①年龄：多数老人在 55～75 岁。

②身体状况：大多数老人都能自如活动，腿脚灵活，耳聪目明。偶尔也会看到坐轮椅的老人，和腿脚有残疾的老人。

③性别比例：男性和女性比例均衡。

④文化层次：从我们的抽样调查结果来看，调查到的老人有 100 多位，有大学学历的老人不足五位。其实 C 公园周围大中小学比较集中，方圆 200 米就有三所小学，四所大中专院校。

⑤活动的方式：有众乐族和独乐族。

众乐族指一群有着共同兴趣爱好，喜欢群聚欢乐的群体。按照老人的活动类型，又可分为舞蹈队、唱歌队、乐器队、棋类队、扑克队。每个队还可细分：比如舞蹈队还可分为交谊舞队、民族舞队。唱歌队可分为美声队、民族队、通俗队。棋类队分为象棋队、围棋队。每个队有参与的，还有围观的，一群人聚在一起，好不热闹。

独乐族有独自活动，自得其乐的，比如：自己唱歌的、自己散步的、自己写毛笔字的、自己玩手机游戏的。

还有两类人，一类是两三个人坐在一起，也不玩什么，偶尔说上一两句话。另一类是自己呆坐的，自己安安静静坐在远离人群的地方。

（二）项目评估

1. 老年主题公园设计的必要性分析

我国已经进入老龄化社会，老人的养老问题引起社会各界的广泛关注，以哪种方式养老，老人们已经开始面对、思考和解决。居家养老是我国城市老人最为满意的养老方式。住在自己家里，周围是熟悉的环境和熟人，家门口还能有公园让他们活动、娱乐一下，老人们便觉得心满意足了。所以居家养老模式，首要需要为老人提供的就是一个活动、娱乐的场所。

老旧小区，受到当时历史条件的限制，每个单位给职工兴建住房时只考虑解决老百姓住房问题，没有考虑休闲娱乐的问题。时至今日，住在老旧小区的退休人群，他们已步入老年，开始安排自己的老年生活，他们需要一个固定的场所打发大把的休闲时间，这也就是我们平时看到的，凡是老旧小区附近的公园，经常是很热闹的样子。

但是依公园目前的条件，无论是硬件设施还是提供的服务都亟待提高和完善，才能真正满足老年人的需求。例如 C 公园就存在以下几个方面的不足：

①整个公园内部遮风避雨的地方极少，只有公园入口处有两处长约 5 米的长廊。每到刮风下雨或冬天天冷的时候，老人们都无法在公园活动。

②公园内部缺乏管理，所以经常会发生因为争一块空地，老人之间发生口角的现象。

③大多数老人来公园都希望找点乐趣，但我们经常会看到很多老人呆呆地坐在那里打发时间，我们访问得知，有的老人对自己感兴趣的活动学不会，想参与，但怕其他人

笑话。有的老人对现在的活动不感兴趣，所以就不参与了。但是我们能够看到这些老人其实很落寞，也想着做点什么。

④来公园的老人中高学历的极少，因为 C 公园周围有四所大中专院校，中小学、幼儿园还有七八所，这些学校的退休老教师为何不来这个公园呢？经过和所有参与实践的学生讨论，同学们一致认为，公园里大多数活动不能吸引这些"知识分子"。

因此我们有必要将公园整体设计、改造一下，有组织地开展一些活动，将其打造成为一个来这里的大多数老人都能感受到快乐的公园。

2. 老年主题公园设计的可行性分析

（1）打造老年主题公园可以充分发挥公园的价值。C 公园内部因为没有可供年轻人和儿童玩乐的设施，所以几乎没有年轻人和小朋友来游园，来公园的基本是周边的老年人，这已经是很多年的状态了，C 公园也因此远近闻名，我们就曾在公园采访到一位拉二胡的老先生，他从外省来 H 市演出，听说 C 公园老人比较多，慕名前来参与老人的活动。既然如此，政府就可以考虑将公园打造成为老年主题公园，实现公园价值的最大化。而且打造成为老年主题公园，并不妨碍其他人群来这里娱乐，事实上还可能有意外的收获，比如年轻人陪父母来这里玩乐一下，尽尽孝心。

（2）打造老年主题公园有政策支持。老龄事业和产业发展既是全面建成小康社会的一项重要工作，也是实现中华民族伟大复兴中国梦的重要方面。习近平总书记关于老龄工作重要讲话指示精神提道："贯彻党中央决策部署，始终把老龄工作发展摆上重要位置，高度重视老龄事业和产业发展，服务机构日益加强，经费投入逐步提高，保障体系更加完善。"国家和政府越来越重视老龄工作，一个养老、孝老、敬老的政策体系和社会环境正在逐步形成。由国务院于 2017 年 2 月 28 日印发并实施的《"十三五"国家老龄事业发展和养老体系建设规划》第四节"加强老年体育健身"指出：结合贯彻落实全民健身计划，依托公园、广场、绿地等公共设施及旧厂房、仓库、老旧商业设施等城市空置场所，建设适合老年人体育健身的场地设施，广泛开展老年人康复健身体育活动。支持乡镇（街道）综合文化站建设体育健身场地，配备适合老年人的设施和器材。

二、项目方案计划及制定

（一）方案计划

1. 方案目标

（1）总目标：将公园打造成为一个适合老年人锻炼身体、休闲娱乐的场所。让周围居住在老旧小区的老人有活动的场地，实现他们居家养老的愿望。

（2）具体目标：前面评估出的公园不能满足老年人需求的几个方面就是我们实现的具体目标。①将公园整体进行合理规划，分出不同的区域，完善公园的硬件设施。②加强公园的管理，将老人的信息进行详细登记，按照老人的兴趣对他们进行分组，之后给老人们组织活动。③加强社会工作者的服务，提升活动层次，吸引老年知识分子参与。

2. 方案的理论支持

（1）马斯洛需要层次理论。

马斯洛需要层次理论把需要按层次由低到高分成五类，依次为生理需要、安全需要、归属和爱的需要、尊重的需要和自我实现的需要。根据马斯洛需要层次理论，每个人不仅有低层次的需要，还有高层次的需要，老人也一样。只是人们习惯于将老人视为弱势群体，认为他们只要物质生活得到满足，能够安享晚年就好，却忽略了老人更渴望被尊重和体现自我价值。所以本案例从关注老人较高层次的需要出发，设计老年主题公园，为老人组织丰富多彩的活动，提供更为专业的服务。

（2）活动理论。

活动理论认为，老年人应积极参与外界活动。只有参与，才能使老年人重新认识自我，保持生命的活力，老年人通过新的参与得到新的角色来改善由社会角色中断所引起的情绪低落，用新的角色取代因丧偶或退休而失去的角色，在新的社会参与中重新认识自我，从而把自身与社会的距离缩小到最低限度。活动理论与我国当前提倡的"老有所为"的精神是吻合的。因此，社会工作者不仅应该在态度上鼓励老年人积极参与他们力所能及的一切社会活动，而且应该努力为老年人提供参与社会的条件。

（二）方案的制定

1. 方案制定的方法

（1）广泛收集资料。将一个社工班39名同学分成8个小组，收集与本案相关资料。具体工作如表3-8所示。

表3-8 收集资料

小组名称	工作对象	工作方式	工作内容
1、2组	公园及离公园最近的周边小区	实地考察、询问	详细了解公园设施及周边小区的老年活动设施
3~6组	公园老人	访谈	询问老人：希望公园再增加一些什么设施及政府提供一些什么服务，老人们就会更满意
7、8组	社区办事处工作人员	访谈	公园里面的体育馆归哪个部门管理，它的使用情况；国家和地方政府在社区为老服务问题上有什么政策；本社区办事处在老旧小区中如何加强为老服务

全班8个小组的同学利用一个下午的工作时间，对公园及周边小区的设施进行观察，进入公园了解老人的想法和需求，到社区办事处了解近期国家在为老服务方面的政策及本社区在为老服务方面的工作重点。

①1、2组的同学详细了解了公园的设施及公园周边小区的老年活动设施。基本情

况和本文之前描述的公园及周边小区设施概述一致。

②3～6组的同学总共访谈了51位老人，详细了解了以下问题：

A. 老人的年龄，退休前的职业，退休工资有多少，退休后都在做什么等个人基本情况；

B. 家中人口；家庭负担如何？

C. 居住小区是否有供老人活动的场所，来公园活动的原因；

D. 来公园都做些什么活动；在活动中感觉公园还有哪些不足，设施方面的、服务方面的；

E. 如果公园能投入建设，希望公园在哪些方面改进和投入。

同学们对访谈题目进行总结之后得出结论，老人们普遍希望：

A. 公园内能加盖一些凉亭、活动室，保证一年四季老人们都有活动场所；

B. 公园有人管理一下，避免有些人因争抢活动场地发生冲突。

③7、8组的同学去社区办事处访谈了解了社区为老服务的相关问题。得到答复：

A. 公园里面的体育馆是政府为附近居民建的活动场所，现在社区办负责管理，但社区办人手不够，管不过来，所以体育馆利用率不高；

B. 近几年国家和地方政府在加强社区建设（硬件投入和增加服务等方面）投入很大，很多社区办公面积增加后，都专门辟出老年活动场所；

C. 本社区办事处因为办公场所面积很小，无法为老人提供活动场所，也无法为老人组织活动，只能为老人们提供一些应急服务，例如，为独居老人上门进行家庭设施维护，帮助得病的老人联系医护人员及亲属等。

（2）全班集中讨论老年主题公园设计方案。

2. 老年主题公园方案

老年主题公园设计分为三部分：第一部分为硬件设施的建设；第二部分为为老服务项目的策划；第三部分为完善公园的管理。

（1）公园硬件设施的建设。

①公园的整体规划（见图3－1）。

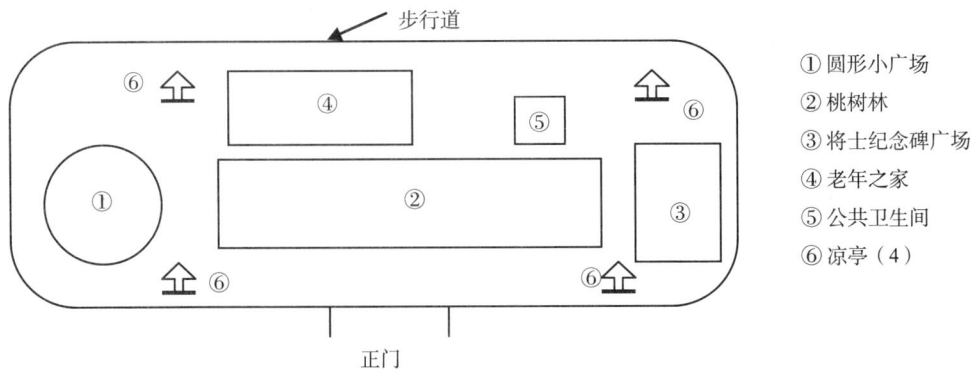

图3－1　公园平面图

①圆形小广场
②桃树林
③将士纪念碑广场
④老年之家
⑤公共卫生间
⑥凉亭（4）

公园的整体结构基本没做大的变动，圆形小广场和将士纪念碑广场是公园原有的设计，这一次在广场周围加装了一些木制的长条凳，方便老人随时休息。老年之家是由原来的体育馆翻修而成，由原来的二层翻修成四层，楼内加装电梯，目的是能容纳更多的老人活动。

②公园设施建设。

老年人活动范围的有限性决定她们出行主要以步行为主。走路锻炼是很多老年人选择的方式，但是老年人视力开始衰退，腿脚也不是很灵便，因此公园的步行道必须首先保证安全。园路地面应该平坦，不宜用凹凸不平的石子铺路，但还要保证地面的摩擦，避免老人滑倒摔跤。公园地面应该有良好的排水系统，避免因积水影响老人的安全。

园路宽度不应小于 1.5 米，以保证两辆轮椅能同时通过。在有高度差的地方，应该设置可供选择的台阶和坡道，坡道应采用无障碍设施并安装护栏和扶手。

道路的取向和位置应容易辨别，在道路的转折和终点处应有吸引注意力的目标物。

入口、景点、公共建筑等设计应该有特点，各富特色的区域设计使老年人便于记忆和识别环境特征。注重无障碍设计，促进各类设施积极有效的使用。老人的体力减退，在老人的活动区域应设置休息座椅、扶手等助力设施。垃圾箱、指示牌、厕所应方便老人识别和使用。

室外健身场地：健身设施应改变原有的以钢铁为材料的设施，换成适合老人使用的，安全系数高的健身器材。

室内活动场地：将公园原来的体育馆进行修建改造，体育馆原有上下两层，楼下原是篮球馆，可以继续使用。楼上有几个房间，可以请专业设计师将其设计成便于老人使用的活动室。

（2）为老服务项目及活动的策划。

公园管理方可以请社会工作机构设计为老服务活动项目：

①开展丰富多彩的日常活动。改建后的公园，室内和室外能容纳老人活动的场地多了，除了原来已经形成小团体的众乐族们常进行的活动，如唱歌、跳舞、打牌、下棋、打球等活动外，还可以在室内组织书画、戏曲、服装表演等活动。也可以组织文化讲堂，发挥老年知识分子的特长，公主府公园周边共有四所大中专院校的家属院，这里住着很多退休老教师，有的甚至是自治区内很有名的老专家。让他们将自己从事的专业讲给其他老人，例如，公园周围有×××财经大学，可以让这个学校的退休老教师给老人们讲讲国家经济形势，讲讲投资理财。周围还有××民族专科学校，可以让学校的退休老教师给大家讲讲蒙古族文化。通过这样的方式一方面让这些老人体会老有所为，老有所乐，另一方面还能惠及其他老人，一箭双雕，两全其美。

同时可以为喜欢安静和身体状况不能参加娱乐活动的老人组织手工制作活动，比如，手工编织、手工缝制、简单雕刻等活动，既让老人们动脑动手，延缓大脑衰老，又能让老人们在制作的过程中，与志同道合的伙伴沟通交流，体会同伴在一起的快乐。同时这些手工作品还可以组织义卖，帮助贫困地区的老人、儿童。让老人们感受自己还能为社会做贡献的快乐。

②可以组织各种类型的培训，例如，可以组织传统娱乐项目：舞蹈、歌唱、绘画、书法等培训。还应该组织电子产品学习班，例如，手机使用培训班，教老人们学会使用手机的常用功能，让老人们享受新兴科技带给人类的方便和愉悦。授课老师可以从周边高校招募大学生或教师做志愿者。

③可以定期组织比较大型的主题活动，例如可以每月组织一次大型活动。

★1月份："给社区孤寡老人送温暖"主题活动

一月份是阴历的腊月，人们都在准备过年，社区可以招募公园老年之家的老人们作为志愿者，组织给社区孤寡老人送温暖的活动。

★2月份："元宵节主题活动——欢欢喜喜吃元宵"

组织老人们做元宵、写心愿卡、猜灯谜、看元宵晚会。

★3月份：室内棋牌比赛

3月的北方依然很冷，老人只能在室内活动。可以组织扑克、麻将、象棋等棋牌类比赛，给老人们准备一些小奖品，吸引更多的老人参与。

★4月份：桃花会——赏花活动

4月份公园内的桃花盛开，每年都会吸引众多游客前来赏花。可以组织老人们赏花。

★5月份：老年趣味运动会

5月份，北方的天气已经转暖，老人们可以进行户外活动，可以组织简单、安全、有趣味性项目的运动会，让老人们在欢乐中体会融入大家庭，与大家在一起活动的乐趣。

★6月份：×××粽动员

可以组织老人们进行包粽子比赛，一部分粽子分给现场老人，一部分送给空巢、失独等特殊家庭。让他们感受浓浓的关怀和节日的气氛。

★7月份："中国梦 夕阳情"红歌比赛

组织老人们唱红歌比赛，社区工作人员、专业音乐老师、观众做评委。评出独唱和合唱奖项，发放小奖品。

★8月份："鹤舞夕阳"舞会

平时很多老人喜爱跳广场舞，可以在夏季的傍晚为喜爱跳舞的老人举办消夏舞会。老人们可以尽情展示自己优美的舞姿，以舞娱乐、以舞会友，享受老年人特有的浪漫。

★9月份："心月相依 团团圆圆"慈善拍卖会

9月份过中秋节，可以在秋高气爽、花好月圆的节日前夕，组织一场主题为"心月相依 团团圆圆"的慈善拍卖会，展示、拍卖老年人自己的作品，拍卖作品的钱以老人的名义捐献给公益基金会，让老人体会自己还有价值的乐趣。

★10月份："重阳节 我们自己的节日"

工作人员及志愿者带慰问品上门为老人服务，如：理发、洗衣、做饭、聆听老人的心声，为老人做心理疏导，在能力范围内为老人解决困难等；邀请子女同老人一同参加联欢晚会，安排子女与老人互动的节目，使老人感受到我们这个大家庭温暖的同时还能享受到和子女在一起的快乐。

★ 11月份："心怀感恩 回报恩情"特卖联欢会

在联欢会举办的过程中掺入日常生活物品的特卖，让老人在欢乐的同时还能购买到物美价廉的商品。

★ 12月份：老年健康知识竞赛

组织一场老年健康知识竞赛，准备一些小礼品，鼓励老人们积极参与，在娱乐身心的同时了解更多关于老年的健康知识。

（3）加强公园管理。

再好的制度制定出来，再好的服务项目设计出来，必须有好的管理制度予以保障，否则不仅好的制度无法执行，好的服务项目无法开展，还可能一切倒退回原样。C公园内的体育馆就是例证。政府之所以建这个体育馆应该可以推测就是因为公园的周围都是老旧小区，缺乏活动场所，馆内还修建了篮球场地，摆放了乒乓球台子，楼上还有空余的房间，楼内有无障碍卫生间。结果体育馆多年没有充分利用，外面的老人却因没有遮风挡雨的地方在天气恶劣的时候只能回到自己家中呆坐。究其原因，就是没有很好的管理。

这一次我们将公园打造成为老年主题公园后，必须进行很好的管理，公园的管理归属园林部门，市政府就应该责成园林部门拿出管理方案，老年主题公园的管理肯定不同于一般的公园，主要为老人们服务，那么这个管理方案就必须有针对性，方便老人们使用。

（三）方案的评估

方案设计出来之后，我们希望得到有关部门的认可，真正付诸实施。所以方案的科学性评估就显得尤为重要。我们建议市政府可以进行以下三方面的评估：

1. 服务对象的评估

C公园是H市远近闻名的老年人聚集的公园，市政府的领导应该知情。我们的主题公园设计是否真正满足老年人的需求，可以召集公园里的老年人代表进行座谈，我们将老年主题公园的设计原因、设计理念及具体的设计方案做成PPT，给老人们进行详细解说，让老人们评价，提出意见建议。

2. 社区内其他年龄段群体的评估

将公园设计成为老年主题公园，一个重要的问题就是担心有其他群众提出异议，担心有人会认为公园是属于全体市民的，设计成老年主题公园必然挤占了其他群体的资源。我们需要在PPT中详细阐释，设计成为老年主题公园之后，并不影响其他年龄段的人游园，而且还可能给他们提供一个带着自家老人娱乐的好去处。

3. 政府相关部门的评估

市政府应该召集园林管理部门、社区工作人员、规划局及市政府分管领导详细了解这个方案，我们应该在PPT中除展示公园的设计原因、设计理念、设计方案之外，重点阐述公园的硬件设施主要是在原来体育馆的基础上重新设计、改造，新增的设施并不多，另外主要增加的是服务项目。总体核算增加的投入并不多。

希望市政府详细了解以上三个群体对老年主题公园设计方案的评价，能结合 H 市的整体规划，全面考虑我们的意见，希望这样一个惠及老人们的方案能够付诸实施。

第五节　为空巢老人服务项目

空巢老人，一般是指子女离家后的中老年人。随着社会老龄化程度的加深，空巢老人越来越多，已经成为一个不容忽视的社会问题。当子女由于工作、学习、结婚等原因离家后，独守"空巢"的中老年夫妇因此而产生的心理失调症状，称为家庭"空巢"综合征。

一、项目背景及实施方案

（一）项目背景

1. 案主的背景

案主李某，70 岁，女性，居住在我国北方 H 市中心的一个老旧小区里，因为周围医疗、购物都非常方便，这里居住着很多老年人。每到夏天在大院里会看到这样的场景：这些老年人三个一伙、五个一群凑在一起，加起来足有十几个人，他们当中年龄最小的也应该有 70 多岁，有的因为腿脚不灵便，有的因为年龄大了无法外出活动，整天在这个院子里从上午 9 点坐到中午 11 点多，下午 3 点多坐到 6 点多，晚饭之后再出来坐到 9 点多回家睡觉，规律得像上班一样。可他们坐在那，有几个人还打打牌，还有几个人凑在一起说说话，其余的老人，则呆呆的一坐就是一整天。北方的气候条件，能让这些老人这样坐在外面活动的时间，总合起来也就半年，那剩下的半年就是在自己的家里窝着。案主李某能清楚地告诉我他们每个人的家庭情况，虽然听起来各有不同，但仔细琢磨，他们有个共同点：平时子女都比较忙，很少来陪伴，他们是名副其实的"空巢老人"。

这个院子里还有一部分"空巢老人"，就是像案主李某这样的，年龄大多数不到七十岁，身体还不错，家里只剩下老两口或一个老人自己生活，孩子们四十岁上下，正是事业、家庭发展的关键时期，平时也没有太多时间陪伴老人。例如案主李某，平时有一个非常要好的朋友刘阿姨，刘阿姨老伴去世多年，后来一直自己独居。每天两人早起一起锻炼身体，一周约两三次一起逛逛街或者去哪里凑凑热闹，剩下的时间就在自己家里打发，因为案主李某没有别的爱好，所以在家里就是待着，还好家里有老伴，老两口还能说说话，听李某说那位刘阿姨经常和她说自己很孤单。

以上空巢老人的日常生活状况绝不只是 H 市的老人才有，全国绝大多数的城市都存在这种状况。

据中国新闻网 2017 年 3 月 22 日报道：国务院近日公布《"十三五"国家老龄事业发展和养老体系建设规划》提出，预计到 2020 年，全国 60 岁以上老年人口将增加到 2.55 亿人左右，占总人口比重提升到 17.8% 左右；高龄老年人将增加到 2 900 万人左右，独居和空巢老年人将增加到 1.18 亿人左右，老年抚养比将提高到 28% 左右。

空巢老人的问题远不是数量上升这么简单，让我们更为担忧的是空巢老人长时间空巢之后带来的身心健康问题。独守"空巢"的老人极易产生心理失调症状，称为家庭"空巢"综合征，常常表现出的症状是心情郁闷、沮丧、孤寂，食欲减低，睡眠失调，平时愁容不展，长吁短叹，甚至流泪哭泣，常常会有自责倾向，认为自己有对不起子女的地方，没有完全尽到做父母的责任。另外也会有责备子女的倾向，觉得子女对自己不孝，只顾自己的生活而让父母独守"空巢"。问渠心理网则认为老人易出现心理问题的原因是社会针对老年人的电视节目少、健身娱乐设施不足。再加之空巢老人社会活动减少、子女关怀不够，导致老人的精神生活匮乏，甚至极易引发精神疾病。

而随着年轻人的生存压力越来越大和养老负担逐渐加重，家庭对老年人的支持功能和精神关怀会越来越弱化。因此，有必要在社区当中家庭间建立生活照料和精神支持联系，建立覆盖社区的同伴支持网络，以及志愿者服务体系，来解决对空巢老人的关怀。

为了构建完善的社区为老服务体系，H 市某社工机构拟在 A 社区开展针对空巢老人的专项服务。

2. 社区基本资料收集

A 社区是 H 市比较大的老旧小区，因为位于市中心，周围购物、就医等生活设施比较完备，因此这里集中了很多老年人，60 岁以上的老年人占辖区总人口的比例已达 29.28%，其中空巢老人基本占到 98%。虽然近几年 H 市也在大力倡导社会资本投入养老产业，支持民办养老机构建设和社区居家养老模式的探索。但是很多工作还是在探索阶段，社区对于老年人的服务还只是处于执行各级政府颁布的政策措施，还没有形成成熟的服务体系。自然也没有细化到针对空巢老人探索出一套系统的服务模式。

（二）项目方案策划

1. 制定项目方案的指导思想

（1）全面筛查，精准定位，做到精确服务。

A 社区有 1 000 多户居民，老年人口家庭占到 18.16%，182 户，其中空巢家庭占到 98%，接近 180 户。每个老人的情况各异，每个家庭的条件各有不同，制定针对这些家庭的服务策略，就需要对每个空巢家庭进行全面了解，分析每个家庭的情况，分析每个空巢家庭中每位老人的情况，才能制定有针对性的策略，进行精确服务。

（2）"生活照料"与"精神抚慰"的双重服务样式。

对老年人的关心往往更多关注的是对老年人物质生活的照料，给老年人提供健康安全的生活用品，让他们的日常生活得到很好的照顾。但其实随着社会的发展，随着广大人民生活水平的提高，尤其是生活在城市中有退休工资的老人，基本的生活保障已经不是问题，而且老人对物质的需求已经不是非常强烈，反而更需要精神的抚慰。因此应该建立对老年人的生活照料和精神抚慰二者相结合的服务体系，其中更应关注老年人的精神需求。

（3）三个维度的服务支持。

对空巢老人问题的解决绝不是只有外力作用就能解决问题，必须将自我努力与外力作用二者结合起来，才能找到应对措施并执行下去。

首先，在个人层面，以健康教育为主要策略，提高老人自己对空巢现象的正确认识，发展健康的自我管理模式。

其次，在家庭层面，教育家人深刻认识老人处于空巢状态将导致的严重后果，对老人出现的各种问题，做到早期发现，早期预防，早期干预，帮助老人过上衣食无忧、精神满足的生活。

最后，在社区层面，建立完善的服务管理模式，充分调动社区资源（社区医疗资源、管理资源、志愿者服务资源），全方位关注空巢老人的精神需求。

2. 项目方案的主要内容

（1）入户筛查服务。开展空巢老人及其家庭的入户调查工作，预计完成 180 户左右的调查，详细了解每位空巢老人及其家庭的具体状况，将空巢老人分成不同类别，之后有针对性制定服务方案。

（2）同伴支持者培育。同伴支持（peer support）是一种推动社区公益服务发展的强动力，具有相同、相似经历，相同使命的社区志愿者，可以很好地通过同伴支持，对身边需要帮助的老年朋友进行帮助。同伴支持对于空巢老人的精神抚慰是一个非常好的做法，老人之间有很多共同语言，我们通过培育老年人做志愿者，让志愿者老人做空巢老人的帮扶工作。志愿者老人在支持服务对象的过程中，实际上是个互相抚慰的过程，志愿者自己的精神境界也得以提升，对自己将来面对空巢的问题时也是一次很好的学习。

（3）社区宣传活动的开展。对空巢老人长时间独居带来的后果，很多人并不了解，社区应该广泛宣传空巢现象的相关知识，让空巢家庭的老人及其亲属都能深刻认识空巢给老人带来的负面影响以及如何关爱空巢老人。社区的宣传应该广泛、深入、持续不断地进行。让每一位社区成员都能深刻认识。

（4）举办老年人精神健康系列活动。倡导"积极老龄化"的理念，促进社区精神文化建设，多为老年人举办提升他们精神健康的活动，才能真正做到对老年人的关爱。

3. 项目进度安排

该项目预计完成时间是 8 个月即 2017 年 4 月 1 日至 2017 年 12 月 1 日

（1）活动一：入户调查并做需求评估。

①在社区内做好宣传工作。通过在社区宣传栏张贴通知及散发宣传单的方式，以及通过社区 App 平台对此次入户调查进行宣传，宣传内容需写明此次入户调查的目的、调查的时间、调查的工作人员、他们佩戴的身份标识、调查的对象，希望老人们予以配合。

②做好入户调查准备。招募志愿者 20 名并进行培训；准备入户调查表；定制入户调查工作证。

③调查安排。调查对象：A 社区内约 180 户 60 岁以上老人家庭；调查内容：见以下调查问卷。

问卷编号：　2019—01　　　　　调查时间：　　　年　　　月　　　日

为空巢老人服务项目调查问卷

尊敬的先生/女士：

　　您好！

　　我们是 H 市民政部门项目"为空巢老人服务"承接单位——H 市××社会工作服务中心的社会工作者。为了解空巢老人生活现状、老人们的基本需求，从而更合理地规划我们的服务，帮助空巢家庭的老人更快乐的安度晚年，我们设置此调查问卷。请您根据自己的实际情况作答，所有涉及个人信息的资料，我们都遵循严格的保密原则。谢谢您的支持！

第一部分：被访者基本情况

1. 被访者个人基本信息

姓名		性别	①男　②女
年龄	周岁	职业（退休前）	
户籍类型	①农业户口　②非农业户口	家庭地址	
民族	①蒙古族　②汉族　③回族　④满族　⑤其他（请注明）_____		
和谁在一起居住	①老伴　②子女　③保姆　④其他人		
文化程度	①小学及以下　②初中　③高中/职高/中专　④大专/本科　⑤硕士及以上		
健康状况		每月收入	

2. 被访者家庭基本信息

家庭常住人口		人	60 岁以下人口		人
60 岁以上老年人口		人	家庭年收入		万元
家中有无其他需抚养的成员	①有　②无		是否为贫困低保家庭	①是　②否	
家庭成员的工作情况（可多选）	①公职人员　②国企职员　③私企职员　④个体工商户　⑤务工　⑥下岗（无业）⑦学生　⑧其他（请注明）_____				
家庭主要收入来源（可多选）	①种植业　②工资、年薪所得　③自主经营　④务工收入　⑤股息红利及利息所得⑥亲友、子女赠与　⑦生活保障性资金　⑧政府扶贫项目资金　⑨其他所得（请注明）_____				
家庭主要支出情况	支出项目	生活消费	生产支出	教育	疾病治疗	人情	其他
	支出金额						

第二部分：对空巢现象的认知状况调查

1. 您了解空巢老人的现象吗？

①非常了解　②了解一些　③不了解

2. 您认为造成社会上"空巢老人"现象的原因有哪些？（多选题）

①年轻人成家后不愿与老人一起居住

②人口流动加快，子女离开父母去异地发展

③老人自愿独居

④社会养老保障制度不完善

⑤其他

3. 您对子女异地求学、谋生的行为支持吗？

①支持，年轻人就应该敢拼敢闯，有所作为

②中立，随年轻人自己的想法

③反对，子女应在父母身旁照顾父母

④其他

4. 您认为空巢老人面临最大的问题是什么？（多选题）

①内心孤独，无人倾诉

②生活缺乏照顾

③独居存在安全风险

④经济方面无法得到有效保证

⑤其他

5. 假如您是一位空巢老人，您认为您最需要什么？

①来自子女及家庭的关爱

②来自社会的关爱

③良好的生活及居住环境

④护理工作人员

⑤周围有老人陪伴

6. 假如您是一位空巢老人，您希望子女和您保持怎样的联系？

①经常回家关照父母的身体和生活

②经常打电话告诉父母自己的生活、工作状况

③各自打理好自己的生活，尽量不给对方添麻烦

④有事联系一下就可以

7. 针对当前的空巢老人现象，您认为政府和社会最应该做的事是？（多选题）

①建立健全社会保障制度，让老年人生活无忧

②完善社会志愿服务组织体系，为老年人提供健全的志愿服务

③多组织老年人活动，丰富老年人生活

④其他

8. 您认为我国未来养老事业的发展，需要做到以下哪些方面？（多选题）

①提高老年人的养老保障

②给子女增加探视老人的假期

③给老年人提供更好的活动场所

④给老年人组织更丰富的活动

9. 您参加老年人集体活动吗？

①经常参加　②有时参加　③几乎不参加　④没参加过

10. 您更喜欢参加什么类型的集体活动？

①文化教育型　②体育健身型　③娱乐益智型　④其他

（2）活动二：同伴支持者培育。

进行同伴支持是有工作技巧和方法的，需要进行系统培训。对志愿者培训和能力建设的核心理念是增能，即提高志愿者自我服务能力和参与社区服务的能力。

①培训思路。

A. 招募志愿者

B. 设计培训课程：培训内容应该简单明了，培训方式应该形象生动，最后决定采用工作坊的形式。

C. 培训安排：总计开展 10 期工作坊，时间从 2017 年 6 月初至 2017 年 11 月初，基本是每月开展两期培训。

②设计服务方式。

A. 目标社区由 4 个生活小区构成，首先将各小区的志愿者和需要服务的老人进行详细统计，然后按照需要帮助的老人数量分配志愿者。

B. 志愿者在培训老师的帮助下设计帮助方案（通俗易懂，易于操作）。

（3）活动三：开展社区宣传活动。

在社区广泛宣传空巢现象的相关知识，让空巢家庭的老人及其亲属都能深刻认识空巢给老人带来的负面影响以及如何关爱空巢老人。具体方式如下：

①利用专门的大型活动宣传。项目开始后的第 2 个月内（5 月中旬，正值桃花盛开的季节，很多人要到公园赏花）在离社区最近的公园举办一场大型的主题晚会，晚会以"关爱空巢老人"为主题，节目内容有诗朗诵、小品、唱歌等形式，晚会现场有志愿者发宣传单，内容即为空巢现象的相关知识。晚会请相关媒体参与报道，扩大对空巢现象的宣传。

②组织座谈会进行宣传。在项目开始时组织一次座谈会，邀请人员包括老人代表、社区办领导和其他工作人员、老人子女、老人照料者、社区医疗服务站的医生等其他与老人接触比较多的服务人员。在座谈会上，对即将开展的空巢老人服务项目进行宣传讨论，让大家群策群力，出谋划策，争取把这项服务项目做好，而且能形成常态化的工作。

③做好日常宣传。在各住宅小区的宣传栏中张贴宣传海报，同时制作宣传手册，在

社区内免费发放，做到经常性宣传，不断在民众当中渗透空巢的知识。其实宣传做到位了，就会有很大一部分人改变观念，开始付诸行动。

（4）活动四：举办老年人精神健康系列活动。

在健康的层面上，老人肯定是弱势群体，但无论是老人自己还是社会的普遍认知，往往只认识到身体健康一个方面，而忽略掉了精神健康。精神健康一般表现为健康的饮食、健康的生活方式、健康的心态、健康的人际交往模式。

举办关爱老年人精神健康活动，以老年人喜闻乐见的形式向老年人宣传精神健康方面的知识，以引导老人以积极健康的心态面对生活。

①系列活动内容：健康的饮食、健康的活动方式、健康的心态、健康的人际交往模式等。

②活动举办时间：在项目期限（8个月）内至少举办四次活动。

二、项目实施过程

（一）关于入户调查的实施

项目组招募了20名社工专业的大三学生做志愿者，志愿者分成10个小组，每组两人，历时1个月的时间完成了目标社区182户60岁以上老人家庭的调查，其中筛选出173户空巢老人的家庭。接着志愿者利用半个月的时间对173户空巢老人家庭进行分类，筛选出60位65岁以下身体状况良好的老人和52位80岁以上及身体状况不好的老人，其他为处于中间状态的老人。最后志愿者利用半个月的时间将所有的空巢老人的数据进行分类归档，入户调查进展顺利，完全按计划进行，为下一步做服务工作打下非常好的基础。

（二）关于同伴支持者培育的实施

项目组将入户调查筛选出的60位65岁以下身体状况良好的老人集中在社区活动中心进行座谈，和老人沟通交流招募"同伴支持者"志愿者的工作，现场招募到50位老人作为志愿者。

2017年10月1日至2018年4月1日六个月的时间，开展10期工作坊对50位志愿者老人进行培训。在培训开始的时间就将50位老人按照4个居住小区中需要服务的老人人数进行了分配。志愿者老人详细了解了服务对象的资料，在培训老师的指导下设计了有针对性的服务方案，志愿者老人基本是在培训的过程中就开始为老人服务，

（三）关于社区宣传活动的实施

（1）我们按照计划于2017年5月14日，星期日（当天正好是母亲节）下午3点到5点，在社区附近一个较大的公园举办主题晚会，当天公园有很多赏花的游客，而且我

们之前在准备开展活动的目标社区也做了宣传，所以当天的晚会参与人数很多，当地电台、电视台、几家报纸也做了现场报道，活动影响的人群则更多。

（2）2017 年 4 月 5 日，我们委托社区办召集社区工作人员、老年人代表、老年人子女代表、老年人照料人员、社区服务机构代表在社区会议室，开了一次座谈会，我们将为空巢老人服务项目的策划给大家做了详细说明，参会的人员畅所欲言，提了很多好的建议，社工都做了详细记录，应该说，参会的这些人长期接触空巢老人，对他们的生活状态、行为表现、需求都有很深入的了解，给我们的活动提了很多可操作的建议。

（3）我们制作了十几张大型海报，张贴在社区内的各个居住小区，也制作了 500 多份宣传小册子，详细说明了空巢老人的问题，以及如何关爱空巢老人，宣传小册子都委托各居住小区的大门口保安人员利用居民下班时间发放。同时我们在社区公众服务平台推送关于空巢问题的知识。我们希望通过广泛、深入、持久的宣传，做到让社区内的每一户居民都知道空巢现象、都了解空巢现象。

（四）关于老年人精神健康系列活动

在项目期限内我们总共举办四次关注老年人精神健康活动。

第一次：2017 年 4 月 13 日，在社区活动室，组织了一次"老年人饮食健康"讲座，社区工作人员动员了 60 多位老人参与，我们请了资深的专业营养师为老人讲解，讲座时长一个小时，给老人们讲解了适合老年人的饮食结构；一些老年人的常见病与饮食搭配等问题，老人们听得很认真，不少老人还做了记录。

第二次：2017 年 5 月 28 日，天气已经暖和，老人们基本能在外面长时间活动，社工在社区小广场组织了一次老年趣味运动会。运动会的项目是找高校体育老师帮忙设计，都是适合老年人的运动项目，而且运动很有趣味性，老人们参与的过程中欢声笑语不断，欢乐的气氛吸引了越来越多人参与、观看，场面十分热闹，凡是参与运动会的老人都得到了奖品。

第三次：2017 年 8 月 30 日，我们在社区活动室组织了一次老人手工比赛，要求老年人组队参加，四个人一队，组成队才能参加比赛，比赛之前两个星期我们张贴海报做了关于活动的宣传，有之前趣味运动会经历的老人觉得我们的活动很有特色，他们也帮着宣传，所以这次活动组织很顺利，积极报名参与的老人很快就组成 12 个队，我们准备了一些物品，老人们也可以自己带。现今 60 多岁的老人，他们年轻时日常生活的很多问题都是自己动手操作、解决，所以手工比赛难不倒他们，包括很多老大爷，都心灵手巧，会做很多手艺活。但是我们这次活动考验的是小组成员的配合，他们要合作完成一个物品的制作，而且时间在 40 分钟内完成。

比赛的过程中我们明显能够看出来，有的组老人配合默契，四个人都在参与，做出的东西有模有样；有的组老人之间协调不是很好，有的在忙乎，有的老人却插不上手。我们就是想通过活动让老人们意识到，年龄大了之后，有更多问题需要别人帮忙解决，在孩子们不在身边的时候，周围的邻居、伙伴的帮助非常重要。

第四次：2017 年 10 月 4 日（中秋节）我们组织了一次给孤寡老人送温暖，与他们欢度中秋的活动。

之前在入户调查时，就已经了解到社区孤寡老人的信息，中秋节之前，我们就在"同伴支持者"老人中做了动员，选了十位老人参与这次活动。中秋节中午，我们将社区所有的孤寡老人都接到社区活动室，准备了月饼水果，和包饺子的食材，大家在一起包了一顿饺子。饭后，老人们还在一起玩了会扑克、纸牌，有的老人在一起拉家常。

所有的老人都很高兴，志愿者老人感觉节过得更有意义，和大家在一起热热闹闹过了节还帮助到了别人。被帮助的老人更是高兴，有这么多老伙伴陪伴自己过节，比自己家里过节还热闹，老人们相约以后即使不是节日，也这么经常聚聚，陪陪这些老姐姐、老哥哥们，谁还没有老的时候。参与活动的年轻社工感慨万千，甚至留下了感动的眼泪。

三、项目理论支持

（一）老年亚文化群体理论

这一理论最初是由美国学者罗斯（Rose）提出的，该理论旨在揭示老年群体的共同特征，并认为老年亚文化群是老年人重新融入社会的最好方式。按照罗斯的观点，只要同一领域成员之间的交往超出和其他领域成员的交往，就会形成一个亚文化群。老年人群体正是符合这个特征的一种亚文化群体。……在老年亚文化群中，老年人可以找到共同语言，较少感受到年龄歧视，容易认识自我，对社会的沟通和认同感也会增加。[①]

在本案例中，社会工作者可以将同是处于空巢状态的老人组成一个亚文化群，引导老人在这个群体中取得同伴的支持，并且利用这个亚文化群的共同特征，组织活动，帮助这些老人尽快地适应自己的生活状态并融入社会生活中，能够重新找到生活的目标，充实自己的生活并且得到应有的快乐。

（二）符号互动理论

符号互动理论（symbolic interactionism theory）又称为象征互动理论。此理论认为，人们是在他们的社会环境中，在与他人的交往中获得她们的自我概念的。换句话说，人们是根据他人对自己的评判、态度来思考自身的。这一理论强调人们赋予符号的那些意义会对人们的行为产生影响。比方说，如果整个社会对老年人采取歧视的态度，必然会对老人的自我认知产生影响。[②]

[①] 吴华、张韧韧主编：《老年社会工作》，北京大学出版社 2011 年版，第 14 页。
[②] 王思斌主编：《社会工作概论》（第二版），高等教育出版社 2006 年版，第 216 页。

从符号互动理论又派生出社会损害理论和社会重建理论。社会损害理论是指有时老年人一些正常的情绪反应，会被他人视为病兆而做出过分的反应，从而对老人的自我认知带来损害。现实生活中有太多的案例表明，对老年人的过分关心导致老年人认为自己无用的错误认知，从而对老年人的身心带来损害。社会重建理论则意在改变老年人生存的客观环境以帮助老年人重建自信心。社会重建理论的基本模式是：第一阶段，让老人了解到社会上现存的对老年人之偏见及错误观念。第二阶段，改善老年人的客观环境，通过倡导政府资助的服务来解决老年人的住房、医疗、贫苦等问题。第三阶段，鼓励老人的自我计划、自我决定，增强老人自我解决问题的能力。①

这三个理论对社会工作者做空巢老人的服务工作有非常重要的启示意义。符号互动理论和社会损害理论启示我们，社会上有一部分人从自己的主观意念出发对空巢老人的问题有所扩大，他们有时对空巢老人的正常情绪表达做出过分的反应，给予过度的关注、关心，反而对空巢老人的自我认知带来损害。按照社会重建理论的指导，首先应该让空巢老人认识到社会上现存的对他们认识上的偏见及错误观念，然后通过提倡政府资助的服务帮助解决空巢老人们面对的实际问题，以及鼓励空巢老人们自己制定计划，提升自己解决问题的能力。

四、项目评估及社工感悟

（一）项目评估

针对本项目的最后成效，社区委托市社会工作协会的评估专家做了终期效果评估。

首先评估了服务对象的满意度。因为社区老人文化程度普遍不高，填写问卷效果会受到影响，所以评估专家采取召开座谈会的方式，约谈了服务对象的代表。通过现场老人们的反馈，了解到服务对象普遍对关心空巢老人的活动非常满意，也非常感谢。他们认为服务项目贴近空巢老人的实际，活动形式很新颖，他们愿意参加，同时老人们也希望社会能多关心他们，帮助他们解决生活中的问题，需要老人们做什么，他们也会积极配合。

其次评估了整个项目的服务成效。评估专家在看阅社工机构的全部设计方案和实施记录之后又分别与社工机构、社区工作人员和社区服务机构相关人员进行访谈。在此基础上认定，社工机构与社区合作开展的这次为空巢老人服务项目，前期信息收集全面深入，项目规划非常专业，实施细则很具有可操作性，所以项目推进顺利，如期完成了计划的全部内容。不足的是项目预算没有合理规划，导致项目支出有些混乱，而且给将来的账目报销带来困难。但是从项目实施过程社区老人的反馈，相关部门工作人员的评价来看，这次的项目确实体现了专业团队的优势和水平，所以才会取得非

---

① 王思斌主编：《社会工作概论》（第二版），高等教育出版社 2006 年版，第 216 页。

常好的成效。

（二）社工感悟

为空巢老人服务，这是很有社会意义的行动。社工机构选择这样的问题开展工作，说明社工机构对社会热点问题的把握是十分准确的，毕竟只有这样的问题，才确实能够引起社会各界的共鸣，工作也才能得到服务对象的重视和相关部门的配合。

社工机构做专业服务的策划，难度并不是很大，因为机构当中的督导和社工基本都是学习社工专业出身，专业的理念和方法在学校都系统学过。社工唯一担心的是因为对具体问题的把握有些脱离实际所以导致方案设计过于理想化。所以这次的服务方案设计之前社工们首先花了大量的时间对老人们的具体情况做详细的入户调查，之后在督导老师的指导下做了较为明确的需求评估，正是之前的工作做得充分扎实，才有后面工作的顺利推进以致所有活动的成功举办，最后得到服务对象以及参与工作的社区工作人员的高度评价。

还有一点非常深刻的体会是，机构服务的开展必须有相关部门的配合和政府职能部门的支持。本项目的实施不仅有社区及社区内服务机构的支持，在需要场地举办活动时也得到了公安、城管部门的支持，在需要扩大活动宣传时也得到了广电部门的支持。所以社会工作服务的展开、推广一定是相关部门联动的结果。各地区应该大力宣传社会工作的行业特点，让全社会认识到社会工作的行业价值，充分发挥社会工作在救助弱势群体，预防和解决社会问题，促进社会和谐等方面的重大作用。

第六节　重阳节社区系列老年小组活动

重阳节，为每年的农历九月初九，是中国传统节日。庆祝重阳节一般包括出游赏秋、登高远眺、观赏菊花、遍插茱萸、吃重阳糕、饮菊花酒等活动。1989 年的农历九月初九被国务院定为老人节，倡导全社会树立尊老、敬老、爱老、助老的风气。2006年 5 月 20 日，重阳节被国务院列入首批国家级非物质文化遗产名录。

一、活动背景及内容

（一）活动背景及活动安排

近几年随着老龄化问题的深入宣传和国家的高度重视，政府各级相关部门和社会组织都在采取各种措施关爱老年人。每年的重阳节全国各地都要举办丰富多彩的活动庆祝，目的是营造尊老、爱老、敬老、助老的氛围，让全社会都关注和帮助老年人。

2017 年重阳节前夕，H 市某高校社会工作系与所在社区 B 社区共同组织社区老人庆祝重阳节活动，活动时间为重阳节前后一周。

（二）活动内容

本次庆祝活动围绕老年人的健康开展系列活动。活动内容主要包括三个方面：

1. 倡导老年人养成良好的生活习惯

其中包括养成良好的饮食习惯和良好的作息习惯。人老了之后身体机能或多或少都会有一些问题，应该及时去医院检查，找医生咨询。医生一般都会告诉病人饮食上注意什么，生活习惯上注意些什么。老人应该认真遵医嘱，了解各种食品的营养价值。科学合理地安排饮食计划，保证饮食清淡，营养均衡。同时，老人们还应该养成良好的作息习惯，生活有规律，外出活动、应酬有节制。

2. 帮助老年人养成科学的体育锻炼习惯

体育锻炼是保证一个人身体健康和预防疾病的最好方法，老年人通过参加体育活动能够强身健体，还能广泛地结交朋友，保证心情愉快。

体育锻炼要遵守科学规则，身体状况不同的老人适合参与的体育活动也不一样，老年人参加体育活动要把握一定尺度，身体有疾病的老人更要选择适合自己体能的锻炼方式。

3. 普及老年人心理健康知识

健康不仅仅指身体健康，还包括心理健康，具体体现为，内心平静，心情愉快，人际关系和谐，对周围环境有良好的适应性等等。要给老人普及心理健康知识的内容，同时还要给老人们讲解如何保持心理健康，遇到生活中的问题、挫折时，如何积极应对。虽然老人经历了人生中的几十年时光，但人老了之后有时是无助、脆弱的，需要外界力量的支持。

二、活动计划

（一）活动时间：本次活动时间是一周（2017 年 10 月 28 日重阳节 ~2017 年 11 月 3 日），每次活动计划时间为 1 ~1.5 小时，为老人举办活动，时间不宜过长，一般最长时间为 1.5 小时。

（二）活动准备

本次活动为 H 市某高校社会工作系与 B 社区合办。B 社区负责提供场地，购买活动所需一切物品，召集老年人参与活动。高校社会工作系负责设计活动项目。

（三）活动计划

本次活动总计七天，除第一天活动开幕式及破冰游戏和最后一天活动总结外，中间举办五场活动。活动具体计划：

第一天：宣布活动开幕

时间：2017 年 10 月 28 日 9：00 ~10：00

活动内容：宣布活动内容、活动方式及时间的安排，进行破冰游戏，让社工学生与老人们相互熟悉。

第二天：健康饮食活动

时间：2017 年 10 月 29 日 9：00～10：30

活动内容：进行 20 分钟健康饮食讲座，之后进行健康饮食知识有奖问答。

第三天：健康运动活动

时间：2017 年 10 月 30 日 9：00～10：30

活动内容：进行 20 分钟健康运动知识讲座，教组员学跳健身操。活动结束布置下次活动准备，下次活动是展示生活小窍门，需要提前准备道具。

第四天：健康生活态度活动

时间：2017 年 10 月 31 日 9：00～10：00

活动内容：先由社工学生给老人展示两个生活小窍门。然后由老人给大家展示，参与者均有小礼品。发现小窍门是善于用脑的好习惯，而且让老人生活多了很多乐趣和成就感。

第五天：健康心理教育活动

时间：2017 年 11 月 1 日 9：00～10：30

活动内容：进行 20 分钟健康心理知识讲座，观赏心理剧，之后老人和社工学生共同组织讨论。

第六天：邻里合作活动

时间：2017 年 11 月 2 日 9：00～10：30

活动内容：老人之间合作完成任务。让老人感受互相帮助的意义，培养组员与邻里和谐相处的意识。

第七天：活动总结

时间：2017 年 11 月 3 日 9：00～10：00

活动内容：评选最佳参与人、最佳合作者。对本次庆祝老年节的系列活动进行总结并给获奖者颁奖，最后给所有参与活动的老人赠送小礼品。

三、活动实施

（一）活动实施要求：每次活动都要求所有参与活动的社工做好活动日志。

（二）活动实施过程

第一天：庆祝重阳节系列活动开幕式及破冰游戏

时间：2017 年 10 月 28 日 9：00～10：00

第一天活动进程如表 3－9 所示。

表 3-9　　　　　　　　　　　　　　　　　　第一天活动进程

时间	地点	参与人	目标	内容	所需物品
5 分钟	B 社区活动室	社区主任、社工督导（李老师）、10 名社工学生以及23 位老人	让组员了解活动的概况	社区主任致开幕词 社工督导介绍活动概况	
5 分钟			参与人员介绍	社工督导介绍社工的情况；老人自我介绍	
20 分钟			破冰，老人之间进一步加深了解	游戏"记住我的邻居"，参与者坐成圆圈，需要记住你的左手邻居的名字和家庭住址。当主持人问到"张阿姨，您的左手边这个大爷，他的名字叫什么，他家在几栋几号"时，张阿姨需要准确答出，才会发给奖品。同样的游戏进行三次，每一次都要打乱参与老人的座次	
15 分钟			社工想了解老人对健康的认识	主持人引导参与活动的老人自由发言，谈谈对"健康"两个字的理解	
10 分钟			了解老人对健康相关问题的看法	老人在社工的帮助下填写"自评量表"	A4 纸量表23 张
5 分钟			活动结束	总结这次活动；给答对问题的老人发奖品；布置作业：一定要认住你的邻居	小礼品

第二天：健康饮食活动

时间：2017 年 10 月 29 日 9：00 ~ 10：30

第二天活动进程如表 3-10 所示。

表 3-10　　　　　　　　　　　　　　　　　　第二天活动进程

时间	地点	参与人	目标	内容	所需物品
5 分钟	B 社区活动室	5 名社工23 位老人	活跃气氛	主持人随意点到某位老人，让老人家说说能叫出哪位邻居的名字	
20 分钟			帮助老人了解饮食健康基本知识	社工利用 PPT 讲解饮食健康知识	U 盘、电脑、投影仪
5 分钟			让老人了解知识问答规则	讲解以下知识问答活动规则。将参与活动的老人分成 6 组。题目分为小组必答题和小组抢答题，必答题每位成员必须回答，1 人 1 题，答对得 1 分，答错不得分。抢答题，以小组为单位抢答，答对加 1 分，答错扣 1 分，违反规则也要扣 1 分。最后各小组统计个人及小组总分，选出小组总分前三名给奖品，单人得分前五名给奖品	
45 分钟			让老人了解健康知识	进行知识竞赛	23 支笔、23张 A4 纸
10 分钟			了解组员对活动组织的评价	宣布知识竞赛活动结束，老人们发言点评一下活动组织的情况以及自己的收获	

续表

时间	地点	参与人	目标	内容	所需物品
5分钟			总结这次活动	总结这次活动；给答对问题的老人发奖品；布置作业，回家把今天学到的饮食健康知识讲给家人听。	小礼品

第三天：健康运动活动

时间：2017 年 10 月 30 日 9：00 ~ 10：30

第三天活动进程如表 3 – 11 所示。

表 3 – 11　　　　　　　　　　　　　第三天活动进程

时间	地点	参与人	目标	内容	所需物品
3分钟	B社区活动室	5名社工21位老人	活跃气氛	主持人提问老人：今天早饭大家都吃了什么，为什么吃这些，符合饮食健康的什么原理。先让大家自由表达，主持人可以随意指定一位老人对前一个人的表述做点评	
5分钟			了解老人对健康运动知识的掌握	主持人提问老人：①什么是健康运动；②说一下自己知道的健康运动的知识	
20分钟			让老人了解健康运动的基本知识	社工利用PPT讲解健康运动知识	U盘、电脑、投影仪
7分钟			让老人稍微休息一下，同时了解一下老人们都会什么运动	主持人问："哪位老人喜欢跳健身操或舞蹈，给大家表演一下"，对主动表演的老人发奖品	电脑、U盘（伴奏音乐）、小礼品
5分钟			让老人们了解健身操	①点评刚才给大家表演舞蹈的老人，并发给他奖品；②让五位社工给老人们表演即将学习的健身操	小礼品
35分钟			教老人们学习健身操	将21位老人分成5组，每组指派一位社工领操并指导，健身操非常简单，老人将来在家里也可以做。最后留5分钟，5个组要比拼一下，选出学得好的前两名发奖品鼓励	电脑、U盘（伴奏音乐）、小礼品
10分钟			了解组员对活动组织的评价	主持人引导老人现场发言谈谈健身操好不好学，对健康锻炼是否彻底了解	
5分钟			总结这次活动	总结这次活动；给健身操学得最快的两个小组老人发奖品；布置作业：下次让大家展示生活小窍门，大家自带需要的物品	小礼品

第四天：健康的生活态度活动

时间：2017 年 10 月 31 日 9：00 ~ 10：00

第四天活动进程如表 3 – 12 所示。

表 3 – 12　　　　　　　　　　　　　第四天活动进程

进程	地点	参与人	目标	内容	所需物品
5 分钟			活跃气氛；让老人高兴	让 5 位社工给大家表演一段节奏欢快的集体舞，把气氛活跃起来	电脑、U 盘
10 分钟			引导老人发现做家务的乐趣	让两位社工给老人们表演两个他们在生活中发现的小窍门	社工自带
5 分钟			引导老人们生活中多动脑	主持人引导老人们讨论多动脑对老人的好处	
20 分钟	B 社区活动室	5 名社工21 位老人	老人们展示一下自己的成果	让有准备的老人展示自己的发明或生活小窍门，要边做边解说，让大家记住	老人自带物品
5 分钟			鼓励老人们乐观对待生活	主持人让一位展示小窍门的老人说一下他的感受。老人说：她积攒生活小窍门已经有三年了，一开始是学别人的，现在慢慢自己也发明，也算是个兴趣吧，常常这样做自己生活很方便，也让自己生活多了很多乐趣	
10 分钟			了解老人对活动组织的评价	让老人们谈谈对这次活动的评价	
5 分钟			总结活动，宣布结束	总结这次活动；给表演小窍门的老人发奖品	小礼品

第五天：健康心理教育活动

时间：2017 年 11 月 1 日 9：00 ~ 10：30

第五天活动进程如表 3 – 13 所示。

表 3 – 13　　　　　　　　　　　　　第五天活动进程

进程	地点	参与人	目标	内容	所需物品
5 分钟			活跃气氛，锻炼身体	社工和老人一起跳健身操	电脑、U 盘
5 分钟	B 社区活动室	社工督导王老师，2 名社工23 位老人	让老人对本次活动有一个初步了解	社工督导向老人介绍本次活动的内容	
5 分钟			了解老人们对心理健康的认识程度	主持人问老人们：平时有注意心理健康问题吗？生活中感觉老年人心理健康方面的问题一般都有哪些？这个问题老人们基本没有响应	

进程	地点	参与人	目标	内容	所需物品
25分钟	B社区活动室	社工督导王老师，2名社工23位老人	帮助老人了解心理问题	七名社工表演生活伦理剧"邻居家的狗狗"，剧情讲述一个独居的老奶奶，被邻居一对年轻夫妇家养的巨型犬吓到心脏病发作的故事。	社工自带道具
10分钟			帮助老人了解心理健康的问题	主持人引导老人们积极发言，指出剧中老人和年轻人各自错误的地方以及发生错误的原因。社工把老人的发言都记录下来，社工督导先不回答，之后结合心理健康讲座一并点评	
25分钟			指导老人学习心理健康知识	社工督导王老师利用PPT结合刚才的情景剧给老人们讲述心理健康的知识，同时把刚才老人的发言作了点评，明确了情景剧中老人和年轻人在哪些环节上做错了，发生错误的原因即心理知识的欠缺	电脑，U盘，投影仪
10分钟			了解老人对活动组织的评价	组织老人对这次活动做口头评价并说出这次活动的收获	
5分钟			总结这次活动	总结这次活动，给参与演出的社工和发言的老人发奖品	小礼品

第六天：邻里合作活动

时间：2017年11月2日9：00～10：15

第六天活动进程如表3－14所示。

表3－14　　　　　　　　　　第六天活动进程

时间	地点	参与人	目标	内容	所需物品
5分钟	B社区活动室	2名社工23位老人	活跃气氛	让会唱京剧的两位老人给大家表演一段	电脑、U盘
10分钟			引导老人思考邻里关系和谐的好处	主持人让老人们给大家讲一讲发生在邻里间的感人故事。也可以说一下关系不好的邻里关系带来的困扰	
5分钟			帮助老人了解活动规则	此次活动名称是欢欢喜喜过大年，社区提前给大家准备了各种材料，23位老人分成6组，每组自选材料，在规定的时间内合作完成作品，最后选出做得又快又好的前三组予以奖励	彩绳一大把、面一大块、红纸五大张、剪刀、胶水、小木棍等
30分钟			帮助老人们回忆年轻时光，同时体会共同合作的乐趣	老人们分成六组，各组自选材料合作完成作品	

续表

时间	地点	参与人	目标	内容	所需物品
10分钟	B社区活动室	2名社工23位老人	展示作品	各小组选一位代表给大家展示作品，并介绍作品的寓意，同时送上新年的祝福。大家一致评选出前二名优胜的作品，并给小组成员发奖品	小礼品
10分钟			了解老人对活动组织的评价	组织老人对活动做口头评价并说出在活动中的收获	
5分钟			活动总结	总结这次活动，给参与演出的社工和发言的老人发奖品	小礼品

第七天：活动总结

时间：2017年11月3日9：00～10：00

第七天活动进程如表3－15所示。

表3－15　　　　　　　　　　第七天活动进程

时间	地点	参与人	目标	内容	所需物品
10分钟			巩固所学	两名社工带所有老人做一遍前面所学的健身操	电脑、U盘
5分钟	B社区活动室	社区主任，两名社工督导，10名社工，23位老人	让老人们了解这次活动的内容	社工督导李老师告诉老人们今天是最后一次活动，这次不进行新内容。让大家回顾一下这几天的活动，想想有什么收获，还有什么问题；这两天学到的东西对你的生活有哪些影响；以后的生活有些什么想法等	
25分钟			回顾一周的活动内容，对所学内容加深理解并能在以后的生活中运用	社工督导李老师先回顾了这几天的活动，因为已经和这些老人很熟悉，有重点地启发个别老人发言，说出自己的收获，还有哪些问题，对未来的展望等。老人们也可以举手问问题，李老师予以回答	
15分钟			了解老人通过这几天的活动有何变化	10位社工帮助老人们把"自评量表"填写清楚	23份问卷
5分钟			总结这一周的活动，宣布活动结束	社区主任总结一周的活动，感谢社工专业的老师和同学们，也感谢老人们热情积极地参与。这样的活动以后还会经常办，希望老人们积极配合，最后宣布活动结束	

四、评估

（一）评估方法

活动结束之后，我们想对老人参加此类活动取得的效果做一个评估，评估分为中期评估和结果评估。

（二）评估过程

1. 中期评估

采取组员自评的方式，每次活动最后都有一个环节让老人们口头评论对参与活动的看法以及在活动中的收获，社工在每次的日志当中都有记载。

2. 结果评估

采取评估量表比较的方法，将老人在第一次活动之后填写的"自评量表"和最后填写的"自评量表"做一个比较，通过对比老人在参与活动前后发生的变化，了解此类活动带给老人们观念上的提升。

（三）评估结果分析

1. 中期评估结果分析

每一次活动之后，主持人都会留十分钟，组织老人们对本次活动做口头评价并说出在活动中的收获，社工做了详细的记录，以下是中期评估的结论：

★ 第一次活动：老人们评价这次活动要做的事很有用，活动的形式也很新颖，他们很期待。

★ 第二次活动：健康饮食，老人们评价这样的活动非常好，老师讲的内容很有用，他们学到很多。以前只知道人老了在吃的方面要有节制，吃的要清淡一些，不能还像年轻人那样大鱼大肉，老师讲了才知道，老人更应该注意营养均衡，适当还要吃些肉类食品。以前挺相信别人说的话，现在的东西很多不能吃，今天听了老师讲才知道，不能信谣言，应该相信政府的宣传。

★ 第三次活动：健康运动，老人们评价老师讲得很好，以前一直以为人老了就得多活动，今天听了老师讲才知道活动也不能太多，需要根据自己的身体状况安排适当的运动量，需要在天气好的时候再锻炼身体。老人们普遍认为健身操太难，还是教点简单的比较好。

★ 第四次活动：健康的生活态度，老人们评价这次活动学习的生活小窍门挺好的，生活用得上。老师讲到老人们应该有健康积极的生活态度，善于在琐碎的家务劳动中开动脑筋，找到乐趣，他们觉得很受启发。

★ 第五次活动：健康心理，老人们评价根据老师的讲解知道了很多心理健康方面的知识，以前没想过这些问题，身边也见过有的老人活的不高兴，就以为是他自己想得多，现在知道了，老人们也有心理得病的情况出现。学生演的挺好，通过孩子们的表演知道有些问题以后怎么面对、怎么解决。通过心理剧老人们认为人老了还是宽容点，怎么说也比年轻人多活了很多年。

★ 第六次活动：邻里合作，老人们评价这个活动组织的好，他们喜欢这样的活动，希望以后多举办。通过参与活动老人们更加明白人老了就是应该和邻居们处好关系，现在孩子们都忙顾不上老人，老人们有事经常会麻烦邻居。老人们感慨现在邻里相处不像以前那么好，都是由于接触太少，希望社区多办活动让老人们多出来接触，以后关系就会越来越好。

总结每一次活动结束后老人们的评价可以看出老人们对这次活动还是很满意的，这一点从老人们参与活动的热情也能看出来，23 位老人报名，除了第三次少了两位老人之外，其余六次 23 位老人一直坚持，而且表现活跃。社区主任评价，这次活动形式多样，内容也和老人们很贴近，所以老人们参与的积极性很高。

2. 最终评估结果分析

第一次活动之前和最后一次活动之后，老人们在社工学生的帮助下填写以下量表：

老人生活日常自评量表

1. 做饭时想过营养搭配吗？

   A. 经常想　　　　　　B. 偶尔想　　　　　　C. 从来不想

2. 到吃饭时不想吃怎么办？

   A. 强迫自己好好吃　　B. 随便吃点　　　　　C. 不吃了

3. 您经常锻炼身体吗？

   A. 几乎天天锻炼　　　B. 没事了会锻炼　　　C. 偶尔锻炼

4. 您是如何选择了现在的健身方式？

   A. 咨询医生　　　　　B. 根据自己的身体状况选择　　C. 随意选择

5. 您做事情喜欢思考吗？

   A. 喜欢　　　　　　　B. 一般　　　　　　　C. 不喜欢

6. 您觉得生活有意思吗？

   A. 很有意思　　　　　B. 还可以　　　　　　C. 没想过

7. 您能看得惯现在的年轻人吗？

   A. 能　　　　　　　　B. 基本可以　　　　　C. 几乎不能

8. 您的朋友多吗？

   A. 很多　　　　　　　C. 有几个　　　　　　D. 很少

9. 您常和其他老人在一起吗？

   A. 经常　　　　　　　B. 很少　　　　　　　D. 几乎不

10. 您自己感觉幸福吗？

    A. 很幸福　　　　　　B. 一般　　　　　　　C. 不好

两次填写"自评量表"的结果列表（填写量表的人数：23 人）如表 3 - 16 所示。

表 3 - 16　　　　　　　　　　两次"自评量表"结果

		A	B	C
1 题	前	2	13	8
	后	13	8	2

		A	B	C
2题	前	8	10	5
	后	18	3	2
3题	前	8	12	3
	后	15	8	0
4题	前	8	10	5
	后	18	5	0
5题	前	6	10	7
	后	16	4	3
6题	前	6	15	2
	后	15	6	2
7题	前	2	17	4
	后	13	7	3
8题	前	8	10	5
	后	12	9	2
9题	前	8	12	3
	后	12	10	1
10题	前	8	10	5
	后	12	9	2

量表中各选项有相应的得分，选 A 得 3 分，选 B 得 2 分，选 C 得 1 分。根据上述指标及评估标准进行选择，将每题相同选项得分相加，对比活动前后老人的变化。

前后测评结果对比分析：活动举办前选择 A 选项总分为 64 分，活动之后，选择 A 选项总分为 156 分；活动举办前选择 B 选项总分为 119 分，活动之后，选择 B 选项总分为 69 分；活动举办前选择 C 选项总分为 47 分，活动之后，选择 C 选项总分为 17 分。从活动前后得分对比来看，首先，活动前，选择 B 选项的人数最多，但是活动结束之后，选择 A 选项的人数最多，说明活动举办前，对于健康生活的认知，大多数老人处于基本了解，但不是特别清晰的状态。活动举办之后，老人们对健康问题更重视了。其次，活动举办之后，选择 B 和 C 选项的人数都在减少，只有选择 A 选项的人数在增加，说明通过活动的举办，相关健康养老知识的宣传，老年人的认知有了很大提升。

五、社工感悟

1. 给老年人举办活动深得老年人的欢迎

随着生活条件的改善，老年人也越来越注重自己的身体健康，越来越关注自己的生活品质。而且，社会撤离理论也关注到老年人撤离社会核心圈之后，他们还是希望自己不脱离社会，不成为社会的负担。因此社区组织相关老年人的活动，老人们是非常欢迎的，尤其有年轻人参与其中，带动活动的气氛，和老年人一起活动，老人们会感觉有人关注她们，社会爱心人士在关心他们，从心理上就有一种对国家、对社会的信任和感激。

2. 给案主提供服务应该做好需求评估

社工专业的学生因为年龄所限，对社会各方面的认知缺乏社会经验，总是带着理想化的心态去认知和衡量周围的人和事，他们希望将自己的专业运用到服务工作中。而面对老年案主时，他们总认为社工专业知识用不上，老人们需要的是最简单的帮助，而他们做不好，社工给老人们组织的活动，老人们不一定能够领悟和喜欢。

通过这次重阳节老年系列活动的组织，社工学生深刻认识到在给案主提供服务之前应该充分了解案主相关的知识和信息，了解社会背景知识，做好案主的需求评估，只有充分地了解案主的需求，才能制定切实可行的服务方案，这样的服务才能得到案主的配合和认可，服务才能取得应有的效果。

第四章　家庭社会工作

习总书记在他的治国理政思想与实践之中对家庭的重要作用予以了高度的关注。他指出："无论时代如何变化，无论经济社会如何发展，对一个社会来说，家庭的生活依托都不可替代，家庭的社会功能都不可替代，家庭的文明作用都不可替代。"

家庭是社会的细胞，和谐的家庭是整个社会和谐的基础和前提，是社会文明进步的重要标志。我国社会经济的快速发展，虽然为家庭的发展注入了自强自立、开拓进取的活力，但是也导致家庭结构、家庭功能及家庭关系都发生了重大变化，也产生了很多家庭矛盾和问题，这些问题如果不能及时有效解决，将会影响家庭成员个人的成长与发展、家庭的幸福及社会的和谐稳定。

家庭社会工作是以家庭为中心而进行的社会工作介入及所提供的服务。随着社会工作在我国的职业化、专业化发展，家庭社会工作已经发展成为社会工作实务中比较重要的领域。家庭社会工作的目的在于提升家庭自身解决问题的能力协助解决家庭问题，改善日常家庭生活，促进家庭关系的和谐及家庭功能的正常发挥。

本章主要选取了目前在我国引起广泛关注或亟待解决的几个家庭问题，主要包括：亲子冲突问题、婆媳关系问题、夫妻关系问题、单亲家庭矛盾问题、困难家庭问题等五个方面，通过真实案例，阐述了家庭社会工作的基本知识和理论模式、家庭社会工作技巧，展现了个案工作、小组工作、社区工作三大专业方法在家庭社会工作实践中的运用，并对这些理论、方法技巧在中国文化情境中的运用做出了反思。

第一节　舐犊情深需适度　亲子和谐其乐融

——社会工作介入亲子冲突的案例

一、案例来源

笔者跟服务对象（乐乐）是同住一个小区的邻居，接案之前对案主的家庭状况有一定的了解。在接收到服务对象妈妈的求助信息后，笔者从服务对象妈妈处进一步了解其家庭现状。案主在进入高中之后缺乏学习进取心，开始叛逆，不听从父母的教育。父母在抱着"望子成龙，望女成凤"的思想下，也常常感到焦虑和担忧。亲子间不时伴随冲突，对孩子的心理及学习成绩造成了一定影响。本案例具有一定代表性，极具实效性，为当下社会出现的父母溺爱导致青春期叛逆少年的问题，提供了很好的现实素材。本案计划通过社会工作的个案介入来缓解其亲子冲突。

二、案例背景资料

乐乐是内蒙古呼和浩特市重点高中一名高二女生，17 岁，独生女，父亲就职于交通局，工作比较忙，平时很少有时间照顾家庭和孩子，母亲是机关单位的公务员，家庭条件比较优越。父母亲对其溺爱有加，一味满足孩子在物质上的要求，孩子穿戴都是名牌，用的是苹果最新手机、电脑，节假日经常出国旅游。进入高中以后，紧张的高中生活令乐乐吃不消，压力很大，由此产生了厌学情绪，主要表现在课上不认真听讲，课下玩手机、上网和偶发逃课现象，考试成绩不理想，父母对乐乐批评、抱怨、指责。乐乐对父母的管教置之不理，任性、为所欲为，放学回家后，锁上房门，对父母避而不见。乐乐现在陷入与父母的僵化关系中，很烦恼，又不想屈服。父母面对与孩子的恶劣关系，身心疲惫，倍感交集，父母常常对她无计可施，试图寻求帮助。

三、接案前的准备

（一）心理准备

案主处在青春敏感叛逆期，心理断乳期，独立性，依赖性错综复杂。想独立的同时，对外界又极为排斥。亲子冲突已不是一两天，家庭成员容易带有不良情绪，加上社会工作的社会认可度低，人们对其接受度不高，有可能发生社工介入终止的情况，所以社会工作者要提前做好心理准备。

（二）秉承专业操守

社工要遵守保密原则，对服务对象及其家庭成员的隐私予以保密，同时秉承接纳服务对象、服务对象自决等社工服务理念，在社工介入过程中，避免与服务对象及其家人有语言、肢体的冲突，要有耐心、责任心，灵活运用家庭社会工作的有关技巧，从而正确的疏导案主的家庭关系，缓解案主亲子间的冲突。

四、分析预估

（一）问题界定

服务对象正处于青春期，该阶段处于青少年身心发展的快速期，比较容易叛逆，再加上沉重的学业负担，给案主带来了很大的压力。案主以自我为中心，不思进取、缺乏上进心、心理承受力差、比较娇气，不能将现在的学习和未来的理想生活相联系，缺乏应有的职业生涯规划。其案例中的家庭充斥着亲子沟通问题，父母与孩子之间缺乏良性互动的沟通方式，只能任由案主放纵自己。父母一味只看到问题，却没有考虑过怎样从自身及可以利用的因素来缓解这种冲突，改变现状。

（二）原因分析

服务对象处在高中时期，正好是身心发展的一个过渡时期。高中生的人生观、世界观、价值观还没有完全成熟形成，自尊心和自信心在逐渐增强，对别人的评价很敏感，思维的片面性很大，容易偏激，容易摇摆不定，情绪不稳定，性格尚未定型。[1] 对自己有时不可能有全面正确的评价，没法把自己有关的各方面统合起来，形成一致协调的整体，不能建立同一感就会使自己感到混乱。这一阶段的矛盾就是同一性对同一性混乱，人格发展任务就是建立同一性，防止统一性混乱。[2]

服务对象初中的学习成绩在班级名列前茅，但是到了高中以后成绩直线下降，学习上的压力和挫败，使案主产生了自卑心理，从而让案主对学习产生了消极的抵触情绪。随之带来的就是亲子关系冲突。

家长只是一味满足孩子的物质需求，不能在孩子社会化过程中提供正确的引导和教育，从而导致不能正确理解父母对子女教育投入的期望以及自己接受教育与未来生活的关系，在学习上挫败，助涨厌学情绪，父母教育投入期望结果未达，加剧了青春期亲子冲突和矛盾[3]。

（三）服务对象需求评估

根据对服务对象的了解，案主有以下需求：

第一，分析服务对象产生叛逆行为的原因，找到服务对象产生叛逆心理的根本原因；

第二，学习上有被帮助的需求。虽然服务对象会表现出逃避课业的压力，但面对考学压力，也会有不得不面对的想法，只不过意志力薄弱一些，得过且过。需要帮助服务对象转变学习态度，改善学习方法，提高服务对象的学习成绩，挖掘其潜能，提升自信心；

第三，深入了解服务对象的交往方式，帮助服务对象重建关系网络，与父母逐步改善关系，实现良性的亲子互动关系。

（四）理论基础和选取方法

1. 人格发展八阶段理论

埃里克森认为，人的自我意识发展持续一生。他把自我意识的形成和发展过程划分

---

① 林丰勋：《教育心理学》，山东大学出版社 2009 年版，第 26~27 页。

② 林丰勋：《教育心理学》，山东大学出版社 2009 年版，第 44 页。

③ 席敦玉：《社会工作介入高中生家庭亲子冲突的个案研究》，吉林农业大学硕士论文 2016 年，第 9 页。

为八个阶段，婴儿期：信任对怀疑；儿童早期：自主对羞怯；游戏期：主动感对内疚；学龄期：勤奋感对自卑感；青年期：同一性对同一性混乱；成年早期：亲密对孤独；成年期：繁殖对停滞；老年期：完美无憾对悲观绝望。每一个阶段都是很重要的。"青少年正处于自我同一性和角色混乱的冲突阶段：一方面青少年本能冲动的高涨会带来问题，另一方面更重要的是青少年面临新的社会要求和社会的冲突而感到困惑和混乱。所以，青少年时期的主要任务是建立一个新的同一感或自己在别人眼中的形象，以及他在社会集体中所占的情感位置。"[1]

本案例中服务对象不喜欢与父母沟通交流，分析其主要原因是由于服务对象不喜欢父母的管制和约束、不希望父母把自己当作未长大的小孩来对待，希望父母给自己一个空间。根据埃里克森的人格发展八阶段理论的观点，青春期的少年容易与父母产生矛盾和问题，主要原因在于成人感和独立感得不到父母的认同，自我同一感很难建立，很难获得青少年阶段发展的需要。而埃里克森此理论将引导青少年透过理论更好地认识自己，在自我认知的基础上，分析自己与父母的矛盾根源所在，学习一些与家长相处沟通技巧，从而建立良性亲子关系。最终促进青少年自我同一性顺利建立，完成人生此阶段的任务，为以后一生的发展奠定良好基础。

2. 游戏治疗法

艾莲娜·吉儿（Eliana Gil）曾经总结，不管是在个人辅导、家庭治疗还是在团体治疗中，都有运用游戏作为收集资料、评估问题和介入问题的手段。尤其是团体工作一直重视团体游戏治疗，把它作为团体成员加强沟通、理解、成长改变的媒介。[2]

本案例采用的是家庭治疗和游戏治疗相结合的方法，通过结构性家庭治疗法，从整体把握亲子之间的互动关系，对父母与女儿个体目标进行调节，不断进行调整，寻求有效介入方案，同时，采用游戏治疗方法进行巩固治疗，在整个治疗过程中，服务对象及父母都得到了一种全新而又独特的亲子关系体验。

五、服务计划

根据服务对象的家庭关系情况，采用结构性家庭治疗、理性情绪理论疗法及游戏治疗相结合的方法，来改善家庭环境。第一，在埃里克森的八阶段理论指导下分析服务对象面临的主要家庭问题。第二，采用结构式家庭治疗、理性情绪疗法及游戏治疗法相结合的方法，在治疗过程中以家庭场景和日常活动为背景、亲子关系促进从回避问题、到正视问题、再到解决问题，再到亲子间能够相互理解和体谅。最终使亲子之间能够实现一种良性互动，从而使家庭成员都能感受到家的温暖。第三，在社工采用专业的方法和技术介入过程中使服务对象能够改正不良意识和行为习惯。挖掘自身潜能，争取做一名优秀的高中生；父母能够学会正确的引导和教育孩子，改变过去自认为正确的教育孩子的观

---

①　赵钦清：《婚姻家庭社会工作服务指南》，中国社会出版社2017年版，第145页。

②　许莉娅：《个案工作》，高等教育出版社2004年版，第227页。

念，对孩子不过分溺爱和指责，能够给予孩子正确的引导和教育，营造良好家庭氛围。

六、服务计划实施过程

（一）第一次介入——接案访谈

1. 目的：主要了解服务对象的家庭结构、家庭交往方式，分析出家庭结构的不合理现状，通过青春期叛逆问卷调查，了解服务对象的人际关系、情绪情感、学习状况等方面的情况，在此基础上初步评估问题和需要，获得服务对象的信任和接纳，建立起专业关系，为后期的介入打好基础。

2. 时间：2016 年 3 月 3 日

3. 地点：服务对象家中

4. 访谈记录及分析

服务对象：姐姐，你好。

社工：乐乐，你好。今天回来挺早啊？

服务对象：今天没有晚课，所以回来的早一点。

社工：爸爸妈妈不在家吗？

服务对象：他们在楼上大扫除。

社工：那你在做什么啊，在学习吗？

服务对象：我在玩游戏。

社工：什么游戏，我们一起玩吧。

服务对象：王者荣耀，好啊，我们一起玩吧。

两个人玩得很尽兴，特别开心。社工通过生活场景拉近了与服务对象之间的距离。服务对象的父母在家里大扫除、服务对象在玩游戏，能够看出父母很溺爱服务对象。

社工：乐乐我们玩好啦，是不是该学习啦？

服务对象：我现在不想学习，爸爸妈妈每天在我耳边念叨学习学习、都快烦死啦。爸爸每天忙于应酬，回家的时间就是问我学好习了吗？妈妈空余时间和好朋友玩麻将，大部分时间都是我自己在家。

社工：那你想让父母陪你吗？

服务对象：我也说不清楚。

话语中可以看出服务对象孤独的内心世界、渴望得到父母的关爱与理解，同时又想有自己独立的空间，表现出一种矛盾的心理。

社工：目前和父母关系怎么样？

服务对象：不怎么样，我们沟通不了，他们是思想守旧的顽固派。

社工：为什么会这样呢？

服务对象：我也试着和他们沟通，但是聊不到一起去、他们也不接纳我、不理解我，每次都不了了之，现在我也不想和他们说话。

看得出服务对象对父母的不理解、埋怨，缺少良性沟通，使家庭关系恶化。

社工：相信姐姐，姐姐帮助你和爸爸妈妈聊一次，只是谈心、不谈学习怎么样？

服务对象：你和爸爸妈妈约好啦？

社工：约好啦，爸爸妈妈很爱你，一切都是为了你好。

家庭治疗是一种心理治疗模式，需要了解服务对象的心理，笔者正是应用这一模式，创造氛围，通过与服务对象一起玩游戏的途径跟服务对象拉近距离，让服务对象敞开心扉表达自己的想法，了解问题的缘由，服务对象的父母疏于对女儿的关心，只注重学习成绩，这是造成家庭亲子冲突的原因之一。为了缓和亲子关系，在跟服务对象沟通过程中传达其父母对他的关注，引导服务对象敢于直面问题，而不是对父母避而不见。

社工和服务对象一起上楼，父母马上打扫完家里，妈妈上前迎接社工。

社工：阿姨好，平时工作忙没有时间收拾啊？

女主人：你好，就是平时忙于工作，实在是没有时间好好收拾一下。

社工：我和乐乐在楼下了，早上来一会儿还能帮您打扫家里。

女主人：不用你们干活，我和你叔叔收拾吧。

男主人：乐乐还能帮我们干活，只要她好好学习就比什么都强，每天把最好的东西都给她，满足她所有的需求，可惜她也不好好学习。

服务对象：在你们眼中只有学习、除了学习就没有别的话题（服务对象说完随之下楼回到自己的房间）。

服务对象父亲的话语触及到服务对象敏感的神经，与父母的交谈中再次证明了对孩子的溺爱。社工跟随孩子来到房间。

社工：乐乐，怎么又不高兴啦？我们不是说好了和父母一聊吗？

服务对象：你看爸爸一说话就是我学习不行，没有别的话题。

社工：其实爸爸妈妈都是很关心你的，都是为了你好。

服务对象：姐姐，你说的也有道理。

社工：下次找机会，我们和父母好好聊聊，你不能这种态度啦。

服务对象：好的，我尽量。爸爸能像姐姐这样就好啦。

社工：乐乐，我这里有份问卷，你可不可以帮忙给填一下，我会保密的。

做这个问卷的目的是更好帮助你。

服务对象：（思考了三分钟）嗯，可以吧。

服务对象独自完成调查问卷，社工把问卷带回家，对调查问卷做深入分析。通过服务对象所答问卷分析服务对象叛逆情况（如表4-1所示）。

表4-1　　　　　　　　　　　服务对象叛逆情况分析

人际关系	自我认识	情绪问题	学习状况	总分合计
9	13	7	12	41

此次调查问卷包括人际关系、自我认识、情绪问题、学习状况共四个方面的问题，根据问卷评分标准，人际关系 9 分、自我认识 13 分、情绪问题 7 分、学习状况 12 分，总分 41 分，服务对象为严重叛逆期，叛逆行为普遍多发，与父母关系较差，根据问卷，可以看出服务对象学习较差，有厌学情绪，自我认识方面存在偏差，情绪起伏较大，容易出现烦躁不安。与家人沟通过程中，经常有冲突发生。社工通过此次问卷调查对于分析服务对象产生叛逆行为的原因作了铺垫，为后期开展帮助做了准备。

5. 评估（效果评价）

本次介入比较真实自然，介入过程主要是依靠生活场景（像玩游戏、收拾家），并使服务对象完成了叛逆情况调查问卷，更多地了解了服务对象的学习、情绪、人际交往等方面的状况。本案例中可以看出，该家庭亲子之间存在不良的互动，服务对象父母一味地满足其经济和物质上的需求，以此来博得乐乐的乖巧懂事、刻苦学习，除此以外没有给予更多的关爱和陪伴，并没有给予孩子一种明确的积极向上的学习观、生活观、价值观和世界观，父母的不恰当的教育方式方法，加剧了亲子间的冲突。

6. 案情发展与跟踪

由于前期的多次沟通和第一次介入，社工成功获得服务对象的信任，与服务对象建立了友好关系并初步了解其家庭结构和环境。接下来的两周时间社工经常与服务对象沟通，进一步了解服务对象的脾气、兴趣爱好等，挖掘亲子冲突的原因，探索解决问题的关键点，并使服务对象愿意接受治疗，为后期的介入治疗奠定了基础。

（二）第二次介入

1. 目的：从结构式家庭疗治疗模式出发，通过跟服务对象父母沟通，引导父母分析出引起亲子冲突的原因，一方面是孩子自身的原因；另一方面原因与家庭环境、氛围、沟通方式密不可分，以此来引起父母的重视与反思，引导他们尝试改变沟通方式、教育方式，为孩子提供良好的家庭氛围环境，给予孩子正确的方向指引。

2. 时间：2016 年 3 月 25 日

3. 地点：服务对象家里

4. 访谈记录及分析

与父亲的访谈记录：

社工：叔叔，今天不忙？

男主人：因为今天和你约了见面，所以我就早回来了。

社工：最近乐乐表现怎么样？

男主人：比以前能稍稍好一点，但是还是很任性、不和我们沟通交流、回来就钻进自己的房间。

社工：您平时都几点下班回家啊？

男主人：我一般回家都很晚，因为晚上有应酬。

社工：乐乐成绩怎么样了？

男主人：还是老样子吧，每天也不学习，我这么努力工作、应酬打拼还不都是为了她，但是这孩子不懂事，把最好的定西都给了她，她还不满足、不好好学习。

男主人表达自己对家庭及孩子做的贡献，以为把最好的东西给了孩子，却没有得到孩子的认可。表现出伤心难过，父亲单方面地指责孩子，却没有意识到自己的问题。

社工：乐乐和您的关系一直这样吗？

男主人：小的时候还挺好，这长大了有自己的主见和想法了，就不听话了。前段时间因为我对她喊了几句，她就去小姨家住了两周。

父亲不当的教育方式，导致亲子关系恶化。

社工：那您想过尊重孩子，与孩子平等对话吗？

男主人：没有，我是着急就大喊了几句，但是都是为她好啊。

社工：乐乐正处于青春期，内心比较敏感和脆弱，有些任性和叛逆也是正常的，在这个时期我们要给予正确的引导。我记得我那个时候也一样，经常和父母闹矛盾、发脾气，我的父母也很伤心，现在长大了想一想真是后悔，但是当时真是有种身不由己的感觉。现在想想真是感激父母当时无微不至的关心呵护，和我一起度过了这个"危险"的青春期。

男主人：是的，想想我当年也挺叛逆。

社工在跟服务对象父亲访谈沟通过程中，试着用移情和同理心的沟通技术向服务对象父亲披露自己的亲身经历和感受，以引导对方换位思考，调整角色期望，从而意识到自身教育方法存在的问题。通过自我披露的方法强有力拉近与乐乐爸爸的心理距离，发展融洽的专业关系。

社工：是的，我们都经历过青春期，乐乐也长大了，叔叔有时间尽量多陪陪她，叔叔以后和乐乐沟通过程中也要讲究合适的方法，不能生气了就对着她大喊大叫，她也有自尊心。

男主人：是啊，可能是以前我做得不够好，我以为只要在物质上能够满足需求就足够了，平时忙于工作很少有时间陪她。看她不学习、学习成绩差就忍不住对她发脾气。

社工：叔叔您意识到亲子关系紧张，除了孩子自身原因外，您也有重要的责任，若想缓解这种紧张，就要从自身转变开始哦。

男主人：以后少出去应酬一些，抽出时间尽量多陪陪孩子学习，多听听她的想法和意见，尽量克制自己不发脾气。

谈话过程中社工运用认知疗法，使男主人意识到孩子的叛逆他自身也有一定的原因，认识到从自身做起，若再付诸行动，对于缓和亲子冲突，对拉近亲子间距离也是很有益的。

与母亲的访谈记录：

社工：姨，您好，最近忙吗？

女主人：挺忙的，还要照顾家里的生活起居。

社工：就是。除了工作，还要照顾家里孩子，就是很辛苦。

运用家庭社会工作技巧中的同理心，尊重服务对象，对女主人为家里的付出表示肯定、理解，拉近距离。

女主人：大人这么忙活不都是为了孩子吗，为了给乐乐优越的生活环境，可是这孩子不但不领情，反而认为这些都是父母应该给她的，放学回家也不学习、就是回自己房间玩游戏、上网，这两天又和我闹矛盾，不和我说话。

社工：为什么？

女主人：上周末她说和好朋友小华出去买个电脑包，我担心她交上坏朋友，就悄悄跟踪看她是不是和小华一起去电脑城了，结果被她发现了，回来和我大闹一场，说我不信任她，跟踪她，侵犯了她的隐私。

女主人只凭借主观臆断，犯了常见的错误思维模式，夸大事情的消极意义，没有充分尊重、信任孩子。

社工：阿姨您应该充分尊重和信任孩子。不应该跟踪怀疑孩子、有想法应该及时和孩子沟通，有效解决问题。

女主人：哦，你说的也有道理，我就是放心不下就跟踪去看看，没想到还让她给发现了。

社工：孩子正处于青春期，叛逆。父母越是对其束缚，她就越想挣脱。适当地给她些私人空间，给予正确的引导，自然能平和度过青春期。

女主人：嗯，我也意识到做的不合适了。

通过与女主人的谈话，归纳总结引发亲子冲突的原因：母亲对女儿交友、做事情的过分担忧，担忧女儿不是按照自己期望的方向发展；还不能和女儿正面沟通交流、只能暗地里调查。女儿不想有父母的约束、管制，挑战父母的底线权威，是造成亲子关系紧张的主要原因。

5. 评估

通过本次介入可以看出造成亲子关系冲突的原因不只是服务对象本身单方面的原因，父母教育孩子的方式、方法有待于进一步完善和改进，父母在亲子关系冲突这件事情上要承担一定的责任，通过社工的介入父母逐渐意识到自身的不足给亲子关系带来的负面影响，并积极解决，期待恢复以往和谐家庭的环境。

6. 案情发展与跟踪

第二次介入以后，社工利用业余时间陪伴服务对象一起学习，服务对象慢慢开始减少厌学情绪，父母也把大部分时间都用来陪孩子。父母努力改变自己不正确的教育观念和方法，家庭氛围有所改善。但是因为服务对象意志力比较薄弱，还会经常出现不想学习的现象，依旧不愿意和父母有过多交流，由此可见问题没有完全解决。

（三）第三次介入

1. 目的：通过开展理性情绪疗法帮助服务对象及服务对象父母改变之前的固有思维模式，改变不良的行为习惯，重新梳理家庭固有观念，形成一种家庭成员之间的良性互动。

2. 时间：2016 年 4 月 20 日

3. 地点：小区花园

4. 过程

社工与服务对象进行简单交流沟通后，开始运用理性情绪疗法促使服务对象与自己的消极情绪进行辩驳，改变不良的思想和行为习惯，使其向好的方向发展，引导服务对象树立正确的价值观。

诱因（A）：服务对象成绩不断下滑；

信念（B）：我太差了，没有自信心了；

情绪、行为后果（C）：焦虑烦躁，逃课、不学习、和父母闹矛盾等；

与非理性信念的辩驳（D）：目前学习成绩不理想并不代表考不上好大学，未来的路还好长，只要努力学习、制定合理的学习目标和计划，并持之以恒，学习成绩是可以提高上去的，还是可以考上大学的。

通过与自己非理性情绪辩驳，帮助服务对象重新认识错误的观点，否定非理性的消极观点，从而使服务对象的思维方式发生重要转变，一分为二看事物，引导服务对象从多角度看待问题，不能一味地被负面情绪所蒙蔽，帮助服务对象正确看待高考，让服务对象从内心不再排斥学习，逐步改变服务对象之前对自己的消极看法。

其次与服务对象父母的非理性观念开始辩驳。

诱因（A）：学习成绩一次比一次差；

信念（B）：在物质经济上极大的满足就一定能学习好，学习成绩对未来起着决定性的作用；

情绪、行为后果（C）：指责、抱怨服务对象，给服务对象较大压力，亲子关系紧张；

与非理性信念的辩论（D）：在教育孩子方面要学会恰当的方式和方法，并不是一味在经济上给予满足，学习成绩就一定理想，这二者之间并不是成正比关系，不能因为成绩的不理想否定之前所有的努力，找到成绩不理想的原因才是最关键的，面对成绩的下滑服务对象自身也很内疚，要关心、理解服务对象，单方面的指责是没有用的，反而会激发她的逆反心理。

运用理性情绪治疗过程，增加服务对象和父母互动，从而拉近服务对象与父母的距离，互相了解彼此的想法，促进互相之间的沟通。同时对服务对象的改变表示肯定、支持和鼓励，让服务对象从内心里不断的认识和调整自己，逐步恢复服务对象的学习自信心。

5. 评估

整个治疗过程开展得很顺利，此案例有了突破性进展，服务对象有了明显的进步，并从内心开始对自己有信心，主动改变自己的行为和想法，开始努力学习，回归学习生活的正轨。能够理解父母的良苦用心，开始体谅父母的不易之处，与父母的关系也逐渐好转，工作成果需要继续巩固。

6. 案情发展与跟踪

社工在此过程中一直关注着服务对象，有时间还对她进行课外辅导，基本保持每天都沟通、交流。服务对象的想法和行为有了很大的变化，上课能够认真听课并积极地与优秀同学讨论、交流。不迟到、不早退，也没有旷课现象发生，积极地备战月考。与父母的关系好转，对父母不再抵触、每天回家能够主动和父母交流学习和学校发生的事情。父母也有了很多变化，充分尊重服务对象的想法，改变过去错误的认知，父亲无论工作怎么忙也会抽出时间回家陪女儿一起学习，改变教育观念，采用赏识教育，对女儿的进步给予肯定、赞扬，亲子关系比较融洽。

（四）第四次介入

1. 目的：在亲子关系日渐好转的情况下，为了巩固和进一步加深亲子间的良性互动，感受到家庭的温暖和亲情的重要性，使服务对象懂得珍惜和感恩父母。

2. 时间：2016 年 5 月 12 日

3. 地点：服务对象家里

4. 过程

安排服务对象全家观看《妈妈再爱我一次》电影，增加亲子间的理解包容，缓解协调家庭成员之间内部矛盾，使家庭成员感受家庭的温暖。在观看影片的过程之中乐乐流泪了。

社工：这部影片好看吗？

服务对象：好看

社工：看完有什么感受？

采用家庭治疗技巧，对质。激励乐乐说出心里真实想法。

服务对象：体会到了母爱的伟大，我要感恩父母给我创建这么好的一个家。我也要多理解他们的不易之处。我要学会感恩父母。

5. 评估

通过电影中的情景再现，使服务对象联想到自己，意识到自己忽略了父母对自己无私伟大的爱，感到深深的愧疚的同时，更加珍惜这份爱，并且学会要感恩父母。服务对象的父母面对如此伟大的爱，反省自身做得不到位的地方，感受亲情的难能可贵。通过本次观看影片的活动发现，亲子之间需要适时的互动，激发内心深处的爱，使之疏离的心再次拉近①。

6. 案情发展与跟踪

伴随前四次的介入和亲子间的共同努力，亲子关系日渐好转，父母参加乐乐家长会时，老师给的反馈是乐乐这一个月的进步特别明显、上课认真听讲、不溜号、认真完成作业、学习成绩明显提高。放学回家后还力所能及地帮父母做一点家务，父母给服务对象更多的关注，遇到服务对象青春期的一些小问题就会积极寻求社工的帮助，共同商讨对策，家庭关系趋于缓和、平稳。

---

① 杨艳艳：《家庭社会工作介入青春期亲子冲突的个案研究》，吉林农业大学硕士论文 2014 年 5 月，第 21 页。

（五）第五次介入

1. 目的：为了进一步巩固前期的介入效果，利用轻松愉悦的游戏治疗，达到改善家庭亲子关系的预期效果。

2. 时间：2016 年 6 月 26 日

3. 地点：小井沟

4. 过程：

第一环节：爬山、玩水。

在爬山的过程中，家庭成员之间开展比赛，看谁第一名爬到山顶，氛围很好，最后爸爸第一名，乐乐给爸爸送了奖品。

第二环节：野炊。

社工和家庭成员一起将带来的帐篷、炊具搭建好，从家里带来的水果、蔬菜都洗干净，接下来开始准备烧烤、乐乐积极主动地帮忙干活，并且还自己动手烧烤，将烤好的羊肉串送给爸爸、妈妈和社工，家庭氛围其乐融融。吃过午饭大家一起玩扑克。

第三环节：返程。大家收拾好炊具、将物品都放到车上，打扫好卫生，体现了家庭的温馨，启程高高兴兴地回家。

返程途中的访谈：

社工：乐乐今天高兴吗？

服务对象：特别开心

社工：为什么这么高兴？

服务对象：有爸爸妈妈的陪伴就是好

社工：那你以后一定要好好表现哦，爸爸妈妈会经常带你出来一起游玩。

服务对象：嗯，我一定。

社工：乐乐你可以帮姐姐填一个问卷吗？

服务对象：什么问卷啊？

社工：很简单，就是上回你做过的问卷。

服务对象：哦，没问题。

为了更加科学、准确地分析服务对象的变化情况，社工又一次对服务对象做了青春期叛逆情况调查问卷，前后对比服务对象的问卷调查结果。通过前后测对比分析，服务对象叛逆情况如表4-2所示。

表4-2　　　　　　　青春期叛逆情况调查问卷前后测对比

人际关系		自我认识		情绪问题		学习状况		总分合计	
前 9	后 4	前 13	后 6	前 7	后 4	前 12	后 5	前 41	后 19

从青春期叛逆情况调查问卷前后测对比表中可以看出服务对象在人际关系、自我认识、情绪问题、学习状况等各个方面都有所改善，通过之前调查分数总计41分和之后19分的对比也可以看出服务对象已经从严重叛逆变为轻度叛逆，虽有逆反迹象，但父母正确的教育还可以约束其行为。从表中可以看出服务对象的学习状况是进步最大的，从12分到5分，服务对象学习方面有了很大程度的提高，这对于服务对象叛逆行为产生的核心是一个关键性方面，学习上的进步，使服务对象在自我认识、情绪问题以及和父母、老师、同学的关系等方面都有很大的帮助，情绪上的改善，使服务对象在生活中能够更加从容、乐观地面对问题。

七、结案与评估

（一）社工的评估

个案目标基本完成，叛逆心理得到了一定程度的改善，从厌恶学习到主动学习，从讨厌父母到亲近父母，与父母相处的较为融洽，服务对象在不断地进步。纵观个案工作的整个过程，社工从专业的角度、使用多种家庭治疗模式和方法对服务对象及其家庭进行了帮助，通过青春期叛逆问卷量表的前后期对比，可以看到服务对象在人际关系、自我认知、情绪情感、学习状况等方面的成长和进步。父母在社工的帮助下学会了表达、倾听、理解与同理、冲突解决等沟通技能。在结案过程中，社工告诉服务对象父母，在今后的生活、学习中，做好服务对象的监督者和开导者，多关心、理解处于青春期服务对象的心理变化。

（二）服务对象自我评估

明确自己以前的错误想法和行为，改掉上课迟到、逃课的坏毛病，明确了自己的学习目标，学习上也有了动力，持之以恒的坚持，相信只要努力付出、就会有回报，并且给自己做了人生规划。对父母的态度也大大转变，认识到以前和父母的交往方式是不对的，应该感谢父母为我提供优良的学习环境，我要努力学习，将来好好报答他们。

（三）家长对服务对象的评估

期末考试成绩比以前提高了十多名，自己有了明确的目标和方向，每天放学回家后大部分时间都用来学习，晚上能够学习到很晚，积极地备战高考。学习上不用父母像以前那样操心，对父母有了更多的理解和关心，生活上也学会了照顾自己，尽量给父母减少负担。

八、专业反思

（一）社会工作者的角色需要在理论学习和实践中发展

社会工作者的角色包括支持者、倡导者、管理者、资源获取者、协调者，政策影响人等角色。社工扮演的这几种角色在本案例中还是有欠缺的，在以后的工作中需要让这几种角色的作用更充分地发挥。

（二）对青少年和家长的服务应该有不同的认识和心理准备

青少年正值青春期，人生观、世界观、价值观这三观还没有完全形成，因此在对青少年的服务中，应该非常重视知识的学习、良好人格的培养，以教育和发展为主。而家长的知识经验和人生阅历则比较丰富，人生观、世界观、价值观已经形成，面对家长服务，应当从促进家长的改变和对既有经验的分享和升华方面着手。

（三）家庭环境尤其是亲子教育沟通模式，是影响孩子成长的重要因素

亲子关系出现问题后，家长应该首先从考虑家庭环境，想要孩子有所改变，那么家长必须首先要发生改变。在这个个案开展过程中，服务对象的父母做得相对比较好，在社工的帮助下，家长审视自身在教育孩子方面存在的问题，改变过去不正确的教育观和思维模式，能够和孩子建立起民主平等的亲子关系，能够充分尊重孩子，加强有效的亲子沟通。社工在案例中非常重视家长改变的重要性，这是本案例成功的主要原因。

（四）对家庭社会工作的专业方法掌握和有效运用还有待于进一步提高

由于我国家庭社会工作起步比较晚，专业的家庭社工又比较少，本案例的社工比较年轻，很好地运用了多种家庭治疗模式，但是介入的时机选择以及介入的深度及技巧还有待于提升。

第二节　学会相互理解沟通　重塑和谐婆媳关系
——运用小组工作的方法缓解婆媳矛盾

一、背景介绍

本小组的服务对象为呼和浩特市某社区的婆婆和媳妇，从古到今婆媳关系一直是一个敏感的话题，在封建社会里提倡三纲五常，同时受到儒家伦理思想中孝道思想的影响，媳妇要听命于婆婆，婆婆的地位是高高在上，婆媳关系表现为一种不平等的人际关系。随着中国社会的转型，现代社会的进步，思想观念的解放，婆媳关系也悄悄地发生了变化，媳妇在家庭中的地位明显提升，婆媳关系已经由过去的不平等发展为一种平等的人际关系。但是也应看到，即使在今天，相处和谐融洽的婆媳关系也并不十分常见。本小组研究的是：婆婆帮助照看孙子时，在与媳妇共同居住的两三年的时间里，两代人因为不同的思维观念、不同的生活方式、对丈夫（儿子）的爱的争夺战、抚养教育

孩子过程中的一些生活琐事而引发的婆媳矛盾；婆媳关系仍是家庭生活中的难题，这些矛盾若不能及时有效的解决，则会影响到夫妻关系和家庭的和谐幸福。

社会工作者在该社区走访调查时了解到许多家庭中存在婆媳关系不和谐现象。社会工作者在与婆婆和媳妇的交流过程中，注意到他们有接受帮助改变婆媳关系的需求。因此在其家人的支持下，开展本次以改善婆媳关系为主题的小组活动。

二、分析预估

本次报名的婆媳约 30 人，社会工作者通过收集资料、访谈调查，挑选出 10 对婆媳关系比较紧张、改变意愿较强的妇女作为组员。

所挑选的 10 对服务对象的基本情况如下：服务对象的经济情况较好，媳妇的学历素养较高，婆婆都是帮忙给带孩子，和儿子媳妇生活在一起，对目前的婆媳关系不太满意，希望有所改善。服务对象目前都能意识到存在问题，曾经尝试做些调整改变，但是改变不了现状，很是苦恼。

根据服务对象的资料、问题，社会工作者做出了以下的分析预估：

第一，生活观念、习惯、思维方式不同的问题。婆媳属于两代人，所处的生活年代、环境不一样。不同的家庭成长环境，接受的文化思想不同，形成了不同的生活方式、思维方式，造成彼此之间的代沟，在处理具体家务事、教育孩子等家庭琐事上必然会存在分歧和矛盾。

第二，家庭权利和经济方面的问题。受传统观念的影响，大部分婆婆认为儿子应该是一家之主，家里的事情应该由儿子决定，媳妇就应该是相夫教子。然而现代社会尤其是城市家庭，大部分家庭事宜都是由女主人来决定。这一点婆婆认为是不妥当的，这也是婆媳矛盾的一个焦点。另外婆媳两代人的消费观念不同，大部分婆婆生活一向节俭，媳妇们大多是及时消费观念，婆婆自然看不惯媳妇花钱的做法，婆媳互相不理解，矛盾也就越积越多，婆媳就从一开始的忍让到后来的关系紧张。

第三，教育孩子方面的分歧。婆婆和儿子、媳妇之间没有明确的边界和距离，婆婆过多干涉儿子、媳妇对子女的教养行为从而形成对峙，降低了父母在孩子面前的权威，削弱了教育效果，使孙子、孙女长期处于被袒护和溺爱的环境中。

三、服务计划

（一）小组理论基础

1. 家庭沟通理论

沟通即通过语言、声调、表情、动作等方式作为媒介来传递或分享信息的过程。家庭角色是指在家庭中被赋予一定期望，需要遵守相应规范的个人。在家庭中，个人沟通方式的改变随着其他家庭成员角色的改变而做出相应的调整，所以，家庭沟通与家庭角色二者之间的关系密不可分。家庭角色随着个人生活内容的增长而增加，一人可同时拥有多个角色。同理，对于人数众多，结构更为复杂的家庭来说，个人的家庭角色越增加，所要接受的挑战也就越大，越容易面临角色冲突、角色紧张、角色认同出现障碍等问题。

美国家庭治疗大师萨提亚提出了五种沟通姿态："讨好型、指责型、超理智型、打岔型以及表里一致型。讨好型易丧失自我，内在价值感比较低，认为什么都是自身的错误，甚至愿意通过贬低自己来达到他人的满意，是依赖型的受难者，道歉和乞怜是常态，但是为人平和、善解人意；指责型易忽视他人，认为自己是孤立的个体，为了保持自己的权威而否定、责备、命令和攻击他人，但是为人果断自信、做事干练；超理智型极端客观，只看重客观情境，逃避自我和他人，过分僵化和理智，但是注重细节、有才智；打岔型易混乱和焦虑，爱插嘴和打断别人，但是富有创造力；而表里一致型则是萨提亚提倡的正确沟通姿态，建立在自我认同价值较高的基础之上，内心和谐并与外显行为一致，正视自我，敞开内心接纳他人，达到自我、他人、情境三者的和谐互动。"①

社会工作者通过与服务对象面谈和分析，发现婆媳矛盾的原因是不良的沟通交流方式所致，良好的沟通方式是增强婆媳感情的有效手段，也是化解婆媳矛盾的利器。若想了解婆媳之间的需要与感受，最重要的就是充分的沟通。社会工作者通过纠正婆媳之间不正确的沟通方法，展示正确的沟通方法，使服务对象意识到沟通的重要性，让婆媳回顾自身与对方沟通过程中存在的不足，重建正确的有效的沟通方式方法，使服务对象掌握正向有意义的沟通方式，有效地缓解婆媳矛盾，努力构建其乐融融的婆媳关系。

2. 马斯洛需要层次论

人本主义心理学家马斯洛在 1943 年发表《人类动机理论》当中提出了需要层次论，认为人类共有五种需要：生理需要、安全需要、归属和爱的需要、尊重的需要、自我实现的需要。② 这五种需要按照出现的时间顺序以及对人类行为驱动程度，呈金字塔状由低向高排列。这五种需要之间表现出一定的层次性、多样性、非固定性和相对满足性。需要层次与我们心理发展时期相关联，个人需要发展像波浪一样推进，各种不同需要优势又是由一级演进到另一级，每一分每一秒波及一生。

社会工作者通过与服务对象沟通分析后，发现婆媳关系矛盾的原因在于婆媳的心理需求没有得到满足，如果不及时有效解决婆媳矛盾，就会影响到家庭幸福。从归属与爱的需要来看，任何一个家庭的婆媳都是由非血缘关系的陌生人而走进一个家庭形成的一种比较亲近的婆媳关系。媳妇的到来必然会使儿子的情感世界和精神世界由母亲转向媳妇，媳妇在一定程度和意义上取代了母亲的地位，婆婆必然会产生失落感，这就导致了婆媳之间对"儿子或丈夫"的这个个体的情感占有方面的矛盾。从尊重的需要上来看，生活在同一个家庭中的婆媳，由于生活文化背景不同、生活方式和三观不同，所以在生

---

① 王亚萌：《萨提亚沟通模式提升高校心理委员人际沟通能力》，太原城市职业技术学院学报，2019 年第 6 期，第 92～93 页。

② 陆士桢、王玥：《青少年社会工作》，社会科学文献出版社 2005 年版，第 103～104 页。

活中处理和解决问题的意见和态度就会不一致，然而双方还都认为自己的想法是正确的，希望得到对方的认可和尊重，双方尊重的需要没有得到满足就会出现矛盾。

（二）小组目标

运用发展性小组工作的方法，为组员提供支持。通过沟通和合作，组员得到理解、接纳和关心，增进婆媳的情感交流，改善不良的家庭关系，增强家庭功能，促进家庭和睦。

具体目标如下：

①建立小组成员间相互信任关系，促进婆媳之间的理解和沟通。

②认识自我、认识他人、小组成员学会思考自己与家人之间的关系；增进婆媳之间的相互理解、换位思考与有效沟通；增进婆媳感情；提供一个婆媳交流的活动空间，学习沟通与合作的技巧。

③引导小组成员思考家庭生活中遇到困难的解决方法；进行小组总结和评估。

小组性质：发展性小组

（三）小组对象

呼和浩特市某社区家庭婆婆媳妇。

（四）小组时间

2017 年 6 月 6 日至 2017 年 7 月 7 日

（五）小组程序

1. 筹备阶段：主要包括小组招募、筛选、资料收集、场地申请、物品准备。
2. 具体实施阶段：小组活动的具体执行。
3. 总结评估阶段：小组反思总结、小组目标、执行情况反思。

四、服务计划实施过程

（一）第一次服务主题：缘来自你我（2017 年 6 月 6 日）

第一次活动过程如表 4-3 所示。

表 4-3 　　　　　　　　　　　　　活动策划

时间	目标	小组内容	所需物品
15 分钟	①社工与组员认识并初步建立信任感 ②组员之间认识	①社工介绍自己和小组主题 ②组员相互介绍、社工和组员之间相互熟悉	签到表、便利贴

续表

时间	目标	小组内容	所需物品
15 分钟	加强组员之间的认识和熟悉	破冰小游戏：我是谁 玩法：通过个人选择代表自己的某一物件来达到互相认识的目的；告知组员有 10 分钟左右的时间在活动室周围找一个能够代表自己个性特征或表达自己身份的物件，并把它带到活动中；让每位组员展示所选的物件并解释其所表达的含义	不透明的幕布一条
20 分钟	建立小组契约，了解组员需求和期待，社工带领小组成员明确小组活动的目标	社工介绍小组活动的流程和注意事项，并请组员表达自己的需求、期待、疑惑，最后建立小组契约	笔、彩纸
20 分钟	加强婆媳之间的沟通和合作	游戏：我来比划你来猜 玩法：将婆媳分组，每组轮流猜家庭生活用品，一人表演，一人猜想回答 在此项活动中社工以共同活动为中介增进小组的凝聚力，引导婆媳两人一组，精诚合作，进行日常生活物件猜谜	道具、卡片
10 分钟	①加深对小组的认识； ②分享本次活动真实感受； ③安排布置家庭作业	①社工总结本次活动内容 ②请组员分享本次活动的感受 ③家庭作业：了解自己在彼此（婆婆或是媳妇）心中的印象	纸条

总结和反思。社工通过破冰游戏，帮助服务对象相互认识，形成了宽松的小组氛围，服务对象也表达了对小组的期望，制定了小组契约，小组初步建立，但是由于是第一次活动，社工对每个活动步骤的节奏把握不算好，在活动安排上有些手忙脚乱，服务对象在面对社工提出的一些问题有时候不能给予及时有效的回复，导致了活动出现冷场的现象，组员的讨论也不够深入，社工与服务对象信任的专业关系还有待于进一步建立。

（二）第二次服务主题：婆媳厨艺大比拼（2017 年 6 月 13 日）

第二次活动过程如表 4−4 所示。

表 4−4　　　　　　　　　　　　　　活动策划

时间	目标	小组内容	所需物品
10 分钟	促进组员之间进一步了解	家庭作业反馈：在婆婆（媳妇）心中的印象	纸条
5 分钟	明确婆媳厨艺大比拼活动任务要求	社工与组员一起商讨比赛规则	纸笔
50 分钟	通过厨艺比赛增进婆媳合作与竞争，体会互相帮助	婆媳厨艺大比拼，请评委评选出优秀组	厨具、餐饮食物、蔬菜、肉

时间	目标	小组内容	所需物品
30 分钟	引导服务对象了解婆媳矛盾的分类和原因；协助服务对象学习婆媳冲突的处理方法和技巧	①案例：离家出走的媳妇 ②请服务对象分享与婆婆的冲突事件 ③总结冲突的分类 ④冲突产生的原因：忽略真正的需求，根据马斯洛需求层次论分析婆媳的需求 冲突的问题归属 婆婆的需求 媳妇的需求 ⑤处理冲突七步法 ⑥自由分享 ⑦总结本次活动	电脑、多媒体设备 道具
5 分钟	评选最佳婆媳组合，增进婆媳之间的团结与集体荣誉感	根据活动制定的规则，选出最佳婆媳组合	奖品
10 分钟	巩固小组成果，分享收获	①组员分享这次活动的感受以及意见 ②社工总结	笔和纸

总结和反思。本次活动主要采取比赛竞争的形式，小组成员的热情、参与度比较高，婆媳之间配合较好，互相之间似乎忘却了往日生活中的家庭琐事烦恼和矛盾，精力都投入到比赛和处理婆媳冲突的学习中，这种活动形式促进了婆媳之间的相互理解和支持，凸显了生活中合作共赢、互助有爱的理念。分享环节让每位组员充分表达自己的感受，进行了情感交流，小组凝聚力有所提升，小组动力已经形成。

社会工作者对整个活动中的突发事件的处理能力还需要进一步提升，小组活动结束后与督导及时沟通请教，学习带领小组活动的经验、技巧和能力。

（三）第三次服务主题：让沟通传达爱意，而非创造恨意（2017 年 6 月 20 日）

第三次活动过程如表 4 - 5 所示。

表 4 - 5　　　　　　　　　　　　　　活动策划

时间	目标	内容	所需物品
15 分钟	了解自己与他人的价值观，促进双向了解，互相尊重	游戏：价值观拍卖会 模拟拍卖会现场，拍卖物品用卡片代替：家人安康、家人幸福、子女孝顺等作为拍卖物品。社工引导组员说明为什么会选择这些物品	卡片、道具、小锤
10 分钟	组员倾诉自己遇到的婆媳问题困扰	交流讨论最近自己遇到的婆媳问题	

续表

时间	目标	内容	所需物品
60分钟	1. 协助服务对象了解正面的沟通及其意义 2. 协助服务对象学习正面沟通的技巧和方法	1. 游戏：金玉良言 每家婆媳组成一队，每队派一位代表上台抽签看成语，然后做出相应的动作给自己组的成员猜，猜对1个得1分，最后记分小组公布成绩。 总结：正面的积极语言和沟通方式，令我们的沟通产生积极有价值的作用 2. 讨论：何谓正面的沟通？ 3. 总结：正面沟通是指以正面的积极的角度传递和反馈思想和感情、以求达到顺畅、一致的思想和感情交流。 4. 萨提亚提出了讨好型、指责型、超理智型、打岔型和一致型等5种沟通形态案例模拟、情景剧列举5种沟通形态及其弊端 5. 正面沟通技巧	
10分钟	促成家庭成员真正正面沟通	游戏：电话连线。婆媳进行电话连线，说说自己的一些心理感受	手机、电话等
10分钟	1. 社工和组员通过分享发现进步之处。 2. 发现婆媳各自的优点	1. 组员分享自己的经验，表达小组活动的看法和意见。 2. 家庭作业内容：了解婆婆（媳妇）的优点	

总结和反思。本阶段小组已经走向稳定成熟期，社会工作者在本次活动中开展了价值观拍卖会，目的是引导组员认真思考行为背后的真正价值选择，在本阶段更注重组员之间的讨论和反思。有些组员交流近期与婆婆的问题时情绪失控，社工运用了同理、共鸣、积极倾听等专业的技巧和方法，很好地处理了组员的不良情绪。在这一阶段组员之间都能敞开心扉充分表达内心的真实情感，而且渴望改变与提升的意识都较强，能够很好地配合社工完成各项活动。

（四）第四次服务主题：爱的表达（2017年6月30日）

第四次活动过程如表4-6所示。

表4-6　　　　　　　　　　　　　活动策划

时间	目标	内容	所需物品
15分钟	分享作业，引导组员欣赏尊重对方	组员分享自己发现的对方的优点	家庭作业、纸和笔
60分钟	通过观看视频，帮助组员正确地认识婆媳关系不好对家庭的影响	为组员播放金牌调解婆媳矛盾视频	电脑、多媒体
20分钟	请组员谈谈观看视频感受	小组成员与社工互相讨论表达观看视频之后的想法和感受	

时间	目标	内容	所需物品
10 分钟	提高成员表达爱的能力	游戏：爱的表达。组织小组成员表达自己想为对方或是家庭最想做的一件事情	笔和纸
10 分钟	①分享感受 ②家庭作业：婆媳共同完成一项任务	①社工总结、组员表达收获感受 ②家庭作业（婆媳一起完成一件事情：旅游、做饭、逛超市等）	

总结和反思。在前几次活动的基础上，本次活动开展较为顺利，组员参与的意识增强，相互的沟通能力增强，彼此之间更多一份信任和理解，在本次活动中注重培养组员的自主学习能力和爱的表达能力，巩固已经取得的小组成效。遇到问题能够主动向社工寻求帮助，社工充分扮演了资源链接者的角色，小组已经走向稳定。

（五）第五次服务主题：相亲相爱一家人（2018 年 7 月 7 日）

第五次活动过程如表 4－7 所示。

表 4－7　　　　　　　　　　　　活动策划

时间	目标	内容	所需物品
10 分钟	家庭作业反馈	组员分享与婆婆一起完成家庭作业情况	
30 分钟	分享经过小组活动婆媳关系的改变	邀请组员分享对小组的印象、目前对婆媳关系有了哪些新的认识和改变、分享经验	
15 分钟	互道祝福	游戏：爱要大声说出来 玩法：每个组员在纸上写下自己对婆婆或者媳妇的美好祝福	便利贴纸
40 分钟	评估总结	①小组组员填写小组满意度调查问卷 ②社工对整个小组进行总结，处理离别情绪	笔、小组满意度调查
15 分钟	结束小组活动	①结束活动：大家站起，围成一个圆圈合唱《相亲相爱一家人》 ②互相道别，合影留念	多媒体、相机等

总结和反思。在本阶段，社工主要引导组员回顾小组活动的全过程、讨论小组组员的收获及自身的积极改变，进一步巩固小组取得的成果。组员在离别之时特别感谢社工，希望以后还有机会参加类似的活动，为婆媳关系的改善提供一个有效平台。这充分说明了社工得到组员的认可和肯定。社工从最初的筛选服务对象到组织最后一次活动，自身也得到了锻炼、成长和发展，对于婆媳关系的调试有了许多新认识和经验，为以后再带婆媳关系小组奠定了基础。社工将小组内容制作成《爱的纪念册》送给组员，期

望在小组活动结束后，能够在实际的婆媳相处过程中巩固、学习和运用。

五、小组评估

（一）组员的改变评估

在小组活动开展前，社工组织服务对象对婆媳关系现状进行分析，媳妇们一致认为与婆婆关系不和谐、想要改变现状但是却改变不了，双方的沟通效率低，互相不理解。在每节小组的最后环节社工都安排让组员分享活动中的感受和体会。从组员的分享中可以看出，他们对家庭关系有了新的认知，婆媳之间的理解和沟通能力提升了，婆媳能够换位思考，相互理解和包容，相处得更加和谐、家庭更加幸福了。最后一次的总结活动中，组员表达出以后社工能够多开展类似活动使更多的婆媳受益，建立起良好和谐的婆媳关系，享受幸福的家庭生活的期望。

（二）服务对象家属访谈评估

小组开始前，社工和组员的家属在组员的行为表现、家庭关系等方面进行了交流沟通。多数接受访谈的家属表示家庭中婆媳关系一般、存在不和谐现象，婆媳沟通不顺畅、相互不理解，存在一定矛盾，导致家庭氛围不和谐，某种程度上影响家庭幸福指数。

小组结束后，社工再次访谈小组成员家属，主要是了解服务对象参加小组后在婆媳问题处理上态度、行为等方面的变化。婆媳关系得到了很大的改善，相互之间更多了一份理解、尊重和包容，能够换位思考为对方考虑，婆媳之间更多的是正面的积极有效的沟通和交流，遇到问题和事情时能够理性的思考和解决，家里不再是阴云密布而是欢声笑语，整个家庭氛围都很和谐。

（三）活动结果评估

活动结束后，社工组织组员填写小组满意度调查问卷，这是考察服务对象对服务过程满意程度的重要方法，由此可以进一步了解服务对象对于小组活动的反应，同时可以了解社会工作者的服务能力，以及服务对象对服务或社会工作者的意见和建议。共发放问卷 20 份，收回 20 份，对小组目标达成、时间安排、场地和形式等评估项目，选择 3 分（满意）及 3 分以上的服务对象占到总数的 100%，对社工的态度，选择 4 分（比较满意）及 4 分以上的服务对象占到总人数的 100%。分析结果显示，"小组能增进婆媳之间的理解、沟通、合作"这一栏里平均分达到 4.5（满分 5 分），大部分服务对象认为参加完小组活动对自己和对方（婆婆或媳妇）之间感情交流起到了作用，小组活动达到了预期目标，加深了对自己、对婆媳的了解，小组成员获得了彼此的支持和信任感，解决困难的能力得到提高。组员对于破冰游戏、案例模拟、价值观拍卖会等活动形式比较喜欢，给予一致好评。

（四）社工自我评估

由于社工自身单身，没有处理婆媳问题的经验，为社区婆媳开展本次小组活动的实务探索，对社工来讲是一个很大的挑战。社工在小组开展初期由于缺乏经验，虽然制定了完美的服务策划，但是在具体的操作落实过程中，处理突发问题的能力有待于提升，曾遭受到服务对象的质疑，社工曾很沮丧，在督导和同事的热心帮助下，根据实际情况对小组活动进行调整。社工在小组过程中主要扮演引导者与观察者的角色，运用鼓励、解释、关怀和引导的技巧，顺利达成小组目标。

（五）督导评估

督导在活动开始前针对婆媳关系的发展性小组服务计划在活动计划、活动安排及服务技巧等方面对社工进行了详细指导。对于初次开展有关婆媳关系小组活动的社工来说，实践经验难免不足，技巧方面略有欠缺。如组员对于活动兴趣不高，不积极时，社工应注意现场气氛的调节及引导组员融入到活动中来。此外，活动结束的后续跟进工作依旧是整个活动中不可缺少的一环。今后对于婆媳关系类的婚姻家庭问题可以与即萨提亚家庭治疗模式结合，可使组员获得更有效的服务效果。

六、专业反思

（一）社会工作者要精准自身定位

社工在为服务对象提供服务的过程中，首要的就是找准自身定位，才能制定出客观清晰有效的服务计划。处理婆媳家庭关系案例前，社工主要扮演的是调节者的角色，在调节婆婆和媳妇之间的矛盾摩擦时，首先要使婆媳认识到对方需求的合理性，其次在婆媳双方目标或者利益一致的情况下促进双方充分沟通和交流。增进彼此之间的理解。除此之外社工还扮演使能者的角色，社工应运用自身拥有的专业知识和技巧调动服务对象自身的能力及资源，充分发挥其潜力，不止将问题的解决局限于现有的矛盾中，还要放眼于服务对象今后的生活中，帮助服务对象提高个人能力，实现助人自助。

（二）服务技巧方面

社工为服务对象提供服务时首先遵循的原则就是价值中立原则，在处理婆媳双方关系时，应保持理智客观，做到不盲从，不绝对，不能带有主观情绪色彩而给出绝对化的评价判断，帮助服务对象分析问题时，应以服务对象实际情况为基础，客观分析问题、找出原因最终解决问题。其次，社工在与服务对象沟通过程中应使用同理心，表示对服务对象感同身受的理解，社工对服务对象要接纳与尊重；但是同时也要注意社工自己应该做什么、能做什么、不能做什么，把自己本职的工作做好即可，避免做出一些不能实现的承诺，社工也并不是能够解决所有的难题。

（三）妥善应对服务对象质疑

社工刚刚工作两年，工作资历尚浅且没有处理婆媳关系的经验，作为提供服务的社会工作者，自身的经验和人生阅历受到了服务对象的质疑，在开展小组时遇到了很大的挑战。在督导的帮助下，社工向小组成员说明本次小组中社工是作为引导者、调节者与促进者的角色来帮助她们改善婆媳关系，而不是以生活经验来代替她们做决定，是以专业的理念和技巧方法去开展服务，这样才慢慢地被服务对象所接受。社工在今后要努力学习专业知识和技巧，努力提升自身素质，从而为服务对象提供更优质的服务。

（四）注重引导服务

在小组活动中社工设计了一些游戏活动，目的是为了让服务对象积极参与其中，但是在游戏及分享环节具体开展过程中有些组员参与的积极性不高，导致冷场、气氛尴尬，社工要提升处理突发事件的能力，积极引导服务对象参加活动、充分的表达分享活动感受，这样有利于每节活动目标的实现。

第三节　走出产后抑郁　重拾和谐婚姻
——社会工作介入产后抑郁妇女的案例

一、案例来源

服务对象的丈夫经由社区居委会主任介绍来到社工机构，向社工讲述了妻子生完二胎后因为身材恢复得不好，每天心情不好，持续失眠、极度焦躁、不愿和周围人接触交往、强烈的无助感和孤独感、与丈夫沟通不顺畅，经常与丈夫发生冲突导致家庭关系紧张的现状。希望社工能够帮助其妻子走出产后抑郁的阴影，开心快乐幸福的生活。

二、背景资料

服务对象小玲年龄33岁，有个妹妹，结婚8年，性格内向，先后生育两个女孩，本来希望二胎是男孩，怀孕的时候自身感觉和头胎的各方面反应都不一样，自认为一定是男孩。生下是女孩后，虽然也很爱第二个女儿，但心情略有失落，平时生活与丈夫经常争吵。

服务对象丈夫：某国企的员工，比妻子大3岁；本人是南方人，和服务对象是经别人介绍认识并相恋结婚的；生活中性格开朗、大方乐观，喜欢电子产品、旅游、读书。

服务对象公婆：服务对象公婆是机关事业单位的退休员工。公公63岁，婆婆62岁，公婆退休后与夫妻两人同住，公公继续返聘工作，婆婆帮忙照顾两个孩子。因为公婆是南方人，不同的生活方式、思维方式，使服务对象与他们相处起来也有一定的困难。

服务对象认为自己很不容易，很辛苦，却得不到公婆和丈夫理解和支持，情绪低落。

服务对象的孩子：大女儿6岁，小女儿3个月，2个孩子白天基本由服务对象的婆婆照顾，晚上和夜间由服务对象照料。服务对象感觉照顾2个孩子精力不够，每天都很累，想睡一个安稳觉很难，希望丈夫能在照料孩子方面多分担一些。

三、分析预估

（一）主要问题

服务对象小玲面临的问题是典型的家庭婚姻夫妻关系问题。小玲对家庭生活现状非常不满，主要问题有：

夫妻关系紧张问题。通过和服务对象的会谈，我们了解到，服务对象和丈夫的关系非常紧张，服务对象自身感觉生完二女儿以后，丈夫对自己不像以前那样好了，对自己和孩子关心较少，只关心自己，对家庭也不够照顾。另外，服务对象觉得自己夹在公婆和丈夫中间很为难，丈夫不能够理解自己，不能为自己分担，不像一家人。和丈夫也没有适当的沟通，就算是讨论问题也都会以吵架的方式结束，言语极具攻击性。

消极情绪困扰问题。服务对象存在非常严重的消极情绪，对丈夫失去信心，同时也对婚姻失去信心。针对服务对象的不良情绪反应，社会工作者为其进行了心理测试，结果为：抑郁自评量表（SDS）标准分63分，提示轻度抑郁；焦虑自评量表（SAS）标准分67分，提示中度焦虑。

社会支持问题。通过谈话我们了解到服务对象在家几乎得不到其他家庭成员的支持，而服务对象由于害怕娘家人担心自己，不和家人谈及自己的生活，在这种无人理解的环境下，服务对象缺乏稳定、完整的社会支持系统。

（二）服务对象需要

通过社工和服务对象的交流，目前服务对象的需求主要是改善负面情绪，走出抑郁阴影，改善夫妻紧张关系，增加社会支持系统，学会和丈夫进行有效良性沟通，处理日常事务，增加对婚姻生活的信心。

四、理论基础

（一）理性情绪疗法

理性情绪疗法的创始人是美国心理学家阿尔伯特·埃利斯，他通过处理自己的问题以及对理论的研究，认为人不是被事情本身所困扰，而是被其对事情的看法所困扰。[1]

---

[1] 阿尔伯特·艾利斯、黛比·约菲·艾利斯著，郭建中、叶建国、郭本禹译：《理性情绪行为疗法》，重庆大学出版社2016年版，第25页。

理性情绪疗法阐明人们情绪和行为的机能障碍产生及治疗的原理。在埃利斯的理性情绪治疗 ABC 理论模型中，A 是指激活事件或起因事件，包括现实世界的事件、人类生活事件以及人们的思想活动；B 是指信念或思维、思想、认知；C 是指情绪和行为结果。ABC 理论模型认为 A 只是 C 的间接原因，B 即个体对 A 的认知和评价而产生的信念才是直接的原因。例如：销售员甲乙两人同时到一座岛屿上卖鞋子，销售员甲去过岛屿后回来垂头丧气向领导汇报，岛屿上没有人穿鞋子，所以我们根本没有市场。销售员乙向领导特别兴奋激动地汇报说"这座岛屿上没有鞋子，这座岛屿有很大的销售潜力，所以我们有很大的销售市场。"埃利斯认为人的信念与思维倾向是引发不良后果的主要原因，社会工作者要重点转变个人非理性的思维方式或认知习惯，建立更为理性的认知习惯和行为。

本案例中的服务对象从表象来看是由于家人的关注点由孕妇转移到新生儿身上，或者产妇自身角色转换等原因导致产妇产后情绪低落，进而产生产后抑郁；但是事实上不良情绪是由服务对象内在的信念系统引发出来的，首先要了解服务对象内在的信念系统，才能发现服务对象产生不良情绪和消极行为的本质原因所在，通过改变非理性的信念，寻找到解决问题的根本方法。

（二）家庭系统理论

"家庭是组成社会的基本单位，是以组织形式运作且满足家庭成员彼此需要的互动系统。家庭系统理论是把家庭看成是由若干子系统组成，有夫妻系统，亲子系统，兄弟姐妹之间的系统等。每个子系统之间相互联系又相互制约，形成一个运转有序的家庭系统，每一个子系统之间相互制约且相互发展，并且促进家庭这一整个大系统的有序规律进行，促进家庭功能的实现。"[①]

根据家庭系统理论，服务对象在家庭这个系统里面，处于一个非常特殊的地位，当家人不能理解服务对象的抑郁情绪时，通常外向性格的服务对象能够找到相应的合适途径发泄负面情绪，尽可能地不会影响自己的正常生活。内向性格的服务对象则将抑郁情绪压抑在心里，不愿意将抑郁情绪发泄出去，所以负面情绪积累越来越多，从而影响服务对象正常生活和工作。

五、服务计划

（一）服务目标

1. 疏导情绪、缓解压力

为服务对象提供一个情绪疏导和自我倾诉的机会，缓解其压抑、自卑、恐惧的消极情

---

① 罗金艳：《基于沟通模式的婚姻危机介入研究》，西北农林科技大学 2015 年硕士论文，第 3 页。

绪体验，帮助服务对象正视生活中遇到的各种问题和困难，并努力积极地改变生活现状。

2. 帮助产妇认识到自身的负面情绪，如何进行情绪的自我控制

了解服务对象内在的信念系统，揭示其产生抑郁、消极行为与思想的本质原因。通过改变非理性思想信念，舒缓服务对象在角色转换后精神、心理上的压力，帮助产妇改善焦虑、暴躁、不自信等不良的情绪，学习如何进行情绪管理，并协助她寻找到矫治行为的方法。

3. 通过治疗，建立良性的家庭沟通模式

通过重新构建服务对象信念、认知系统，使其乐观看待二胎生育后遇到的种种问题，充分做好角色转变认知的心理准备。尝试改变自己与家人的沟通交流模式，重要的是改善家庭四维关系。其中关键的是夫妻关系，形成积极有效、良性的家庭沟通互动模式。

（二）服务策略

1. 缓解情绪，建立信任

采用社工服务的澄清、接纳、自我披露等专业方法，与服务对象及其爱人建立起专业关系，为夫妻二人提供感情支持和疏导，缓解两人的疲惫、无助、焦虑等不良情绪。

2. 引导互动

运用家庭系统理论，协助双方认识在家庭系统中，双方互动存在的问题，分析其存在问题的主要原因，引导两人尝试有效的沟通方式，在一起进行商讨解决办法。

3. 改变错误观念，建立正确认知

运用理性情绪治疗方法，引导服务对象认真思考生活中的事情，厘清生活中存在的一些非理性信念和认知，并认清非理性信念指导下行为造成了哪些负面的影响以及如何积极行动去改变错误的认知，建立起正确的认知，用正确的认知来指导行为，积极乐观的生活。

六、服务计划实施过程

（一）第一阶段：专业关系建立阶段

（1）目标：了解服务对象的基本情况，缓解服务对象的情绪，与服务对象建立信任的合作关系。

（2）主要内容：

通过事先电话预约，社会工作者与服务对象于约定的时间在社区的小花园见面。相互问好后，社会工作者向服务对象介绍了机构的基本状况及此次会见的目的。社会工作者在和服务对象的沟通过程中，能够较好地运用倾听、理解、接纳、尊重、同理等专业理念和自我暴露的方法，与服务对象开诚布公地交谈婚姻中夫妻关系的一些常见问题及自己在日常生活中面对这些问题的有效处理方法，初步了解服务对象的生活经历和现状，并进行分析和评估。

社会工作者与服务对象以交流的方式明确双方权利义务，避免事后的误解给后续工作造成障碍。服务对象表示"明确权利义务挺好的，不至于出现问题相互推诿，目前双方定下的期望也挺合理的，就让我们共同朝着期望的方向努力吧。"

（二）第二阶段：厘清问题与达成共识阶段

1. 介入重点

使服务对象意识到自身存在的一些非理性信念及存在的问题，并能全面分析导致非理性信念产生的原因。

2. 介入过程

（1）事例探讨：社工通过家访和面谈，深入了解服务对象生活的现状及生活中的烦恼，列举生活中一件因为服务对象主观臆测而引发的误会或不愉快的事情，引导服务对象思考，使其认识到自己的无端揣测，以偏概全的错误认知带来的危害。应该积极正面的有效沟通才会生活得更加幸福。

（2）厘清家庭沟通图示：尝试建立有效的沟通，避免沟通中带来的隔阂与误解（见图4-1、图4-2）。

（3）问题回顾与分析：分析生二胎（微发事件A）和产后抑郁情绪（消极情绪和行为结果C）之间的关系。当询问服务对象是否是因为生了二胎后才出现现在的各种矛盾时，服务对象思考后回答说是在生二胎以前种种问题就已经积累下来，在生二胎之后都爆发出来了。期间服务对象回忆了夫妻两人之间发生的种种不愉快的经历：

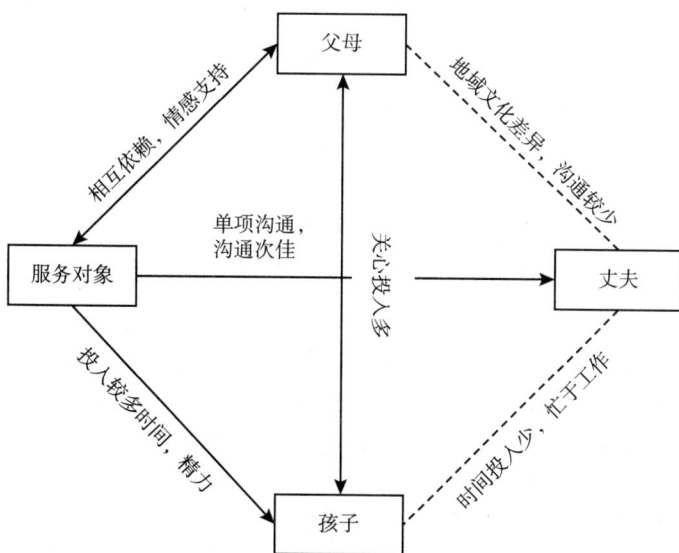

图4-1　家庭内部沟通模式图

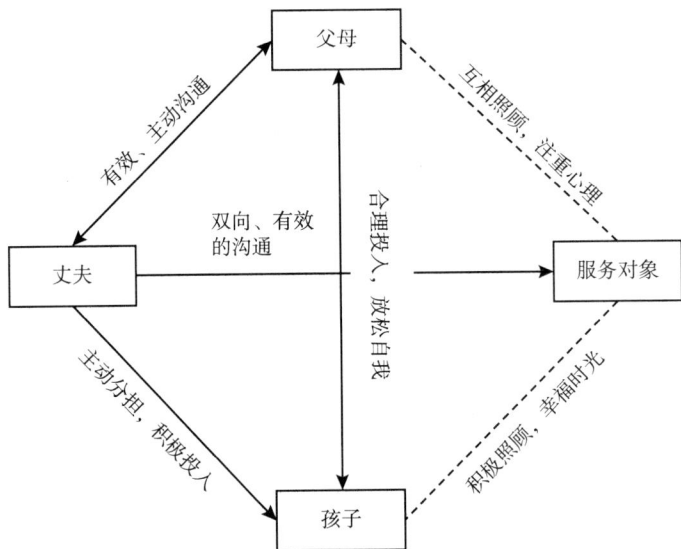

图 4 - 2　家庭内部沟通理想模式图

有一天老公晚上要出去应酬，但是自己在家带孩子感觉很累，不愿意让他出去，而且老公一出去就喝酒，回家都是后半夜，回来后兴奋得睡不着觉，还数落我各种不对。于是我就坚决不同意他去吃饭，老公坚决要去，于是两个人开始吵架，他要出门我就挡在门口不让他走，把他的包和手机扔出门外，于是他把我拽到一边，嘴里还说简直就是个精神病，便扬长而去。我伤心地哭了半天，然后开始照顾孩子，心情极其糟糕，感觉看不到生活的希望。

在没生二宝以前，基本的家务和照看大宝的事情都是由我自己来负责，老公几乎什么家务也不做，下班回来基本就是休息看电视和玩手机，让他干活他也不做，因为当时考虑到都有孩子了，尽量好好相处吧，我自己能做的事情尽量自己做，指望不上他就不指望了。但是二宝出生以后我真的是力不从心。精力真的是不够用，压力倍增，然而他却和以前一样，家务基本不管不问，平日里夫妻之间的沟通相处是相互指责抱怨型。

社会工作者以倾听、理解、接纳的态度来听服务对象讲述她和丈夫生活中的种种事情以及这些事情给服务对象带来的困惑和烦恼，帮助服务对象分析这些问题背后的深层次原因。如把丈夫的包、手机扔出门外等事件，服务对象自己认为是当时的失控情绪支配了这些行为，服务对象承认自己的性格太强势，在丈夫面前一直是占上风，什么事情都要听自己的，丈夫有不同的想法和意见就不高兴，控制欲望强，和丈夫没有建立平等、尊重的良好沟通方式。因此导致了夫妻双方的不理解和关系紧张。

（三）第三阶段：运用理性情绪疗法治疗

1. 介入重点

该阶段主要通过理性情绪治疗、帮助服务对象正视非理性情绪、理清非理性情绪与错误认知之间的关系、纠正错误认知、促成理性情绪和行为。

2. 介入过程

（1）通过提问的方式，让服务对象反思自己的一些非理性信念和认知，帮助服务对象学会理性思考，在婚姻生活中的错误认知主要有：老公很希望二宝是男孩，结果是女孩，老公一定很不喜欢她；老公一定嫌弃现在的我，因为身材臃肿；老公经常出去吃饭、经常后半夜回家，在外面一定没干什么好事；老公在朋友圈从来不发关于我的消息，这就说明他不爱我了。同时使服务对象明白正是由于她的这些非理性信念导致了消极情绪行为问题。

（2）情绪梳理：通过循序渐进的方式，社会工作者帮助服务对象慢慢梳理自身的非理性情绪，重构自身的理性信念系统，帮助服务对象认识到不良情绪给自己和家人带来的危害，使其学会控制自己的不良情绪。

（3）换位思考：社会工作者引导服务对象站在丈夫的立场思考问题，感受丈夫的处境和不易之处。如：在这样的家庭环境中，妻子比较强势、控制欲望强，换作服务对象也会倍感压力。

（四）第四阶段

提高夫妻沟通技巧，建立适合夫妻双方的沟通模式。

1. 介入重点

协助夫妻认识到夫妻沟通的重要性及目的所在是创造双赢的夫妻沟通，互换信息，增进了解和促进关系，而不是是非对错之争。协助夫妻掌握正确表达情绪及处理他人情绪的沟通技巧，以及正向陈述事件与正向表达期望的沟通技巧，协助夫妻培养良性的互动沟通模式。

2. 介入过程

夫妻良性互动沟通活动具体如表4-8所示。

表4-8　　　　　　　　　　　　夫妻良性互动沟通活动

节次	内容	目的
第1次	一、夫妻沟通的误区有哪些： 1. 是非对错之争 2. 无话不说 3. 随便说 4. 理所当然的不用解释 5. 不恰当的夫妻沟通模式：相互责备型沟通模式、相互怨怼型沟通模式 二、夫妻沟通的目的是什么？ 1. 交换信息，希望得反馈 2. 共同解决问题 3. 增进了解或促进关系 三、高效的沟通方式： 以描述的方式，多表达内心的思想和情感，建立起建设型沟通模式	通过让服务对象和丈夫一起探讨夫妻沟通中有哪些误区的形式，来促进一步认识夫妻沟通的真正目的及高效的沟通方式

节次	内容	目的
第2次	"情景再现"： 让服务对象和丈夫再现印象最深刻的一次争吵事件。以叙述和表演的形式来重新演绎，在重新演绎的过程中，"心语心谈"分享与交流	让服务对象和丈夫增加交流与互动，重新体验日常生活中的情景，从而有所发现，有所体验，有所感悟
第3次	"互动沟通"练习。 ①即使一方简单重复的陈述，对方也要有一个反馈；即使是一个否定性的回答也比没有回答好； ②一方做的好事，另一方要把感激之情表达出来	认识到沟通中互动的重要性，体验到沟通中存在互动与没有互动的区别，认识到感激与赞美所能带来的不一样的情感体验，协助服务对象和丈夫培养良性的互动的沟通模式
第4次	"我信息"表达练习。 ①多用"我信息"，少用"你信息" ②如何运用"我信息"正确表达自己的情绪：陈述引发我们情绪的事情或者对方的言行；陈述我们的感受；陈述我们的理由。（强调对对方言行本身的感受，而非对其个人的感受；目的是分享，不是利用自己的感受去达到改变或者控制对方的生命） ③如何运用"我信息"正确接纳对方的情绪：只有对方感受到你对他/她的接纳，才愿意聆听你的心声或者倾诉自己的想法。例子：我看得出来我的唠叨和挑剔令你的心情不好，真的很抱歉，让你这么难受	让服务对象和丈夫体验到"我信息"表达与"你信息"表达所带来的不一样的心理感受与体验，协助他们正确表达自己的情绪和处理他人的情绪，从而减少冲突，促进沟通的进行与关系的增进
第5次	"正向语言沟通"练习。 正向语言的态度：温暖、不批评、接受、很积极；负向语言的态度：讨厌、不负责、逃避、没自信。联系正向语言表达让自己及别人更快乐。例子：眼看就要迟到了，左看右看公交车就是没有来。正向语言： ①下次我该早点出门 ②意外的事难免都有 负向语言： ③早知道就早点出门 ④真受不了呼市的交通 第一，练习其他场景。比如厨房的水杯没有放好。正向语言：记得把用过的碗拿到厨房放好；负向语言：每次吃完饭，饭碗总是乱放 第二，减少使用负向语言，增加正向语言	帮助服务对象和丈夫学会正向表达技巧，学习如何正向表达期望和需求，懂得如何表达使别人和自己更加愉快，从而减少矛盾和冲突，建立良好的夫妻关系

（五）第五阶段：结案与跟进服务

经过一段时间的观察以及家庭成员的反应，明显看到服务对象自身发生的改变，对其走出抑郁心理给予充分的认可和肯定，与服务对象回顾整个个案过程，总结经验，鼓励服务对象做好心理准备面对可能再次出现的非理性信念，加强内心理性信念的引导。在结案一个月后，社会工作者到案主家中进行会面，服务对象的精神状态比较好，与丈夫有说有笑，虽然工作生活依旧忙碌，但是通过社会工作提供给服务对象的理性情绪疗法及与家人的有效沟通模式，服务对象现在会缓解工作生活压力，并知道如何与丈夫及公婆的有效沟通，一家人生活得其乐融融。

七、总结评估

通过个案工作的介入，服务对象在个人层面、认知行为、夫妻关系、家庭层面等方面发生了积极的改变，个案目标基本完成。具体如下：

（一）个人层面

服务对象的精神状态由最初的情绪低落、焦虑、恐惧逐渐转为平和、自信、乐观、上进，情绪较为稳定，走出原来的抑郁心理。在服务对象的言谈举止中传递的是满满的正能量，谈到家人孩子的时候满脸洋溢出幸福的笑容。

（二）夫妻关系方面

服务对象改变了与丈夫的不良沟通模式，建立起良性的有效的建设型沟通模式。丈夫对服务对象的态度也发生了变化，更多的理解、同情妻子的不易之处，主动分担家务、照顾孩子。妻子也学会换位思考，能够更多的站在丈夫的立场思考问题，理解体谅丈夫的繁忙工作，夫妻关系发生了实质性变化。

（三）认知行为方面

服务对象在认知内在信念系统方面发生了改变，并主动尝试积极控制自己的不良情绪、改变自己的言语和行为，不断进行自我反思，意识到出现问题的症结所在，并能积极的努力进行改变自我。跟踪服务中了解到，服务对象在工作中升职了，提升了自我效能感、自我价值得到了体现。

（四）家庭互动方面

通过社会工作者的全方位的专业介入，为服务对象及其家人建立了一个有效的交流沟通平台，使服务对象能够和家人及时进行交流和分享、释放生活压力，避免不良情绪、非理性信念占据主要阵地，导致不良行为的发生。在家庭沟通交流互动方面发生了极大的改变，服务对象与丈夫、公婆之间建立了双向的有效沟通模式，建立起了家庭支持系统，使其家庭关系更加和谐。

（五）心理测验结果对比

针对服务对象二胎后产生的消极情绪反应，社会工作者运用抑郁自测量表（SDS）和焦虑自评量表（SAS）为其进行心理测试。结案阶段社会工作者再次对服务对象进行了心理测验，并对测量结果进行了对比（见表4-9）。

表 4-9　　　　　　　　　　　　　　测验结果对比

测验项目	服务前	服务后
抑郁自测量表（SDS）	63	46
焦虑自评量表（SAS）	67	47

注：1. 表格中显示数据为测验标准分；
2. 按照中国常模标准，SDS 标准分界值为 53 分，SAS 标准分界值为 50 分，小于分界值显示为症状消失。

抑郁自评量表（SDS）分数从 63 分降至 46 分，显示抑郁情绪消失；焦虑自评量表（SAS）分数从 67 降至 47 分，显示焦虑情绪消失。

八、专业反思

（一）社会工作者对危机的判断与采取及时有效的治疗方法非常重要

这是由服务对象的不合理信念及夫妻之间不良的沟通方式导致的产后抑郁案例，社会工作者依据服务对象的真实情况，制定了切实可行的计划和目标，在整个服务开展的过程中社会工作者及时有效地采取治疗模式，服务目标都基本得到了实现，结果也比较满意。通过本次介入活动使服务对象走出了抑郁心理，恢复了比较平和稳定的正常心理；学习到了不同的沟通方式对夫妻婚姻生活的影响，服务对象与丈夫建立起了良好的沟通模式，同时也建立起了较好的家庭支持系统。

（二）个案服务的过程是双方共同成长的过程

个案的服务过程不仅仅是服务对象成长的过程，同时也是社会工作者成长的过程。在个案过程中社会工作者辅导服务对象认清自己的非理性信念，也是审视自己的过程。在漫长的服务过程中，社会工作者也会有无助的时候，感到难以改变服务对象的境况，但在专业督导的帮助支持下，在社工理念的指导下用理性思考和优势视角的方法进行自我调整后，社会工作者也获得了自我的成长和进步。

（三）注重能力和信心的巩固，维系支援网络

个案的各项目标基本达到，但是仍然不能放松预防性的工作，以及巩固以前的每一项工作成果，社工需要与服务对象在结案阶段回顾自己是如何面对问题和困难的，并且通过怎样的心态和办法进行克服的。希望在这个过程中掌握一种解决问题的能力，以及巩固前期成果要点，真正实现助人自助。

第四节　缓单亲矛盾凝亲情　解权益困扰增保障
——关爱"单亲家庭"的典型案例

■ 一、案例来源

服务对象是通过亲戚介绍来到社工机构主动寻求帮助。在与社会工作者交流过程中说明了家庭目前的实际情况，社会工作者初步了解服务对象的家庭情况，分析了家庭面临的主要问题，建议其接受个案服务，服务对象同意尝试一下。

■ 二、案例背景资料

（一）案例陈述

服务对象刘女士三年前同丈夫离婚，现独自抚养儿子小强。儿子因父母离异而耿耿于怀，越来越不愿与母亲交流，有时母子间说不了几句话就引发矛盾冲突。

服务对象刘女士因家庭亲子矛盾而困扰纠结，最近又发现小强在大学里不仅挂科严重还经常玩网络游戏，但刘女士不知如何管教儿子，更怕儿子将话题又转向自己的失败婚姻。刘女士认为儿子已经年满 18 周岁，思想上已经独立，有自己的想法和主见，自从读大学后，孩子住宿，母子见面的时间比较少，加之孩子对母亲有看法，母子之间的共同话题很少。儿子回家基本上就待在自己房间。刘女士不好多说孩子什么，担心打破平静，引发矛盾和争吵。

服务对象刘女士长得较为漂亮，离异后，有不少亲戚朋友帮忙介绍适龄男子给刘女士，但都被刘女士婉言拒绝了，她没有给讲述具体的拒绝理由，这点让亲戚朋友有些不解，甚至背后对其议论。

刘女士是味精厂的一名技术工人，常年在厂子一线工作，但是没有参加过单位安排的职业病体检，也没听单位说过她因从事有毒有害职业而享有提前退休的权益，刘女士认为从事这种特殊职业，应该享受到职工应有的权益保障，如果身体熬坏了，还怎么工作和抚养儿子。

（二）其他资料

刘女士的儿子小强现在是大二学生，考入的大学后，学习一下松懈下来，自从到了大二，出现了严重的挂科情况，还经常玩网络游戏，到了假期也就是在家里玩游戏，也不愿意主动和母亲说说话，更别说参加社会实践活动了。

小强有时候也会去父亲那住几天，但是小强更希望母亲能和他一起去见父亲，他很怀念一家三口在一起的幸福时光，对目前只能与父母一方单独相处的现实处境很失望。可是在目前母子尴尬相处情况下，小强从未和服务对象刘女士讲起过他心中的诉求。

三、分析预估

（一）主要问题

服务对象刘女士所面临的问题是典型的单亲家庭亲子矛盾：首先刘女士儿子面对父母离婚非常不满，母子二人交流越来越少，还经常引发冲突，结局都是不欢而散。儿子高中时成绩名列前茅，自从读大学以后成绩直线下降，还经常玩网络游戏，刘女士面对这种情况不知如何教育孩子，只是为了家庭表面和谐而强忍。其次，刘女士不善于人际沟通交流，对亲朋好友给介绍伴侣时没有表达自己的真实情况，遭到误解，导致她心烦意乱。最后，因工作引发的担忧：从事有毒有害行业，虽然目前自觉身体没有异常，但不满单位从不安排体检的做法，因为不了解职工权益保护具体政策，也不敢和单位提意见，担心被单位辞退。

（二）问题分析

根据服务对象的资料、问题，社会工作者分析主要原因如下：

第一，亲子关系紧张。刘女士离婚的事实是导致她和儿子之间矛盾的一个心结，母子间的不愉快、冲突都会终止在刘女士失败的婚姻上，刘女士也不了解儿子希望一家三口相聚的心理需求。面对亲子冲突时，刘女士仅仅简单地忍让、讨好地处理，结果适得其反。提高冲突应对技巧是其重要的需求。

第二，不善沟通交流。一方面刘女士不善言辞、没有掌握亲子交流沟通技巧，导致和儿子的亲子矛盾加剧。另一方面是刘女士谢绝亲朋好友给他介绍的伴侣，但是不和亲朋好友阐明原由，容易引发误解。

第三，急需维护职工合理权益。常年在味精厂车间一线工作，但是从未享受到单位组织的定期体检，刘女士不敢与单位谈及此项诉求。

第四，自尊心、自信心不足，自卑严重。一是刘女士认为自身文化水平也不如儿子高，对儿子的错误行为基本选择强忍，而不敢当面指出和批评。因为刘女士担心儿子最终会指向她失败的婚姻。二是刘女士因为一次婚姻失败，而不敢尝试新的开始对于他人介绍来的伴侣，一并回绝，连见面接触的机会也不给。三是离婚后，刘女士和前夫没有交往过，始终害怕和前夫见面，认为自己生活的不如对方。

第五，社会支持网络萎缩。一是亲朋好友对于刘女士亲子间矛盾无从下手。二是刘女士对职工权益政策不了解，没有接受过单位工会、劳动仲裁机构、律师等方面的援助和支持。三是服务对象和社区接触较少,没有得到社区的关注和帮扶。

四、理论基础

(一)理性情绪疗法

美国著名心理学家阿尔伯特·艾利斯于 20 世纪 50 年代创立合理情绪疗法又称合理情结疗法,它的基本理论主要是 ABC 理论,在 ABC 理论模式中,A 是指诱发性事件;B 是指个体在遇到诱发事件之后相应而生的信念,即他对这一事件的看法、解释和评价;C 是指特定情景下,个体的情绪及行为结果。通常人们认为,人的情绪的行为反应是直接由诱发性事件 A 引起的,即 A 引起了 C。ABC 理论指出,诱发性事件 A 只是引起情绪及行为反应的间接原因,而人们对诱发性事件所持的信念、看法、理解 B 才是引起人的情绪及行为反应的更直接的原因。人们的情绪及行为反应与人们对事物的想法、看法有关。合理的信念会引起人们对事物的适当的、适度的情绪反应;而不合理的信念则相反,会导致不适当的情绪和行为反应。当人们坚持某些不合理的信念,长期处于不良的情绪状态之中时,最终将会导致情绪障碍的产生。[1]

本案例采用理性情绪治疗模式,着眼于修正非理性信念系统,通过直接发现服务对象、小强的非理性信念,使理性信念与非理性信念进行辩驳,从而纠正服务对象、小强的错误认识,不仅使亲子关系得到改善,而且将服务对象、小强的思维模式、价值观念等全部改变,消除他人对服务对象的误解、化解服务对象工作上的忧愁,提高服务对象儿子的学习成绩,促使家庭生活重新步入正轨。

(二)艾德沃特关于亲子沟通的理论

艾德沃特认为亲子沟通常见的问题有三种:一是低度反应的沟通;二是不良品质的沟通;三是不一致或矛盾的沟通。在对不良亲子沟通方式进行分析之后,艾德沃特提出了如下有效亲子沟通原则:一是应以真诚的态度建立家庭沟通的基本原则,避免相互误解。二是家庭成员间应以同理心倾听对方的感受,并且不加以批判。三是多使用"我"的信息做沟通,并真诚地表达自己的观念和情感。四是少批评,少给予告诫,批评与告诫容易造成逆反心理,要多表示关心和爱。[2]

本案例中刘女士与儿子小强之间存在低度反应的沟通,儿子对母亲存在一定的误解,所以导致了母子之间存在矛盾,根据艾德沃特提出的亲子沟通理论,刘女士与儿子之间应该以同理心倾听对方感受、真实表达各自的想法和情感,真诚的沟通交流,建立起有效的良性的亲子沟通模式。

---

[1] 韩羽:《青春期叛逆少年的个案工作介入研究》,西北农林科技大学 2016 年硕士论文,第 43 页。

[2] 崔芳:《家庭社会工作案例评析》,中国社会出版社 2017 年版,第 71~72 页。

五、服务计划

（一）服务目标

1. 短期服务目标

（1）引导王某父子认清不良情绪、行为与错误认知之间的关系，减少不良情绪与行为发生次数。

（2）协助服务对象一家人理清家庭矛盾与沟通不良间的关系，鼓励服务对象同家人寻找共同话题，不断增加有效交流次数和时间。

（3）引导服务对象在合适的场合下向亲朋好友补述谢绝的理由，获得大家理解。

（4）促成服务对象、小强、服务对象前夫三人相聚。

（5）协助服务对象了解职工权益保护政策，鼓励其维护自身合法权益。

（6）鼓励服务对象、小强积极参加社区等活动，增进社会融合。

2. 长期服务目标

（1）纠正错误认知，形成理性情绪和正确行为。

（2）协助服务对象及家人掌握交流技巧，重建家庭良性沟通氛围。

（3）解开小强的"心结"、改善母子关系，恢复家庭和谐，提高生活幸福指数。

（4）提升服务对象自尊心和自信心，学会正确看待自身价值。

（5）扩大服务对象家庭的社会支持网络，实现家庭发展能力的提升。

（二）服务策略

根据服务计划要实现的短期目标和长期目标，在开展个案工作的过程中循序渐进地分阶段进行介入。个案工作前期主要运用任务中心模式、心理社会治疗模式；期望达到的预期效果——清晰界定问题，在此基础上明确任务。帮助服务对象认识到人际沟通的重要意义和价值所在，并逐步掌握亲子沟通的技巧，形成有效的沟通模式。个案工作中期主要运用理性情绪治疗模式、心理社会治疗模式，达到的预期效果是帮助服务对象质疑并改正非理性信念，克服不良情绪，促成理性行为。鼓励服务对象充分挖掘自身潜能，提升解决问题和实现家庭发展的能力。个案工作的后期运用的服务策略是互动模式，促进服务对象与亲朋好友的良性互动，提升服务对象融入社会的能力，提升服务对象的社会交往能力、提升生活的自信心。

六、服务计划实施过程

（一）第一阶段：接案

1. 目标

（1）建立服务对象家庭档案，建立平等、信任的专业关系。

（2）明确社会工作者与服务对象双方权利和义务。

2. 主要内容

通过事先电话预约，社会工作者与服务对象于约定的时间在社区服务站的个案工作室见面。相互问好后，社会工作者向服务对象介绍了机构的基本状况及此次会见的目的。服务对象刚开始有些胆怯，表现出不好意思，在社会工作者的鼓励下讲述了目前的生活状况：我知道是因为我婚姻的失败给孩子造成了伤害，但是我已经尽最大努力在补偿孩子，本以为随着时间的逝去，孩子能够理解我这个妈妈，虽然我的工资不高，但是我倾其所有把好的东西都给他，没想过要什么回报，只期望我们母子幸福的生活，可是事与愿违，孩子都不愿意理我，没说几句话就吵架。亲朋好友对我也不理解，加上单位的工作也不顺心，弄得我真是焦头烂额。社会工作者在倾听过程中坚持接纳、尊重、同理心原则，也不时通过拍拍服务对象的肩膀点头示意等方式给予服务对象情感支持和鼓励。社会工作者还帮助服务对象明白困难谁都会遇到，困难面前不要过于悲观，而是要积极应对。服务对象积极地回应道："原本我以为日子就得这样过下去了，因为我实在想不出什么办法。但现在有了社工机构的帮助，我又看到了生活的希望感觉到了希望。我一定积极配合，也盼着早日改变生活现状。"由此可见服务对象重燃了生活的希望，提升了解决困难的信心，社会工作者与服务对象顺利建立了专业关系。

接下来社会工作者给服务对象首先做了单身母亲的罗森伯格自信心量表测试，测试结果呈现服务对象属于"自卑者"；其次社会工作者给服务对象做了亲子关系量表测试，测量结果显示服务对象亲子关系处于"危机"状态，必须立刻调整。通过服务对象的家庭生态图，社会工作者发现，服务对象的社会支持网络日渐萎缩，主要表现在：母亲与儿子的关系弱化，亲朋好友关系弱化，母亲的原生家庭对其不理解、失望，可获得社会资源比较少。在家庭发展能力指标前测的基础上，社会工作者向服务对象初步了解了家庭及成员基本情况。社会工作者为服务对象建立了家庭档案，以便更好地收集服务对象信息、明确家庭需求、跟踪服务对象的变化情况，提升服务质量。

最后，社会工作者与服务对象以交流的方式明确双方权利义务，避免事后误解给后续工作造成障碍。服务对象表示"明确权利义务挺好的，不至于出现问题相互推诿，目前双方定下的期望也都挺合理的，就让我们共同朝着期望的方向努力吧。"

（二）第二阶段：预估、计划

1. 目标

（1）收集资料、分析问题、预估。

（2）形成服务计划、绘制介入方案。

2. 主要内容

社会工作者通过家访、会谈、和服务对象亲朋好友了解情况、和小强的老师同学了解情况等方式分析服务对象及家庭成员问题的原因，为下一步制定介入计划奠定合理的科学基础。社会工作者得出的暂时性预估结论是：刘女士失败的婚姻是母子之间矛盾的起因根源，其次是亲子沟通的不良方式及刘女士无法满足儿子期待一家三口相聚的愿望，导致亲子关系更加紧张恶化；服务对象自信心不足、不善沟通交际、导致其在亲朋好友间造成误解；因为服务对象不懂得维护职工正当合法权益政策，在单位也不敢争取合法权利。整个预估过程，服务对象积极配合，主动参与，在这个过程中服务对象明确她生活的问题症结所在。

在前期工作基础上，社会工作者和服务对象共同商定服务计划，明确了计划的长短期目标、关注的问题与对象、多层次介入策略、社会工作者和服务对象各自的角色分工、工作时间表。服务对象全程参与了服务计划的制定，在这个过程中服务对象主动表述了自我意愿、想法，同时也充分感受到自我成长和自信心的提高。

（三）第三阶段：介入（上）

1. 目标

缓和亲子关系，消除亲朋好友的误解。

2. 服务内容

该阶段主要通过理性情绪治疗、重建家庭亲子沟通方式、实践体验三个项目，帮助服务对象正视非理性情绪、理清非理性情绪与错误认知之间的关系、纠正错误认知、促成理性情绪和行为、明确家庭沟通重要性、重建家庭良性沟通方式、开展实践体验，来缓解亲子矛盾和亲朋好友误解两大现实问题。三个活动服务开展情况如表4-10～表4-12所示。

表4-10 　　　　　　　　　　　　活动一：理性情绪治疗

活动时间	地点	目标	内容	服务提供者	服务提供者感受
2017年6月26日~27日	服务对象家里	帮助服务对象及其儿子认清并释放错误想法、不良情绪	关于刘女士：①引导服务对象说出对离婚的看法和真实感受②邀请服务对象说说亲朋好友给自己介绍女伴侣时的第一反应③服务对象真实表达教育儿子时的内心想法和发生冲突时的情绪反应关于小强：①帮助小强回忆近期和母亲刘女士吵架时的现实想法和情绪感受②引导小强反思有没有因与母亲无关的事而迁怒母亲身上	社会工作者	①服务对象因为婚姻失败产生了强烈的自责心理，认为没能给儿子一个完整的家而对不起儿子，所以在与儿子的相处过程中一味退让。对于别人介绍伴侣、开始新的感情生活拒绝、排斥、不接受②小强因父母离异的事情对服务对象刘女士比较怨恨，对母亲容易不自觉地情绪失控，乱发脾气

活动时间	地点	目标	内容	服务提供者	服务提供者感受
2017 年 7 月 3 日～4 日	服务对象家里	引导服务对象及儿子理清情绪、行为同错误认知之间的关系	①请刘女士思考如果没有离婚，自己面对儿子是否就能坦然面对了，面对爱慕自己的男性是否能从容对待 ②引导刘女士分析若将离婚视作成全各方而非犯错，能避免自责、逃避、不自信等心理情绪吗 ③请刘女士反思离婚真的就有过错吗 对于小强： ①引导小强说出母亲在他心目中的形象和地位 ②引导小强回忆对母亲态度逐渐转变的过程 ③假想如果父母没有离婚或者不将离婚过错归结为母亲身上，小强和母亲的关系会是什么样 ④请小强认真思考母亲离婚就真等同于犯错了吗？真的是母亲的错吗？难道离婚就没有一点积极意义吗	社会工作者	①服务对象对离婚的错误认知引发过度自责、产生被介绍伴侣时的非理性恐惧，面对儿子时的妥协退让、不自信 ②小强将父母离婚的错归结到母亲刘女士身上，并从此对母亲态度发生转变。母子关系开始紧张，小强也能够意识到不应该将无关的过错牵扯到母亲身上，但他认为离婚后的母亲就应该承受这些
2017 年 7 月 10 日～11 日	服务对象家里	帮助服务对象及儿子转变错误认知	关于刘女士： ①引导服务对象看到离婚也有积极的一面，是对自己和对方负责任的表现，不能拿自己的幸福做赌注 ②引导服务对象发现离婚对于生活各方面的积极作用 ③鼓励服务对象全面理性客观地看待离婚这一客观事实 关于小强： ①帮助小王明白离婚不等于犯错，婚姻是需要夫妻双方共同经营的，如果双方觉得不合适了，离婚也是一种解脱和负责的表现 ②帮助小强正视自己对母亲的怨恨，明确哪些是母亲应当承担的，哪些是自己附加给母亲的 ③帮助小强转变认知，控制非理性情绪	社会工作者	母子双方重新认识离婚现实，在理性合理认知基础上能引导合理情绪，进而有助于形成理性行为
2017 年 7 月 17 日～18 日	服务对象家里	引导服务对象及儿子能够述说合理的需求	刘女士表示想与儿子多些交流，学习一切亲子沟通技巧，和儿子建立起良好的亲子关系。儿子小强表示想有父母亲一同相处的机会	社会工作者	在这以前母子二人的交往方式要么沉默、要么发生冲突。现在能表达出自己的合理需求，进而借助满足需求的方式拉近双方距离

表 4 – 11　　　　　　　　　　　　　活动二：重建家庭亲子沟通方式

活动时间	地点	目标	内容	服务提供者
2017 年 7 月 20 日	服务对象家里	重现家庭沟通交流现状	引导服务对象详细回忆近期一次不良沟通整个过程	社会工作者
2017 年 7 月 21 日~22 日		正视并分析不良沟通现实	①鼓励服务对象及家人正视不良沟通现实 ②协助服务对象及家人认识到亲子矛盾与不良沟通之间的关系 ③帮助服务对象及家人逐步分析沟通过程中的不良细节	
2017 年 7 月 25 日~26 日		缓和紧张的亲子关系，尝试家庭良性沟通方式，重塑和谐家庭氛围	①邀请教育、心理专家对母亲进行个案辅导，使服务对象用科学的理念教育孩子，使用正确的沟通方法解决亲子问题 ②帮助服务对象逐步掌握亲子沟通技巧。构建良好亲子关系	

表 4 – 12　　　　　　　　　　　　　　活动三：实践体验

活动时间	地点	目标	内容	服务提供者
2017 年 7 月 27 日~8 月 20 日	服务对象家里	运用良性沟通方式促成亲子间的有效沟通	经过一段时间的沟通学习后，请服务对象记录日常生活重要沟通过程，并学会在没有社会工作者介入的情况下能及时发现问题，逐步改良沟通，直至完全建立并运用新的家庭沟通方式	社会工作者定期查看沟通记录，给予一定指导
2017 年 8 月 4 日~8 日	马拉松比赛现场	促成离异家庭成员重聚，满足小强心愿	①服务对象在得知儿子的愿望后，表示积极地配合满足儿子的愿望 ②电话联系服务对象的前夫，告知其儿子心愿，对方表示愿配合，并协商好相聚方案 ③一家三口见面选择在儿子的马拉松比赛现场，因为儿子是运动健儿，父母都来给孩子加油、助阵，儿子心情会更好	社会工作者
2017 年 7 月 27 日~8 月 20 日	日常生活场所	锻炼服务对象在公开场合敢于展现、表达自己	①鼓励服务对象在适合的场合下向亲朋好友解释她拒绝相亲的理由 ②邀请服务对象反馈与亲朋好友的交流情况，表达被亲朋好友理解后的情绪体验 ③鼓励服务对象自我总结人际交往经验，得出适用的交流技巧	
2017 年 9 月 1 日	学校	促进家校联系	鼓励服务对象同他儿子的大学老师联系，了解孩子近况，和老师沟通家里情况，拜托老师多关照孩子，有事情及时沟通，家长全力配合	

（四）第四阶段：介入（下）

1. 目标

通过社会支持网络进一步加深母子情感、维护服务对象正当职工权益。

2. 服务内容

本阶段的培训主要通过来自社区、味精厂工会、内蒙古财经大学法律援助站、社会志愿者、社会工作者的支持和帮助，开展集体亲子活动、家庭集体参与的活动、帮助单亲家庭与正式或非正式的资源、系统进行联结，共同为服务对象提供支持。两次活动具体如表 4－13、表 4－14 所示。

表 4－13 　　　　　　　　　　　　　　活动一：拓展社会支持网络

活动时间	地点	目标	内容	服务提供者
2017 年 7 月 8 日	社区活动室	单亲家庭母子共同学习如何应对困境，相互支持	①你是我的好伙伴 ②同一蓝天下—快乐成长 ③与你同行，成长不孤单	社区家长学校
2017 年 8 月 6 日	呼市体育馆	培养母子默契，增进母子感情，满足服务对象儿子关于家人团聚的愿望	鼓励服务对象和儿子、前夫一同参与社区家庭日活动，活动中儿子和爸爸参与了乒乓球双打赛，服务对象负责后勤保障，最终取得第二名的好成绩	社区志愿者
2017 年 8 月 22 日	社区活动室	联结社会资源，构建家庭支持网络	①爱要大声说出口 ②心理专家与单亲母子家庭结对，为母亲讲解家庭生命周期理论、学习教育孩子的方法 ③社区干部定期上门走访，了解需求	社区

表 4－14 　　　　　　　　　　　　　　活动二：职工权益维护

活动时间	地点	目标	内容	服务提供者
2017 年 9 月 10 日	社区活动室	帮助服务对象了解职工权益，掌握权益政策	参与内财大法律援助站到社区开展的职工权益普及讲座，了解职工基本权利	内蒙古财经大学法律援助站
2017 年 9 月 12 日	社区服务中心会议室	协助服务对象明确自身特殊工种下的特殊权益	律师为服务对象进行个别辅导咨询，进而了解特殊工种职业下的特殊权益保护，并接受律师专业指导意见	内蒙古财经大学帮扶律师
2017 年 9 月 15 日～30 日	服务对象单位	通过借助味精厂工会力量向单位声张保护服务对象合法权益	①鼓励服务对象联系所在单位的工会组织，告知工会自身权益受损现状 ②由工会出面同味精厂协商，维护服务对象职业病检查等合法权益 ③味精厂、工会、服务对象三方碰头，再次明确各自权利与义务	服务对象单位工会组织

（五）第五阶段：结案

本阶段社会工作者再次给服务对象实测罗森伯格自信心量表，测试结果服务对象属于"自信者"、通过亲子关系测量量表结果显示"亲子关系良好"。与服务对象共同回顾服务介入整个过程，服务对象与儿子小强的关系已经缓和，建立起了正常的母子关系，亲子矛盾已经解决，小强能够理解母亲的不易之处。亲朋好友对服务对象的误解已经解除，服务对象提升了自尊心和自信心，服务对象的职工权益得到了合理保障。社会工作者鼓励服务对象继续保持与相邻社会系统的联系，善用周边环境资源，进一步激发自身潜能。因为服务目标基本达成、服务对象工作和生活各方面都明显改善，社会工作者告知服务对象辅导过程将要结束，但依旧会有跟进服务，以后有问题还可以向社会工作者寻求帮助。服务对象表示感激后接受结案安排。

■ 七、总结评估

（一）服务对象自身及家庭的评估

通过与服务对象及家人的沟通，了解到服务对象对社会工作者的工作非常满意，社会工作者通过制定详细的工作计划、围绕提升自信心以及亲子沟通方法技巧、拓展社会支持网络活动、维护职工正当合法权益等方面开展了主题鲜明、目的明确的一系列活动。服务对象和儿子关系得到前所未有的改善、儿子很听话，能够客观的接受父母离异的事实，能够体谅父母的处境，儿子的学习成绩提高了十名，而且也戒掉了网络游戏，积极参加学校组织的各项实践活动。服务对象学会了人际交往的技巧和方法，与亲朋好友相处很愉快，得到了亲朋好友的理解。通过内蒙古财经大学法律援助站的支持和帮扶，维护了自身的合法权益。这些一直困扰她家庭的问题得到了有效的解决，从而使这个家庭回归到正常的生活轨道上，重新燃起了希望。

（二）社区居委会的评估

社工机构委托服务对象居住的社区居委会作为第三方对社工的整个工作进行了评估，社区居委会的工作人员和领导认为社工的工作的确很专业，将一些专业的伦理价值、方法和技巧运用到实际工作中，这是其他专业人士无法比拟的。而且工作效果也是有目共睹的，使刘女士一家恢复了往日的欢声笑语，母子关系得到改善，母子二人的精神状态很好、积极地融入社区活动中，社区领导和工作人员对社会工作者和机构的服务给予较大的肯定。

■ 八、专业反思

（一）真实了解服务对象的需求，细化服务方案

本项目之所以能够得到服务对象及社区的一致认可和好评，最主要的原因是服务计划切实地了解服务对象的需求、不断细化服务，提高服务质量，保证了服务对象利益最

大化。同时也要掌控好服务接入的节奏，实时观察服务对象的接受和改变程度，从而保障服务效果。

（二）优势视角是发掘资源的利器，使助人自助得以实现

尽管这个家庭是一个典型的单亲家庭，但是社会工作者在预估、开展工作过程中不忘发掘刘女士对儿子满满的爱、工作认真负责、儿子的高智商、亲朋好友、内蒙古财经大学法律援助站等社会支持资源等，实现家庭内部的助人自助。

（三）家庭环境，尤其是家长的教育沟通模式，是影响孩子成长的重要因素

在一个家庭中孩子出了问题，家长应该首先审视自己的家庭环境，若想孩子有所改变，那么家长首先有所改变。在这个案例中，社会工作者非常重视强调家长改变的重要性，注意从成功的经验中发现家长改变对于亲子关系的重要作用。

第五节　良好沟通让家庭更幸福
——促进社区年长夫妻有效沟通服务案例

一、背景介绍

案例1

服务对象，男，67岁，年轻时当过兵，后来分配到××公司工作，现已退休，经常和老伴吵架。现患有高血压，做过一次小手术，身体恢复较好，但远不如以前。

年轻时经历过离婚，当时有两个儿子，现在前妻带着两个儿子在国外生活，他自己一人仍独自在国内，因为年纪大了，又找了一个老伴共同生活，没有再生子女，社工在入户探访时，服务对象因为生病做了一个小手术，刚从医院回到家里，除了需要一直服用药物外，还需要不定期去医院复查。目前看来精神状态还不错，恢复得很好。但是服务对象仍有一些情绪和突发状况，例如，责怪老伴跟自己出门时让自己穿的太多，很麻烦；因为饭菜的口味经常责怪老伴；有时在家里老伴不理他，他就觉得老伴在嫌弃他，会大发雷霆吵一架；有时情绪不好，也会发泄给身边的人。大儿子有时休假从国外回来看望他，陪他散步，带着父亲想要的礼品，帮助父亲办理各种保险，家里的一些东西也帮忙购买，大儿子很关心父亲，会帮他买好季节衣服，但有时会因款式不喜欢而责怪儿子不多问问自己的意见，不为他考虑适合不适合，父与子因为很小的事，没有问自己意见经常吵嘴。与其老伴、大儿子沟通得知，父亲年轻时就脾气暴，性格倔，也比较内向，不愿与人交往。现在家里经常因为一些小事，话都不说就发脾气，让人摸不到头脑，小儿子有时与其视频联系，但服务对象没说一会就挂了，生活中几乎不太与其他人

交流。

案例2

社工介入服务的是一个"上有老下有小"的社区较为常见的家庭，求助者是一位50多岁的离异母亲，患有精神衰弱，目前通过服用药物控制，她对自己的情况很敏感，不想被别人知道，总是失眠，也睡不踏实，被一些小动静吵醒。她刚开始的诉求只是想找工作和技能培训学习，但在提供服务的过程中，社会工作者上门探访时，发现服务对象家里有很多潜在的问题，这也是导致服务对象长期精神状态不佳的重要因素。

家庭里最小的是其女儿，现在已经考上大学，中学时期经常闹着要放弃学业帮助自己的母亲，现在长大了成熟了也在学校通过勤工俭学给家里一些补助。但是母亲因为自己失败的婚姻，觉得男的"都不是好东西"，很多都是看钱看车看房，根本不是真情实感，对于自己女儿谈恋爱的事态度强硬十分反对。

求助者现在与父母、女儿一起生活，房子很小，虽然女儿考上大学已经搬去学校宿舍，但是有时回家还会待上一段时间，其父亲患有阿尔茨海默病，病发的时候谁都没辙，全家人一股脑儿地围着他转，服务对象和家人的沟通也很难进行，例如，大夏天父亲戴一顶冬天的棉帽子要出门，谁的话都不听，谁说话就跟谁吵架；老父亲时不时就开始回忆很早很早的事情，还一定要旁边的人回应他；有时为了一个遥控器摆放的位置跟老伴吵得不可开交。

其母亲参与了社区的老年协会，经常出去参与活动，其父亲觉得老伴不关心自己，不陪自己走路、散步，后来在和服务对象母亲沟通以后，她说："家里一天乱糟糟的，老头也倔脾气，讲不明白，我说什么都要跟我吵跟我争，都不知道是发病了还是没发病，又担心又气，我也管不了，现在我在外面跳跳舞什么的还能让我轻松点，待在家里每天太闷太气了"。

现在女儿已经考上大学，也在通过自己的努力帮助家里，求助者对女儿已经逐渐放心，但是家里的父母关系与沟通问题，给他又造成了新的困扰。

案例3

社工：是张阿姨（化名）吗？我是社工小李（化名），这两天想去您家里上门探访看看您方便吗？

服务对象：好好，是小李啊，有什么事吗？要不我早上买了菜直接去你们中心吧。

社工：阿姨，没什么事，就想了解下你最近的生活，陪你聊聊天，看看你有什么需要我们能帮到的，不麻烦你过来，我们约好明天下午3点上门可以吗？

服务对象：哦，那我跟老伴商量下，你等我会。

（电话里断断续续能听到他们的对话，叔叔因为腿脚不便，不常参与我们的服务，说电话里是骗子，你不要相信，都跟你说了多少遍了，这种电话不要随便接，上次就花了那么多冤枉钱，挂了，赶快挂了……）

服务对象：小李？我也听着声音也像你，要不你陪阿姨出来散散步聊一聊吧，你叔叔最近不舒服了，不方便来家里。

社工：奥，这样啊，那行，阿姨，那明天下午3点我去你们小区楼下，我提前等您。

服务对象：好好，那明天见，你要过来打我的手机，我今天忘充电没电了。

社工：好的，阿姨，明天见。

案例4

服务对象是一位小区母亲，因为近期发现自己的孩子嘴里总说一些"脏话""脏字"，而且成绩下滑厉害，变得着急焦虑，在学校里老师总是报喜不报忧，报好不报坏，生活里爷爷奶奶、父亲都特别宠爱，溺爱孩子。服务对象是大学毕业，曾经有很多美好的理想与愿望，但是在结婚生子后，所有的重心都偏向了照顾孩子，现在花费了心思，育儿理念又和家人不同，独自一人忙活，很无助，现在和孩子丈夫还有爷爷奶奶一起生活，长辈溺爱孩子她也不敢多说，也无能为力，特此专门找来寻求社会工作者的帮助。

社工：我也给这么大的孩子提供过服务，都挺小的，才小学吧，结果还是有所进步的。

服务对象：那这次没来错，唉，我现在是真不知道怎么教育他了，不知道从哪里学来的那些话，学校老师也好像很应付我们家长，每次成绩就很一般啊，在微信群里就说表现得好，感觉老师的反馈和孩子成绩不一致，而且现在她爷爷奶奶也跟我们一起生活，对这个宝贝，哎哟，爱惜得不得了，宠着他，要什么就给什么，溺爱的很，我训又不能训，微博上看的培养教育孩子的方法，到我这根本不行。

（说话期间，语速很快，又很无奈）

社工：没关系，您先别急，既然你寻求到我们，我们肯定会尽自己最大的努力去帮助您，最重要的是要让您的父母跟您一条战线，这个需要很耐心地去沟通和协调呢。

服务对象：对啊，他们这样宠他也不是办法，我小时候哪有这些玩具和零食，但是，唉，说到这里就烦，家里老为教育孩子的事吵架，我老公也很溺爱他，我只是想好好培养他，他现在有时候都不知道哪里听来的脏字，就在嘴里念叨，爷爷奶奶又不管，还护着他，唉。

（服务对象很焦虑也很无奈）

社工：姐，您先别急，哪次我们上门探访去您家里看看，家庭内部沟通很重要的，不然都是潜在的威胁，您可以先简单介绍一下家里情况，我们好提供针对服务。

服务对象：我老公也是家里唯一的儿子，家里从小就疼爱，现在结婚后，俩公婆对孙子也是疼爱，倒没什么不好的，就是我觉得有些过分溺爱了，嘴里乱说脏话就要去管教，不能放着不管，我也是读过大学的人，是有学历的人，知道孩子需要从小培养的，不然大了就很难改掉那些陋习了，以后进社会肯定吃亏，但是现在家里我讲什么都好像没什么用，有时我也很强势，弄得关系怪怪的，好像我是在害他一样，唉，我老公又不向着我，俩公婆也……唉。

社工：您说的这些我有一个初步的了解了，感觉你在和家人沟通这方面有些不知所措，不知道怎么去沟通是吗？

服务对象：也有这方面吧，但是我比较在意孩子的教育，其他的事，唉，我也不太

计较。(能看出服务对象的情绪有些低落)

■ 二、问题分析

结合上述几个案例,社会工作者的分析如下:

第一,家属过分关心。案例1的服务对象就是在某种程度上得到了大儿子与其老伴的"过分关心",久而久之,让他自己觉得自己的确缺乏一些能力需要他人帮助,这让其丧失了原先独立自主的能力。他本就是当兵出身,在离异以后也单独生活了多年,在独立自主的生活能力上有一定的基础,在有了老伴后,大儿子也尽孝心关怀服务对象,为服务对象提供一些生活上的帮助,俩人提供了全方位的关怀给服务对象后,对其有一种较为消极的心理暗示,时间长了,就会让服务对象觉得有些事自己做不了了,这是对亲人家属产生依赖的表现,一些正常情绪表现反而被当作病症去对待。

在案例4中,服务对象的孩子也有被爷爷奶奶及父亲过分溺爱的情况,与案例1同样的道理,这样的行为时间长了,会让孩子觉得做什么事都有人帮他"擦屁股",都不会被责罚,反倒更不愿意去按照规矩做事,喜欢反着来,越不让的事偏要去做,给他一种逆反的心理暗示,这样对孩子的成长很不利。

第二,缺乏有效的家庭沟通。上述几个案例,服务对象几乎都涉及了与老伴、父母、子女沟通不到位的情况,更准确地说,是他有沟通行为的产生,却没有得到沟通这个行为的收益,预计效果并没有得到体现,这就是家庭内部有效沟通的缺乏,或是沟通方法的不当,或是沟通技巧的缺乏,从而导致了种种结果与需求。

第三,缺乏社会支持网络。社会支持网络指的是一组个人之间的接触,通过这些接触,个人得以维持社会身份并且获得情绪、物质的支持和服务、信息与新的社会接触。在上述几个案例中,长者们有一个共同点就是缺乏与外界社会的接触,他们在再社会化的过程中,有的由子女变成了父母,有的由挣钱养家变成了居家养老,社会身份与角色的变化,让他们减少了与社会接触的机会,在再社会化的过程中,成为那些不常被人所关注的一类人。但其实有研究表明,现代长者在再社会化的过程中,虽然他们的年龄也愈发变大,但是活动性却愈发增强,活动性的增强,也使得他们能更长久的保持以往的生活方式从而否定"我变老了"的现象去适应社会。

第四,自信心不足。上述几个案例中都明显能感受到涉及自信心不足的问题,案例1中,服务对象本就是当兵出身,自己的一些生活琐事都能自己应对,但是在家人的过分关心下,开始变得不自信,觉得这些简单的事自己都做不了了,正常情绪变化被误解成病态,觉得自己是不是生病了,给老人的生活带来很多压力,自身也开始受到影响。案例2的服务对象在经历过失败的婚姻后,对再婚恐惧害怕,觉得接触的男的都是只认钱只认车只认房的人,觉得男的"都不是好东西"的想法愈演愈烈,甚至还波及女儿,对于女儿谈恋爱的事情坚持反对,态度强硬,不想女儿也遭到他人对自己的这种对待。案例3中,服务对象和老伴的对话感觉到明显不自信,老伴过于强势的态度也让服务对象有不舒服的感觉。案例 4 中，服务对象是接受过高等教育的人才，但是在婚后经历了老公与公婆不同的教育孩子的行为与思想落差后，开始怀疑自己，开始去忍受，开始不自信，找不到正确的方法去应对，只是对教育孩子存有执念，别的事也就接受面对的现状。

三、理论基础

（一）优势视角理论

"优势视角"是社会工作领域的一个基本范畴、基本原理。优势是指促使服务对象改变的所有有利因素，例如自身的美德、特征、天赋、人际资源、自然资源等等；而视角所阐述的是人们对待事物不同的切入点，是人们不同的思维架构及思维模式。概括地说，"优势视角"就是着眼于个人的优势，以利用和开发人的潜能为出发点，协助其从挫折和不幸的逆境中挣脱出来，最终达到其目标、实现其理想的一种思维方式和工作方法。这一视角强调人类精神的内在智慧，强调即便是最可怜的、被社会抛弃的人都具有内在转变的能力。

在本次社区案例里，社会工作者通过社区系列活动，将笔墨风采、手工制作等兴趣爱好服务进行集中针对性开展，社会工作者对服务对象进行引导，引导其发现自己的潜能及优势面，因为本次服务的主体对象是社区老人，受到当今社会严重标签化影响的前提，有很多服务对象对自己的生活能力是有怀疑态度的，社会工作者以优势视角理论为切入，注重服务对象能力的建设，社会工作者以服务对象的能力作为介入手段和服务的内容（即社会工作者将服务对象的在生活中依旧发挥功能的部分挑选出来作为社会工作专业服务的内容），至于那些与其能力无关的部分，则不作为服务内容与范围之内，这样的方式，注重服务对象在生活中仍旧有效的行为和成功的经验等，从而促使服务对象发展其能力，这样发掘其优势面，又与其日常生活结合起来，从而整体上调动服务对象的能力，增强其自信心。

（二）社会支持理论

"社会支持理论是 20 世纪 70 年代在美国首先发展起来的。社会支持理论认为，应当重视在问题中的个人的社会网络以及获得支持的程度，协助个人发展或维持社会支持网络，以提升其应对生活压力事件的资源。而资源又可区分为个人资源与社会资源，前者包括个人的自我功能和应对能力等，后者指个人的关系网络广度与网络中的人能够发挥支持功能的程度。"[1]

在本次案例中，社会工作的任务是一方面帮助服务对象利用已有网络中的资源解决

---

[1]　王玉香：《青少年社会工作》，山东人民出版社 2012 年版，第 86 页。

基本问题；另一方面是帮助服务对象弥补和拓展其社会支持网络，服务对象在社会化的过程中，服务对象会走出其旧的生活圈，同时其新的行为、与旧的成功的经验会给予其与社会接触的动力，扩大其社会支持网络，建立以社会工作者—服务对象—社区资源，三位一体的发展模式，鼓励他们了解社区资源，认识社区资源，获得社区资源、通过与不同群体接触，增多与社会的接触面，扩大其联系网络，增加其与社会主动接触与沟通的机会，使他们提升建立和运用社会支持网络的能力，并有效提升其沟通能力，从而达到助人自助的目的。

四、服务计划

（一）服务目的与目标

服务目的，引起社区老人对家庭内部沟通重要性的重视，同时增强老人自信心，促使老人学习并使用家庭沟通的技巧与方法，协助他们搭建朋辈群体的社会支持网络，搭建一个沟通交流的平台，构建一个和谐的社区氛围。

具体目标：

（1）至少80%参与服务的长者学习到3种或3种以上的沟通形式（如画图、手势、聆听等），增多家庭内部的有效沟通；

（2）参与服务的老人至少独立完成一件作品，并赋予其寓意，送给自己的家人或朋辈群体；

（3）以游戏的形式，鼓励老人上台主动表达、演示自己的优势或强项，并与其他参与者分享互动；

（4）引导并鼓励年长夫妻回顾自己的爱情心路历程，讲述或分享2～3个自己的爱情故事；

（5）引导至少80%的服务对象讲述自己身边的支持者（有困难找谁？想聊天散步找谁？谁为自己提供过何种服务等），协助服务对象梳理搭建自己的支持网络。

（二）服务人员的质素

（1）社工能及时回应与了解服务对象的需求，协助其达到目的；

（2）社工应严格遵守相关规定，保护服务对象的隐私；

（3）社工在上门探访或面对服务对象时，衣着要大方得体，态度要谦虚有礼貌，尊重服务对象；

（4）社工在提供服务的过程中要发挥正向的、积极的、有利的作用，主动去引导服务对象健康向上；

（5）对在提供服务中的突发事件或恶劣天气等不可抗力事件要提前做好风险预估与应急准备，进行现场的演练、引导及监控措施。

（三）服务策略与实施

各阶段服务内容及预期成效如表 4 - 15 所示。

表 4 - 15　　　　　　　　　各阶段服务内容及预期成效

工作阶段	服务内容	预期成效
第一阶段	通过电访、上门探访、陪伴与支持，招募长者夫妻参与系列服务	与服务对象建立信任关系
第二阶段	开展兴趣类活动，并为自己的另一半亲手制作一个小礼品	提升老人的动手能力与自信心，学习沟通与表达的技巧与方式
第三阶段	长者夫妻交换小礼品，并进行家庭美食分享会，与参与者们一起进行美食制作与经验交流分享	鼓励长者夫妻进行礼物交换，提升生活的仪式感，促使其对学到的沟通与表达技巧进行实践，通过美食制作分享活动提升其表达、合作、分享的能力
第四阶段	爱情故事的分享与表达	鼓励长者夫妻回顾自己的爱情心路历程，讲述分享爱情故事，提高生活幸福指数

1. 第一阶段（建立专业关系，收集社区资料）

首先，进行服务问需调研，拟定在 3 月份，社会工作者抽取社区人口总数 1% 的人口作为样本，共发放 250 多份调查问卷，在集市、超市、学校门口、小区公园等地方以逢 3 抽 1（采取定点偶遇式抽取服务对象，经过 3 个人后对第 4 个人进行访谈及问卷调查，以此类推）的形式进行调查，同时对经常参与社区服务的活跃居民提供电访与上门探访服务，收集信息，然后利用 SPSS 对数据进行汇总分析，形成调研报告，对社区问题进行筛选与界定，挖掘潜在的服务对象，并预估问题制定服务策略。

本次案例针对的是社区存在家庭内部沟通问题的现象而开展的服务，社工对这一部分有需求的群体进行了上门探访。首先要先进行电话问询，征得同意后方可上门，其次进一步了解情况、收集信息，了解其生活状况及需求，给予陪伴、支持、关怀，初步建立与服务对象的关系。在上门探访过程中，就有服务对象说："非常欢迎你们来我家里看望我们，给你们倒点喝的吧……来喝点茶水，我们呢，也是刚搬家过来不久，子女忙，没空理我们，平常也叫不到身边来，唉，还是政府现在想着我们，关心我们的生活，你们别光坐着，吃点东西喝点水啊"。社工也向服务对象进行了澄清，表明了自己的角色和职业，先以嘘寒问暖的形式与服务对象聊天，拉近距离，了解其家庭基本情况，也保证会尊重服务对象隐私，初步建立专业关系。也有在上门探访时，碰到老人家因为请客人吃什么茶点而和老伴发生争执的情况，"让你拿那个潮汕带回来的点心，你怎么拿的这个，这个不行我都不爱吃，快去……去换，唉，每天都跟我唱反调"。社工刚开始觉得很不好意思，因为自己的缘故还让老人家发生争执，赶忙说："没关系的叔叔，我们就是上门看望看望您，了解下您近期生活状况，叔叔阿姨，你们不用忙了，快坐下来，我们自己带了水杯，喝点水就行了"，叔叔："我们俩生活挺好的，也刚从潮汕老家待了一阵刚回来，我们斗嘴习惯了，这么多年一直都这样过来的，你们别介意"。其实社工看到了阿姨有一些情绪，也会主动走上去帮助阿姨，一起坐下来聊天。

在后面的跟进工作中，社会工作者会以电访+探访的形式，定期有规律地与服务对象联系，拉近与服务对象的距离，让其了解社工的角色与定位，建立相互间的信任关系，并针对有需求、希望得到改善的服务对象进行归纳整理。社会工作者拟开展"好沟通让家庭更幸福"社区系列主题活动，对其进行招募邀请。

2. 第二阶段（开展社区行动，提升自信、学习表达方式技巧）

社会工作者在4~5月开展多次兴趣类活动，如手工活动，信纸告白活动、团建活动等，每次招募20个人以内，以这种小团体的中小型活动为平台，以优势视角理论为该阶段的理论基础，运用个体互动理论帮助服务对象走出房屋，初步帮助服务对象提升自信心，学会多种表达的技巧与方式，扩大其交友圈，让其了解家庭沟通的重要性，促进其朋辈群体的沟通及非语言的表达。

我们在探访中，共招募到了20对社区年长夫妻，我们对招募到的年长夫妻家庭进行分组，男性为A组，女性为B组，并为A组和B组同时分别提供手工活动、诗词朗诵、书法学习等兴趣爱好类活动，我们邀请这些年长夫妻分开单独参与活动，目的是为老伴亲手做一个小礼品。在活动中，通过学书法、学习手语舞、开展信纸感言、香囊制作等活动，以手工服务的形式，社会工作者邀请一些社区活跃的有特长的年长居民作为义工，教参与活动的叔叔阿姨进行手工制作，社会工作者引导大家进行相互学习、相互帮助，旨在让参与者亲自参与、亲手制作，在活动中锻炼提高参与者的动手能力，成功完成一件件本以为不可能完成的任务，提升参与者自信心与活跃度，参与者们都为自己的老伴至少亲手制作一件小礼品。在活动中，老人家说："这些手工挺简单的，但是组合起来就挺难，现在有人手把手教，我很快就学会了做好了，我自己回家也能练练手""你让我给我老伴写信，我字又不好看，而且信纸太小了，年纪大了都看不到了，要不我送她一副毛笔字吧，我就写白头偕老四个字""我现在很喜欢参与我们社区活动，还挺有意思的，比在家里看电视有意思多了，也认识了好几个棋友，哈哈哈就是他们几个""我给我老头缝了一个香囊，里面还有家里的联系方式，也不怕他出门走丢，都可以联系到我们"，一个手工制品、一个书法作品、一封信、一个香囊，社会工作者在活动中鼓励、支持、引导，协助服务对象一件又一件完成自己的小礼品，以送礼物的形式教会他们学习非语言交流的技巧、种类与方法，增多服务对象表达的多样性，从而增强其沟通能力。同时，社会工作者也从服务对象的能力建设着手，发掘服务对象的优势，不把潜在存在的"问题"作为服务的内容，而是就服务对象整体而言，如这些报名参与活动的居民有沟通与表达能力问题，但我们以服务对象的生活为整体去提供服务，不把有"问题"的部分与其正常生活的部分区分开来，将他的优势与行动力放在实际生活中，这两方面相互影响相互促进。

3. 第三阶段（开展社区行动，促进沟通、构建社会支持网络）

社会工作者在上一阶段工作基础上，已经建立了与服务对象的初步目标，人际关系与朋辈群体信任基本稳定，在 6 月份通过本次大型户外活动，以家庭形式，进行礼物互换及家庭风采展示，增进他们生活的仪式感，进一步教授他们沟通与表达的技巧，并进一步提升其自信心，运用在朋辈交互中的学习成果，巩固其沟通表达的方式技巧，构建其社会支持网络，提升服务对象对沟通重要性的意识，并为之做出改变。

我们邀请这 20 对年长夫妻一同参与户外"农家乐"美食制作分享会，因为在调查中发现这些长者年轻时大都经历过农村的生活，对于农具的使用、农村田园生活并不陌生，这次邀请他们走进农家乐并且重温年轻时候的生活，亲近大自然，进行礼物交换，增多生活仪式感。在分开进行手工活动的环节，社会工作者与服务对象进行了沟通，让大家保守这个"小秘密"所以双方并不知道他们各自都有亲手制作礼物给对象，在交换的过程中，随着柔和的音乐响起，有些老人家反而害羞了，不愿意在这么多人面前换礼品，社会工作者及时去鼓励他们，也拿出了参与者们在进行手工制作过程中的照片，一点一滴都记录了每位老人的手工过程，大家也被感染，有的开怀大笑、有的默默擦眼泪，慢慢地有些夫妻主动进行了礼物互换，并且手挽着手，感受这美好的时刻，一些内向、害羞的服务对象也慢慢进入状态，不再害羞，进行礼物交换，伴随着柔和的歌声，大家都手挽着手，站在台上，一起跟着歌声等待还没有完成礼物交换的组员，浓浓的仪式感，让大家笑得合不拢嘴，也有喜极而泣，在家里小吵小闹产生的隔阂也随风飘走，大家一起体验这幸福的时刻。

紧接着，我们开始了今天户外活动的美食制作环节，每对长者夫妻要在独立的灶台前制作自己拿手的美食，向在场的其他参与者进行美食制作步骤和细节的描述，有些叔叔阿姨刚开始合作还有些手忙脚乱，但是在社工的引导与协助下，慢慢地合作的也规律了起来，刚开始还不会去讲美食制作，在观看了别的组员的表现后，自己的表达能力也有所提升，也学习了一些幽默诙谐的带动场面的话语，在这样一个氛围下，长者夫妻群体之间的互相沟通，交流烹饪技巧与经验，度过了很充实美满的一天。

社会工作者在这个过程中，还要协助服务对象构建社会支持网络，鼓励他们去表达、去做、主动承担，视其为一个具有自身能力的组员，帮助他们发掘并调动自身的能力，和周围其他人一起，组成下棋、舞蹈、运动等多个兴趣爱好小组，并且制定了回家后的互动计划，以 5W1H 引导服务对象自己策划了他们回家后第一次的朋辈活动，社会工作者则进行监督与帮扶，让服务对象形成相互之间的朋辈支持，鼓励他们在相互的支持中发展自身，这样更利于服务对象保持维持其发生积极改变的动力。

4. 第四阶段（评估与工作成效，搭建交流平台、分享经验）

在社区行动之后，与服务对象一起对已开展服务进行讨论及深度沟通，搭建一个互动交流的平台，并引导居民讲出自己的爱情故事及参与活动的体验，促进并鼓励其主动去进行沟通与交流。

在户外美食制作活动结束后，我们围成一个圆圈围在一起，社会工作者在活动中标记了表现积极、参与度高的年长夫妻，征得其同意后，邀请他们分享自己的爱情故事，回顾他们相识相知的过程，有了前面的衬托，大家也不再害羞，不再变得扭扭捏捏，都很主动的分享自己的故事，中间大家你一言我一嘴场面有点混乱，社会工作者就进行了引导，"我发现我们王叔叔家庭这次收获特别丰厚，我们邀请王叔叔家庭在我们的中间为我们讲述一下自己的故事与活动感言好不好"，"好，老王这次的书法写的特别好看，就他们先来"，社工有序地让想展示自己的家庭坐在中心，和老伴坐在一起分享自己的故事，期间也会"起哄"增加年长朋辈群体间的互动，"哇，王叔叔你们年轻时候谈恋爱也太甜蜜了吧，你们看我们李阿姨都感动得落泪了，也想上去讲了""呜…我就是被他们感染了，一会让我也和我老头上台分享下我们的故事"，通过互动带动比较内向的服务对象也参与进来，分享其爱情心路历程和爱情故事。

社会工作者在协助服务对象搭建朋辈群体支持网络的同时，也注意帮助他们发掘积极的成员，引导大家促成一个良好的沟通氛围。在后期的满意度调查中，有的服务对象还专门上门感谢社工，"我们以前不熟悉社区，不熟悉他人，这次活动让我结交好几个跳舞的姐妹，以后我们就能一起跳舞了，我们社区以后有什么表演也可以邀请我们。"老人们主动去讲述日常生活中的点点滴滴，有温暖也有摩擦，更重要的是解决的方法与技巧。通过这段时间的活动，他们学到了沟通与表达的技巧，也在生活中运用，增多有效沟通的表达，达到"良好沟通让家庭更幸福"的服务目的，引起服务对象的重视并付诸行动。

五、总结评估

（一）活动总结

社会工作者在机构与督导的支持下，针对社区个案现象，制定整个大型系列活动方案，通过不同层级的服务，最终达到了服务目的，服务对象的需求有了跟进与支持，服务对象对家庭内部沟通的重视程度有所提升；同时服务对象通过手工制作、生活仪式感的树立、上台演讲与分享特长，自信心明显提升，在朋辈群体与家庭沟通中，有效沟通的次数也变多并变得愈发顺畅；社会工作者协助他们搭建朋辈群体的社会支持网络，满足了他们日常文娱需求，主动出门结交新朋友的频次提高，相约一起参与活动的频次提高；服务对象主动学习了沟通技巧与方法，并应用在实际生活与社交中，减少了生活中的争吵，提高了生活幸福指数，都很愿为搭建一个和谐友爱的社区出一份力。

（二）评估

通过"良好沟通让家庭更幸福"系列活动，在社会工作者与服务对象的一起努力下，服务对象在自信心、表达与社交能力、家庭沟通方式上发生了积极改变，并产生良性循环影响到更多的人。具体如下：

1. 服务对象的自信心

在对服务对象的回访中发现，电访时有位服务对象主动要求成为书法特长的义工老师；有位还邀请社工去家里观赏学到的园艺，说与老伴搭档现在种花效率提高很多；有的时常来到服务中心咨询活动，并且都愿意分享自己特殊才能服务更多的有需要的社区老人。

2. 沟通表达能力

最开始的几个较为特殊的案例里的服务对象，他们在家里相处模式有了很大改变，有的愿意去一起做一件事情，比如种花、养宠物等；有的在态度方面有了不同程度的变化，以前一味地"大声吼"的服务对象也学会了用手势与写字结合的方式与老伴交流，他发现这样更容易了，年轻时的那种默契感觉又回来了；有的服务对象在和老伴、子女一起生活时也会主动去做一些事，有一些自己的兴趣与朋友，开始愿意换位思考与子女沟通。

3. 社会支持网络构建

在回访中发现，最初参与活动的服务对象有了自己的圈子，他们每天会定时定点进行交流，不再是待在家里看电视或睡觉，他们更愿意走出来，与这些朋友们去闲聊去分享；同时，一些小圈子有自己的兴趣爱好的服务对象也愿意贡献自己的余热，比如书法，他们会主动要求成为社区义工，去帮助更多的人，朋辈群体的关系建立，减少了家庭内部矛盾，他们有了倾诉与沟通的对象，子女的压力也随之减轻不少，家庭生活幸福指数提高。

4. 活动性提升明显

通过服务连接了相应的社会资源，搭建了沟通交流的平台，接受服务的老人们现在足不出户的情况越来越少，更愿意走出家门，他们的活动性提升得很快，在社会中的角色与地位又转化回来，不再成为被照顾者，再社会化的现象明显增多。

六、专业反思

社会工作者在策划并落实整个系列活动过程中，首先是因为我们在社区中发现了存在这样的现象，才引起了社会工作者对于家庭内部沟通重要性的重视，作为社会工作者，服务在基层，对日常服务要有所积累才会有发现，一定要留下服务痕迹，这不仅是关乎档案归档，社会工作者也要经常回顾自己经手的服务，发现其内在联系并产生思考。

其次就是调研及数据分析，了解社区的需求，定位服务对象的需求，要运用专业的知识与科学的方法，只有对需求定位准确，才能去策划并推进服务的每一步细节，让服务精细、准确、有效的解决服务对象的问题。

社会工作者对待每一位服务对象都要真诚、尊重，及时有效的协助服务对象，与其一起解决他们面临问题。

社会工作者也应该针对不同群体的不同特征去策划创新多元化的服务，扩大服务的覆盖面，服务更多的人群，而且在社会工作者提供服务的过程中，服务对象的改变不仅仅是其自身的事情，同时与周围环境链接在一起，需要社会支持；保持服务对象积极的改变，就需要将其兴趣与积极性与服务对象周围的环境连接起来，相互支持，通过多元化的、与环境相互连接服务，让其形成良性循环并且相互支持，到服务结束的时候，服务对象与社会工作者结束了专业关系，他的这种积极改变也能维持下去，让服务对象具备自身发展的动力。

同时，本次活动案例也有不足之处，社会工作者并没有像往常一样按照个案的形式去处理，而是在以往的工作经验的基础上，对服务进行了思考与创新，采用了以社区活动的方式去协助服务对象解决问题，但是在实际操作过程中发现解决服务对象存在的共性问题与普遍的社区现象的效益更高，对于在文章开始提及的一些较为特殊的服务对象，有一些家庭不仅仅是单一的家庭内部沟通的问题，还存在服务对象认知重塑、心理调适、角色适应等问题，本次社区活动并没有针对该方面的内容给予服务对象协助与辅导，在设计方面稍有些可惜，社会工作者也会在日后的跟进过程中，对特殊的家庭采取社区活动＋个案辅导相结合的方式，更加有效地提供服务，促进服务对象发生积极改变并协同其一起进行成果巩固，让服务更加精准清晰。

第六节　关注困难家庭子女，促进心智全面成长

——社区困难家庭子女教育志愿帮扶工作

一、案例背景

困难家庭（特困、低保、残疾等）中的少年儿童，受家庭经济状况欠佳、社会地位较低、家长受教育程度不高、养育成长经历中缺乏足够支持性资源等方面的影响，与其他孩子相比可能比较容易在自我成长、人际交往、情感处理、学习动力等方面存在各种问题，这些孩子的家长很苦恼，非常焦虑，需要得到家庭、学校之外更多社会支持与关爱。基于此，社区居委会和社工联系以后，决定针对社区困难家庭子女开展"爱心教室"助学活动。

二、分析预估

呼和浩特市 a 街道 X 社区内，平房区居住的多数是社区的困难家庭，特别是外来务工人员，由于家庭经济状况较差等原因，在学习生活方面能够为子女提供的帮助有限。这些困难家庭子女在学习上存在困难，还有一些在性格方面、人际交往方面需要得到帮助。此外，知悉该社区附近的平房区要拆迁，他们的父母大部分是外来务工人员，可能会面临着搬家的情况，对其子女重新融入新环境、树立自信、消除自卑心理也是一项挑战。

内蒙古财经大学"红帆"社会工作专业大学生志愿者团队在 X 社区对社区内困难家庭子女已经开展了为期两年的义务助学志愿服务活动，主要通过招募内蒙古财经大学的大学生对这些困难家庭子女提供每周一次，一次半天（主要集中在每周六的上午）的"一对一"课后作业辅导服务，曾经也针对性格内向的服务对象做过"一对一"的专业辅导和帮助，希望能够在其成长方面给予更多的心理关爱。但是由于招募大学生志愿者压力大，每次参与志愿服务的人员不固定，志愿者辅导青少年课后作业时间和次数不稳定，很难在除学习以外的其他方面给予更多的帮助。

社工通过社区访谈知悉社区关于困难家庭子女的情况以及大学生志愿者开展服务的情况，拟通过"社工＋志工"两工协作的模式推动多方力量参与，根据儿童、青少年的生理、心理特点和成长、发展的需要，以专业的价值观为指导、科学的理论为基础，运用社会工作的专业方法和技巧介入社区困难家庭子女成长帮扶项目，深入开展"爱心教室"助学活动，促进其身心健康成长。

三、服务计划

（一）理论基础

1. 社会支持理论

"社会支持理论是 20 世纪 70 年代在美国首先发展起来的。社会支持理论认为，应当重视在问题中的个人的社会网络以及获得支持的程度，协助个人发展或维持社会支持网络，以提升其应对生活压力事件的资源。而资源又可区分为个人资源与社会资源，前者包括个人的自我功能和应对能力等，后者指个人的关系网络广度与网络中的人能够发挥支持功能的程度。"[1]

本案例中社会工作者为呼和浩特市 a 街道 X 社区困难家庭子女提供教育帮扶，充分发挥社工教育者、服务提供者、资源链接者的功能，为困难家庭提供各种支持。主要采用社工＋志工两工协作多方力量参与来帮助困难家庭子女的学业成绩，促进困难家庭子女心理健康、帮助他们快乐地成长。在服务的过程中充分发掘服务对象自身潜能，为其赋能，达到助人自助的目的。本案例中社工为服务对象链接资源，邀请在家庭教育方面有经验的内蒙古师范大学教授为家长做专题讲座，更好地帮助困难家庭，为其提供资源支持，并积极为其构建同辈支持的非正式支持网络。

2. 镜中我理论

库利，美国社会学家，社会心理学家，提出了镜中我理论，主要包括：我们个体在与他人互动过程中，我们主要根据他人对我们的评价和反映建立自我意识、自我形象及自我评价。他人就好像一面镜子，我们是在他人这面镜子中发现并认识自我。在平日的

---

① 王玉香：《青少年社会工作》，山东人民出版社 2012 年版，第 86 页。

生活里，我们主要是通过镜子看到自身的外在形象特征，我们根据镜子里照射出的自身外在形象特征是否符合我们主观需要而产生愉快或不愉快的情绪。同理通过他人这面镜子，也就是通过他人的评价和反映，我们看到自己的行为表现、情绪、性格等是否合适，是否需要修正。我们通过对他人眼中自身形象的想象，对他人关于这一形象评价的想象以及某种自我感觉，构成了我们的自我认识。[①]

（二）服务目标

1. 提升困难家庭子女的学习能力

2. 促进与同辈群体的人际交往能力，引导发挥同辈群体对青少年身心发展的积极作用

3. 健全社会支持网络，促进其社会融入，提高抗逆力

4. 消除自卑心理，树立正确价值观与自我认知，关爱困难家庭子女心理健康、陪伴成长

（三）服务对象

11 名来自 X 社区的社区困难家庭子女（6～12 岁）

（四）服务时间

2017 年 10 月～12 月，每周六上午 8：30～10：30

（五）服务内容安排

1. 地点：X 社区居委会活动室

2. 时长：2 小时

3. 人员：社会工作者，大学生志愿者

4. 成员招募：社区推荐为主

5. 服务次数：11 次

6. 内容安排：

（1）通过 X 社区与内蒙古财经大学"红帆"大学生志愿者团队进行项目对接，协商服务内容与相关安排，在以往"一对一"学习辅导的基础上，提高对服务对象心理、生活、家庭方面的关注，联合开展"爱心教室"助学活动。

（2）与服务对象接触，建立良好的信任关系。

（3）观察服务对象在"爱心教室"的行为表现，针对服务对象复杂多样的状况，采取循序渐进的介入方法，中期开始对服务对象进行访谈，建立个人基本信息档案，了解其学习、生活、家庭等多方面情况，以便后续根据每个成员情况制定具体的服务计划。

---

① 刘梦：《小组工作》，高等教育出版社 2003 年版，第 36 页。

（4）在服务后期为服务对象录制小视频《我们的成长时光》，一起回顾活动历程，总结收获与成长，并引导服务对象积极表达对自己、爸爸妈妈、志愿者、社工的感情。

（5）聘请内蒙古师范大学教育学心理学教授每周末为家长讲授如何教育子女、关注子女成长发展方面的讲座。

■ 四、服务计划实施过程

（一）初期

（1）对接（两工协作）——社工与大学生志愿者团队通过社区顺利对接，双方协商，"爱心教室"固有的"一对一"课业辅导形式不变，社工作为支持者、观察者、引导者的角色参与进来，提出为大学生志愿者提供适当的志愿者补贴，并准备在后期针对社工在服务中发现的服务对象问题开展深度服务。另外，大学生志愿者需要向社工提交《志愿者服务记录表》，记录其服务内容以及发现的问题，社工综合检测服务效果。志愿者招募方面则有其志愿者团队负责，由于参与的志愿者每周无法固定，仍然采用轮流制的方式开展服务。

（2）建立关系——由于社工初来乍到，与服务对象之间并不熟悉，需要建立信任关系。第一次正式见面，社工及时向成员介绍自己，澄清服务目标，介绍服务内容，建立关系。社工、志愿者与服务对象经过几次相处磨合，逐渐建立起信任关系。

（二）中期

服务发展中期，服务对象学习方面稳步提高，社工、志愿者、服务对象之间关系日渐密切。

活动中大学生志愿者不仅为服务对象辅导课业、答疑解惑，在课间的时候还会与服务对象一起开展五子棋、跳棋、折纸、讲故事、分享成长经验等活动，既培养兴趣，又拓宽视野。期间还有两位孩子的父母通过前期参加服务孩子的家长了解到我们的活动，主动表示希望加入活动。

社工通过初期观察以及沟通，发现服务对象的性格特点、行为特征的优缺点，并会在服务过程中积极鼓励正向行为与观念，引导其修正反向行为与观念。

社工与服务对象关系逐渐稳固，社工适时针对其进行深度访谈，深入了解其个人和家庭情况，针对家庭问题及时进行有效的帮扶。

（三）结束

服务结束期，工作的重点是带领成员共同回顾总结活动，检验服务目标的实现情况，鼓励志愿者积极表达自己内心的想法，处理离别情绪。在最后一次活动中，社工邀请了 X 社区与大学生志愿者的负责人、服务对象及其家长参与结课仪式，建立了家长微信交流平台，方便交流沟通与分享。此外社工为服务对象准备了书包作为礼物送给他们，大学生志愿者也将其服务过程中获得的志愿者补贴积攒下来用来购买围巾、帽子等礼物送给服务对象。

本次活动还录制剪辑了小视频，邀请大家一起观看。一方面，社工将过去的活动的照片资料制作成一个影集，与大家一起回顾了整个活动的过程；另一方面，由于临近元旦，社工组织服务对象录制了个人的新年愿望以及对自己、志愿者、社工、爸爸妈妈想说的话。服务对象都表达了自己的新年愿望，献上了自己的真诚祝福与爱的告白，对即将结束的活动表现的依依不舍。很多观看视频的家长都被服务对象稚嫩的爱的告白感动，并对我们的社工和每次活动都给予了好评。

五、案例评估

（一）评估方法

（1）通过出席率以及在活动过程中观察服务对象的语言、动作等行为，收集其对社工表现、活动等方面的满意程度评估效果。

（2）通过服务对象自我描述参与活动的感受，收集对社工以及志愿者的表现评价和在活动中的收获。

（3）通过《满意度调查表》和《志愿者服务记录表》评估服务效果。

（二）过程评估

1. 服务目标的达成情况

通过服务活动，服务对象学习成绩提高，学习到很多知识，同时服务对象之间关系也更加密切，对自我有了更进一步的认知，偏差行为逐渐修正，自卑心理得以改善。

2. 活动的适切性，内容及方式

参与的社工有2人，其中一名社工负责统筹主持活动，一名负责拍摄、观察及辅助工作，志愿者与服务对象一对一开展课业辅导，主要围绕学习问题展开，同时涉及服务对象心理、生活、家庭等问题。活动氛围认真和谐。志愿者表示这是一次有意义的活动，和孩子们在一起很快乐，在辅导学习的过程中很有成就感。服务对象表示，在这里有很多大哥哥大姐姐教他们学习，在学校不敢问的问题，可以问哥哥姐姐们，不怕被笑话，讲得非常细致，非常开心。另外哥哥姐姐们平时工作学习很辛苦，但是周六依然早早起来为我们辅导功课，非常辛苦，特别感谢哥哥姐姐们。

3. 服务对象的表现与互动情况

活动过程中，社工观察发现每个服务对象有其优势与缺陷，社工积极鼓励与引导服务对象发挥优势，改善缺陷。服务对象表现积极，能够认真倾听他人意见。

服务对象基本都是社区困难家庭子女，家庭经济困难，工作繁忙，他们的父母大多从事物业、环卫等技术含量低，体力劳动居多的工作，加之受成长环境、个人性格等多方面的影响，服务对象或多或少存在自卑敏感心理/行为与思想偏差性格内向孤独等问题。比如 C 在活动过程是一位爱笑的孩子，但在社工访谈过程中问及父母职业时，其对此话题比较敏感，社工表示每一个职业都值得尊重，都有其存在的价值与重要性，C 受到鼓励；W 活泼好动，但在用他人物品时缺乏问主意识，社工引导委婉指出在借用他人物品时需要征得他人同意，通过观察，服务对象此行为得以改善；A 由于父母平时工作繁忙，在录制小视频过程中表达强烈希望家人陪伴的愿望，在结课仪式上播放视频，社工特意将工作中的 A 妈妈邀请过来，希望她能够听到孩子的心声，多陪陪孩子。

社工、志愿者、服务对象之间在学习过程中逐渐建立良好的亲密关系，课上认真学习，课间结伴娱乐，逐渐适应，与志愿者相处顺畅，与同辈群体交流友好，活动氛围良好。

（三）结果评估

社工在每次活动开始前进行签到，查看出勤率，每次活动结束社工会给服务对象发放《满意度调查表》。志愿者在每次活动后填写志愿者服务记录表，记录表记录了志愿者的服务内容与发现的问题，社工对其及时汇总，结合社工观察，活动完成度较高，效果较好。

本次活动总计回收 100 份有效满意度调查问卷。其中活动总体评价上的满意度为 100%，服务满意度反馈良好。

本次活动结束后，服务对象表示自己的学习成绩有所提高，表示以后会继续努力好好学习，希望我们能继续在社区内开展服务，本次活动不仅获得服务对象的好评，服务对象家长的好评，也得到社区的高度认可。

六、专业反思

"爱心教室"活动主要是以学习为主要内容开展活动，其他方面虽有涉及，但服务对象情况复杂多样，服务缺乏针对性，更多解决的是共性问题。社工与对服务对象经过"爱心教室"活动建立了良好的信任，后续项目可深入开展个案服务，帮助其更好地融入社会环境，完善人格，挖掘潜能，为其搭建家庭、学校、社区、社会全方位的社会支持网络，促进服务对象健康成长。

从社区困难家庭子女的物质与教育资源匮乏，精神资源不足的现状看，更多的社会力量参与，正式支持与非正式支持系统的挖掘，多方资源的链接整合，专业社会工作方法介入，是帮助社区困难家庭子女学习、生活、心理健康成长的有效途径。以"爱心教室"助学活动为载体，"社工+志工"两工协作，互助互补，共同推动"社区+社工+志工"三方联动，积极引导多方力量的参与，撬动社区及社会更多资源融入，为社区困难家庭子女提供了更多更好的教育服务、心理健康服务、家庭生活扶助服务。

参 考 文 献

［1］刘梦，张和清．小组工作［M］．北京：高等教育出版社，2007.

［2］Elizabeth M. Timberlake，Marika Moore Cutler. 临床社会工作游戏治疗［M］．上海：华东理工大学出版社，2004.

［3］魏爽．青少年社会工作案例评析［M］．北京：中国社会出版社，2017.

［4］赵丽琴．儿童社会工作案例评析［M］．北京：中国社会出版社，2017.

［5］张仲．流浪儿童小组工作案例［M］．上海：上海社会科学出版社，2014.

［6］候钧生．西方社会学理论教程［M］．天津：南开大学出版社，2010.

［7］拉尔夫·多戈夫等．隋玉杰译．社会工作伦理实务工作指南［M］．北京：中国人民大学出版社，2005.

［8］陆士桢．儿童青少年社会工作［M］．北京：高等教育出版社，2008.

［9］文军．社会工作模式：理论与应用［M］．北京：高等教育出版社，2010.

［10］陆士桢等．中国儿童社会工作实务案例精选［M］．上海：华东理工大学出版社，2010.

［11］章恩友，陈胜．中小学校园欺凌现象的心理学思考［J］．中国教育学刊，2016（11）：13－17.

［12］维琴尼亚·萨提娅，易春丽等译．新家庭如何塑造人［M］．北京：世界图书出版公司，2006.

［13］李木兰，刘东，方小平．性别、政治与民主：近代中国的妇女参政［M］．南京：江苏人民出版社，2014.

［14］玛丽·克劳福德，罗达·昂格尔著，许敏敏译，李岩，宋婧，译．妇女与性别：一本女性主义心理学著作（套装上下册）［M］．北京：中华书局，2009.

［15］刘蔚玮，曹国慧，赵蓬奇，魏爽．妇女社会工作案例评析［M］．北京：中国社会出版社，2017.

［16］左际平，蒋永萍．社会转型中城镇妇女的工作和家庭［M］．北京：当代中国出版社，2009.

［17］江苏省妇女联合会组．21世纪社会工作案例教材：妇女儿童家庭社会工作实务案例［M］．北京：中国人民大学出版社，2013.

［18］张文霞，朱冬亮．家庭社会工作［M］．北京：社会科学文献出版社，2009.

［19］吴小英．家庭与性别评论（第6辑）［M］．北京：社会科学文献出版社，2015.

［20］维吉尼亚·萨提亚（V. Satir），约翰·贝曼，简·格柏，玛利亚·葛莫莉著．聂晶译．萨提亚家庭治疗模式［M］．北京：世界图书出版社，2007.

［21］维吉尼亚·萨提亚，米凯莱·鲍德温著，章晓云，聂晶译．萨提亚治疗实录［M］．北京：世界图书出版社，2006.

［22］徐琼，郁文欣编著．老年社会工作理论与实践［M］．沈阳：东北大学出版社，2015.

［23］梅陈玉婵，齐铱，徐永德著．老年社会工作［M］．上海：格致出版社，上海人民出版社，2009.

［24］吴华，张韧韧主编．老年社会工作［M］．北京：北京大学出版社，2011.

［25］凯瑟琳．麦金尼斯 – 迪特里克（Kathleen Mclnnis – Dittrich）著．老年社会工作——生理、心理及社会方面的评估与干预（第二版）［M］．隋玉杰译．北京：中国人民大学出版社，2008.

［26］谢美娥．老人长期照护的相关论题［M］．台湾：台湾桂冠图书股份有限公司，1993.

［27］本书编写组．马克思主义基本原理概论（2010 年修订版）［M］．北京：高等教育出版社，2007.

［28］王思斌主编．社会工作概论（第二版）［M］．北京：高等教育出版社，1999.

［29］赵映诚，王春霞主编．社会福利与社会救助［M］．大连：东北财经大学出版社，2010.

［30］徐永祥．社区工作［M］．北京：高等教育出版社，2004.

［31］许莉娅主编．个案工作（第二版）［M］．北京：高等教育出版社，2013.

［32］朱东武．家庭社会工作［M］．北京：高等教育出版社，2011.

［33］林丰勋．教育心理学［M］．山东：山东大学出版社，2009.

［34］赵钦清．婚姻家庭：社会工作服务指南［M］．北京：中国社会出版社，2017.

［35］何静．家庭社会工作理论与实务［M］．北京：北京大学出版社，2016.

［36］许莉娅．个案工作［M］．北京：高等教育出版社，2004.

［37］赵芳．小组社会工作：理论与技术［M］．上海：华东理工大学出版社，2015.

［38］崔芳．家庭社会工作案例评析［M］．北京：中国社会出版社，2017.

［39］罗金艳．基于沟通模式的婚姻危机介入研究［D］．杨凌：西北农林科技大学，2015.

［40］李俊博．预防产后抑郁的小组工作介入实践——以东吉社区为个案［D］．长春：长春工业大学，2017.

［41］王福鑫．农村留守婆媳矛盾的社会工作介入研究［D］．杨凌：西北农林科技大学，2016.

后　记

　　编写这本教材我们酝酿了很久，一开始是我牵头提出写教材的想法，并拿出了写作的基本思路和框架，与其他三位任课教师商量后立刻得到他们的热烈响应，大家都有同感，我们拿到的教材使用起来总是不顺手，需要结合自己的思路及课堂的需要进行调整，那么我们何不自己编一本教材。可接下来大家又很忐忑，感觉自己才疏学浅，而且在专业教学的时间有些短（我校社会工作专业从 2010 年开始招生，每位老师讲授本教材涉及专业课程的时间都不足八年），可大家又始终放不下，我们有多年学习与教学的积累，也十分了解广大专业课教师的迫切需求。最后大家一致决定，应该克服困难完成这本教材的编写，因为编写教材的过程也是督促自己不断学习的过程。

　　写作历时一年半的时间，每位教师都克服了重重困难，从案例收集到资料查阅撰写，都亲力亲为，遇到自己理解不透彻的问题还要不断学习和请教。功夫不负有心人，书稿如期付梓完成。

　　感谢参编的三位教师的通力合作，感谢我们每一位家人的大力支持，感谢所有提供帮助的友人，感谢学校及学院领导的大力支持和充分信任。

　　如我自己前面所说，我和团队成员在专业方面的积累确实有很多不足，这正是我们努力的方向，我们会以此次编写工作为契机，不断努力，不断进步！

李淑芳

2018 年 9 月